Zu diesem Buch

Dieses Buch versucht, eine Lücke zu füllen zwischen populärwissenschaftlichen Bastelanleitungen und theoretischen Werken über Hörphysiologie und Studiotechnik.

Formeln und ausführliche technische Daten finden sich genügend in der einschlägigen Fachliteratur. In diesem Buch soll die in allen Publikationen eher stiefmütterlich behandelte Praxis der Tonarbeit den Schwerpunkt bilden – ergänzt durch grundlegendes theoretisches Rüstzeug und eine Geräteübersicht.

Auf den ersten Blick mag einem interessierten «Amateur» einiges in diesem Buch zu professionell erscheinen. Lassen Sie sich nicht abschrekken! Mit dem Know-how der Ton-Profis kann man auch mit relativ einfachen Geräten akzeptable Töne zu Bildern herstellen.

Einige der vorgestellten Geräte werden nicht mehr hergestellt; diesen «Oldtimern» wird dennoch Raum gewidmet, weil sie erstens in der Praxis noch sehr weit verbreitet sind und zweitens einen Höhepunkt der traditionellen Tonaufnahme-Technik darstellen.

Der Autor
Peter Lustig, 50 Jahre alt, das Handwerk des Rundfunk- und Fernsehtechnikers von der Pike auf gelernt, Elektrotechnik studiert, als Toningenieur beim Rundfunk und als freier Tonmeister beim Film gearbeitet, als Dozent für Ton an der Film- und Fernsehakademie Berlin die gewonnene Erfahrung weitergegeben – was er auch in diesem Buch versucht. Mitte der siebziger Jahre wechselte er auf die andere Seite von Mikrofon und Kamera und ist seitdem als Autor, Co-Autor und Moderator von zwei beliebten Kinder-Fernsehserien tätig.

Peter Lustig

Vertonen

Der Ton zu den Bildern
Dia, Film und Video

Unter Mitarbeit von Gerhard Lechenauer

ro
ro
ro
ro

Rowohlt

Umschlaggestaltung: Thomas Henning
Lektorat: Jürgen Volbeding
Zeichnungen: Peter Lustig

Originalausgabe
Veröffentlicht im Rowohlt Taschenbuch Verlag GmbH,
Reinbek bei Hamburg, September 1987
Copyright © 1987 by Rowohlt Taschenbuch Verlag GmbH,
Reinbek bei Hamburg
Satz Times (Linotron 202)
Gesamtherstellung Clausen & Bosse, Leck
Printed in Germany
1680-ISBN-3 499 17189 9

Inhalt

Warum dieses Buch?	9
Die Funktion des Tons bei bewegten Bildern	10
Der Ton beim Amateurfilm	12
Die Geschichte des Filmtons	14

Physikalisches   19

  Begriffsbestimmungen – Kurvenformen – Grundwelle – Oberwelle – Frequenz – Schalldruck – Dynamik – Fremdspannung

Das Ohr   25

  Die Hörschwelle – Verdeckungseffekt

Das dB   27

  Mathematisches – Dämpfung – Verstärkung – Aussteuerungsmesser

Verzerrungen   33

  Lineare und nichtlineare Verzerrungen – Übersteuerungsfolgen

Raumakustik   37

  Das Schallfeld – Reflexion – Absorption – akustische Perspektive – Resonanz

  Folgerungen für die Praxis   39

Ton-Systeme   41

  Einbandverfahren   42
  Zweibandverfahren   44
  Werdegang eines Filmtons   45

Mikrofone 49

Dynamische Mikrofone – Kondensator-Mikrofone –
Richtcharakteristik – Elektret-Mikrofone – Lavalier-
Mikrofone – Mikrofon-Anschluß

Der Magnetton 55

Prinzip – Bandgeschwindigkeit – Aufbau – Praktische Hinweise
im Umgang mit Tonbandgeräten – Die Bandfrage – Kopf-
Probleme – Die Mechanik – Störungstabelle

Tonaufnahmegeräte 65

NAGRA III 66
NAGRA IV und 4.2 75
NAGRA IS 93
NAGRA E 95
NAGRA SN 97
Stellavox SP 7 100
Stellavox SP 8 112
UHER 1200 Report Synchro 116
UHER 4000 AV Report Monitor und 4200 Report Monitor 123
Kassetten-Tonbandgeräte 125
UHER CR 460 AV 128
Sony-Kassettenrecorder TC-D 5 M oder TC-D 5 Pro 129
Walkman 130

Synchrones 133

Das Pilotton-Verfahren 134
Der Quarz und die Synchronität 138
Startmarkierungen 139
Playback 141

Die Aufnahmepraxis 145

Das Aussteuern 146
Lautheit – Dynamik – Meßgeräte – Spitzenanzeiger –
V.U.-Begrenzer – Praxistips
Die Ausrüstung 155
Drehvorbereitungen 158
Mikrofonwahl 161
Mikrofon-Anschluß-Akrobatik 169

Die Mikrofon-Position 169
Das Tisch-Stativ – Das nackte Mikro – Handmikro – Das Bodenstativ – Die Angel – Lavalier-Mikrofon – Allgemeines zur Mikro-Plazierung – Kampf dem Hall – Akustische und elektrische Störfaktoren und ihre Beseitigung – Die Tonprobe – Die Aufnahme

Die Ton-Arten 187
Der Tonbericht 190
Der dokumentarische Ton 193
Ausrüstung – Pilotton und Startmarkierung – Quarzbetrieb – Tonübernahme

Werdegang eines Filmtons 198

Die Nachsynchronisation 201

Allgemeines – Das Taken – Die Arbeit im Studio – Ablauf

Die Mischung 205

Allgemeines – Die Apparaturen – Das Economy-Verfahren – Hall- und Raumsimulation – Vorbereitungen zur Mischung – Die Schnittbänder – Einzeichnungen im Film – Der Mischplan – Schleifen und Schmalbänder – Die Mischpraxis

Arbeit und Umgang mit Schmalband 229

Die Geräte – Die Aufnahme – Das Schneiden

Der Ton bei der Videoaufnahme 235

STEENBECK ST 9601 V, Video-Ton-Schneidetisch 239

Semiprofessionelle Steuerungen zur synchronen Bild- und Tonwiedergabe bei Dia und Film 243

Unvollständige Marktübersicht: Mikrofone, Kopfhörer, Mischpulte 247

Das Geräusch – Geräusche machen 257

Adressen 267

Literaturhinweise (Auswahl) 278

Warum dieses Buch?

Sachbücher gibt es genug: populärwissenschaftliche Bastelanweisungen für Amateure und formelbeladenes theoretisches Rüstzeug für Toningenieure.

Dazwischen aber klafft eine Lücke, die den angehenden Filmtonmeister und den anspruchsvollen Amateur mit Fragen allein läßt wie: Welches Mikrofon hänge ich wie wohin?

Geheimnisse dieser Art pflegen Tonmeister mit ins Grab zu nehmen – selten oder nie werden ihr Wissen und ihre Erfahrungen aufgeschrieben oder ökonomisch weiterverbreitet.

Hier nun soll versucht werden, diese Lücke ein wenig aufzufüllen und aus der Praxis zu plaudern. Schwerpunkt des Buches soll die praktische Arbeit des Filmtonmeisters sein, garniert mit dem wichtigsten theoretischen Wissen.

Für Amateure, die mehr wollen als nur die blitzenden Knöpfchen ihrer Apparate zählen, wird sich auch vielerlei finden:

praktische Tonarbeit mit Super-8, Video und Dia und, für jeden interessant, Praxistips für die Arbeit mit Schmalband (Tonband).

Dieses Buch kann natürlich nur grundlegende Informationen geben – das Gefühl (oder besser: das Gehör) für den «guten Ton» kann nur die Praxis vermitteln.

Trotzdem sollte das kein Grund sein, dieses Buch zu Hause zu lassen: bei der Arbeit draußen wird es mit seinen Gerätebeschreibungen und Tabellen vielleicht als Nachschlagewerk nützlich sein können.

Die vorgestellten Ton-Aufnahmegeräte stellen eine Auswahl dar. Dabei sind nicht unbedingt die neuesten Apparaturen, sondern überwiegend langjährig praxiserprobte und stark verbreitete Tongeräte und Zubehör als Beispiele angeführt.

Große Teile aus diesem Bändchen haben sich bereits an der Deutschen Film- und Fernsehakademie Berlin bewährt, nicht ganz unschuldig an seinem Entstehen sind auch Gerhard Lechenauer und Michael Bootz – schönen Dank auch!

Die Funktion des Tons bei bewegten Bildern

Bevor man sich mit der Technik des Filmtons befaßt, ist es sicher nützlich, sich nach dem «Warum» zu fragen. Warum überhaupt Ton zu bewegten oder unbewegten Bildern? Ist nicht die optische Information durch das Bild schon ausreichend? Und hat der Stummfilm nicht fabelhaft funktioniert?

Er hat – aber leider sind wir während der letzten Jahrmillionen der Evolution daran gewöhnt worden, zu sehen und zu hören. Das Fehlen einer sinnlichen Komponente bedeutet eine Abstraktion, das Gehirn deutet Stummfilm (oder Hörspiel) als eine «unnormale» Situation, irgend etwas fehlt.

Erhöhte Konzentration ist nötig, Denkarbeit also, die nur für die Erfassung der Situation aufgewendet werden muß. Wesentliche Abteilungen des Gehirns sind nur damit beschäftigt, sich in dem Angebotenen zurechtzufinden und sich (Ordnung muß sein) das fehlende Medium ‹dazuzudenken›. Das wiederum kann hinderlich sein, wenn ein intensives ‹Erleben› der Situation beabsichtigt war oder wenn der Inhalt der vermittelten Geschichte volle Konzentration erfordert.

Wenn also, aus dramaturgischen Gründen, eine Abstraktion, eine Verfremdung des Geschehens nicht beabsichtigt wird, ist der Ton kein überflüssiger Gag, sondern genauso nötig wie das Bild. Hier werden die Kameraleute protestieren: sicher, die Informationsmenge des Bildes ist unvergleichlich viel größer – deshalb aber räumen ja auch die Tonleute dem Bild einen gewissen Vorrang ein. (Jetzt sind die Kameraleute hoffentlich wieder ruhig.)

Kommt der Ton nun in seiner Bedeutung dem Bild nahe, so muß er auch ähnlich behandelt werden. Kein guter Regisseur kann es sich erlauben, mit der Kamera einfach in der Gegend herumzustochern oder die Umgebung schlicht «abzufilmen» – er muß am Drehort eine Auswahl treffen, er muß seine Einstellungen bewußt planen, er muß optisch manipulieren.

Dasselbe muß auch vom Ton verlangt werden. Daß die kreative

Arbeit am Ton weniger am Drehort als bei der späteren Mischung stattfindet, spielt dabei keine Rolle – der Ton muß mehr sein als deutlich verständliche Dialoge und klappende Autotüren. Statt nur eine akustische Soße mit den nötigsten Informationen herzustellen, müssen Regisseure und Tonleute bemüht sein, auch den Ton zu gestalten.

Oft wird der Filmton schon als gut befunden, wenn er einen handwerklich ordentlich gemachten Abklatsch der Wirklichkeit liefert – das aber hieße, seine Möglichkeiten zu unterschätzen. Der Ton kann – dem Hörer nicht immer bewußt – Emotionen wecken, Stimmungen lenken, erschrecken, besänftigen, verunsichern oder einschläfern. Jedes Geräusch, jeder akustische Hintergrund, die Musik und die Sprache sollten – wie die Bildeinstellungen – bewußt und an den richtigen Stellen eingesetzt werden; nicht so sehr, weil sie sowieso dorthin gehören, sondern weil man etwas damit erreichen will.

Nur so wird der Ton zu einem echten Partner des Bildes und bleibt nicht das lästige Anhängsel, nur so erreicht man die ideale Einheit von Bild- und Tonerlebnis, wie sie das Gehirn automatisch herstellt: aus einem optischen und akustischen Überangebot filtert es nur die richtigen Bilder und Töne heraus und bestimmt so, was wir wahrnehmen, was wir erleben. Was dabei richtig ist, bestimmen die jeweilige Situation und unsere romantische Veranlagung – analog dazu bestimmen beim Tonfilm Drehbuch und Regisseur. Das Ergebnis sollte das gleiche sein: kein «vertontes» Bild oder «bebilderter» Ton, sondern eine bewußt gestaltete, am Inhalt orientierte Bild-Ton-Einheit.

Der Ton im Amateurfilm

Ich meine hier nicht den «Hans-Dieter-vor-dem-Mozartdenkmal-in-Salzburg-Film», auch nicht «Klein-Manuelas ersten Schritt» auf Super-8 (diese Erinnerungsfilme kommen ohne Ton aus), sondern Dokumentar- und Spielfilme, die ohne professionelle Mittel bewußt konzipiert, nach einem Drehbuch realisiert und mit einfachsten Geräten vertont werden.

Ich gebrauche hier bewußt den etwas «unprofessionellen» Begriff vertonen. Normalerweise bedeutet er ja das nachträgliche Anklatschen von Tönen an schon gedrehte Bilder – was ja keine Schande ist (Nachsynchronisation!) und sich besonders für den Amateursektor empfiehlt.

Der Amateur kann sich um so leichter vom Diktat des Bildes freimachen, als er ja für synchrones Aufnehmen, Schneiden und Mischen nicht so selbstverständlich die notwendigen Geräte zur Verfügung hat. Statt aufwendiger Synchronapparaturen hat er viel Zeit – und damit kann er, statt sklavisch am Bild zu kleben, nachträglich mit bewußt geplanten und relativ leicht herstellbaren Tonmischungen die Randspur füllen. Wichtig erscheint mir nur, daß er den Ton als etwas Eigenständiges begreift und ihn entsprechend einsetzt – dazu braucht er nicht unbedingt quarzpilotgesteuerte Magnettongeräte oder Rotosy-Mischanlagen.

Natürlich ist der lebendige O-Ton (Originalton) auch für den Amateur wichtig – wo immer es möglich ist, sollte er ihn verwenden. Sind aber Aufnahme und synchrone Verarbeitung zu schwierig, sollte er sich nicht scheuen, Passendes nachzuproduzieren oder den O-Ton asynchron einzusetzen (was aber nicht heißen soll, daß das Wort dem Bild über längere Strecken um eine Sekunde hinterherhinkt – das stört!).

Geräusche, akustische Hintergründe (Atmos) und Musiken lassen sich auch mit einem nichtprofessionellen Gerätepark an die richtige Stelle der Randspur bringen, wobei (siehe auch das vorige Kapitel) das Planen der richtigen Stelle wichtiger ist als technische Perfektion.

Die folgenden Kapitel über Aufnahme und Verarbeitung des Filmtons, über Aussteuerung, Mikrofonplazierung und natürlich alle grundlegenden technischen und physikalischen Betrachtungen sind – so hoffe ich – für den Profi und den Amateur gleich wichtig und interessant, auch wenn sie verschieden teure Geräte benutzen.

Die Geschichte des Filmtons

Wenn schon nicht die alten Griechen, so doch zumindest das biblische Volk der Juden wußte um die Geheimnisse der Tontechnik. Immerhin gelang es ihnen, durch geschicktes Ausnutzen des Resonanzprinzips und der Energie obertonreicher Posaunenklänge die Mauern Jerichos niederzublasen (siehe Josua 6,14).

Danach passierte auf diesem Gebiet eine geraume Zeit gar nichts, bis Thomas Alva Edison im Jahre 1887 den Satz «mary had a little lamb» aus dem Trichter seines Phonographen vernahm: ein Stichel hatte auf einer rotierenden Wachswalze das einigermaßen getreue Abbild eines Schalldruckmusters hinterlassen. Zum erstenmal war Hörbares konserviert und wiedergegeben worden. Jetzt war die Sache nicht mehr aufzuhalten, und schon 1889 gab es – in Ansätzen – den ersten Tonfilm: Altmeister Edison koppelte eine Phonographenwalze mit einer zweiten, filmbeschichteten, auf der mikroskopisch kleine Bilder rotierten. So kam immerhin jeweils ein Betrachter – mit Lupe im Auge – in den Genuß einer kurzen Bild-Ton-Show.

Erst aber mit den projizierbaren Bildern wuchs das Interesse am Kino – einem Kino, das sehr gut ohne Ton auskam und dessen Dramaturgie und Schauspielerführung ganz darauf abgestellt war, die notwendigen Informationen nur im Bild unterzubringen. Das allerdings hinderte die Erfinder nicht daran, immer wieder neue Filmton-Systeme auszutüfteln – die Möglichkeiten allerdings waren begrenzt: nur die Edisonsche Walze, inzwischen zur Schallplatte breitgetreten, konnte Töne speichern: aufgenommen und wiedergegeben wurde durch unförmige Blechtrichter. Wenn schon die erreichbare Laufzeit und die Lautstärke ungenügend waren – die Synchronprobleme waren noch schlimmer. Man versuchte (alles etwa um 1910 herum) die Umdrehungszahlen des Plattenspielers mit der Kurbel (!) des Projektors zu synchronisieren, aber weder Klingelzeichen für den Vorführer noch Kontakte am Plattenteller oder quer durchs Kino gespannte Signalschnüre machten die Synchronvorführung praktikabel.

Tonfilmgerät
System Meester (ca. 1910)

Natürlich war bekannt, daß der Däne Poulsen schon 1895 die magnetische Aufzeichnung erfunden hatte. Auf Stahlband oder Stahldraht konnte er Töne verewigen – nur war es fast unmöglich, sie wieder abzuhören: die Röhre und damit die Verstärker waren noch nicht erfunden, und man mußte also warten, bis 1912 der Herr von Lieben die Elektronenröhre entwickelte. Dieser Herr von Lieben aber, ein begeisterter Anhänger der drahtlosen Telegrafie, kümmerte sich leider nicht um den Tonfilm – und dieser sich nicht um ihn.

Die Kinoleute versuchten erst einmal, Töne zu fotografieren. Man hatte inzwischen erkannt: der Ton müßte, der Synchronität und der Wirtschaftlichkeit wegen, mit dem Bild auf einem Filmstreifen sitzen. Also entwickelte man – alles ohne Elektronik! – den Lichtton. Simple Membranen oder Kohlemikrofone brachten Kerzen oder Lichtbogenlampen zum Flackern und erzeugten so ein im Rhythmus der Sprache moduliertes Licht, das auf Film aufgezeichnet wurde und eine recht brauchbare Lichttonspur hinterließ. Hörbar wurde sie allerdings nur im Kopfhörer – es fehlte die Verstärkung und damit die Breitenwirkung des neuen Mediums.

Das änderte sich endlich, als die Tri-Ergon-Leute sich in den zwanziger Jahren der Elektronenröhre annahmen, Verstärker entwickelten und den Lichtton über Lautsprecher hörbar machten. Schon 1923 gab es den ersten abendfüllenden Tonfilm – schön synchron mit Lichttonspur.

Die große Zeit des Tonfilms begann: die Tobis-Klangfilm und die Ufa entstanden, neue Studios wurden gebaut, neue Geräte entwickelt, und bereits 1930 hatten 60 % aller Filme eine Tonspur. Techniken und Geräte für synchrones Schneiden und Mischen, auch für Playback und Nachsynchronisation wurden mit deutscher Gründlichkeit ausgetüftelt und eingesetzt, es gab das «Klarton-Verfahren» (eine Art Ur-Dolby), Bändchenmikros und Synchronmotore – und keinen störte es, daß das Tonbandgerät noch nicht erfunden war. Noch 1930 machte ein Fachblatt diese niederschmetternde Bemerkung:

> «Über Nebengeräusche, Haltbarkeit und Verzerrungen des Magnetton-Verfahrens liegen noch keine Erfahrungen vor. Man hat im Labor den Stahldraht durch ein Stahlband mit Lochungen ersetzt, um bessere Synchronität zu erreichen – diese Versuche sind aber inzwischen aufgegeben worden.»

...mit Recht, denn es gab zu dieser Zeit noch keinen schmalen Kopfspalt, keine brauchbare magnetische Bandbeschichtung und keine der heute üblichen elektronischen Aufnahmetricks – das Ergebnis war entsprechend miserabel.

Tonkamera der Klangfilm GmbH 1930

Das störte aber, wie gesagt, niemanden, denn man hatte ja den Lichtton – und so wurden alle Töne direkt als Lichtton auf einen 35-mm-Film aufgenommen. Der Tonmeister saß an seiner (mit der Bildkamera synchronisierten) Tonkamera, die entsprechend den angelieferten Tonsignalen einen Film schwärzte. Dieser «Ton-Film» wurde später – nach Schnitt und Mischung – als Randspur auf die fertige Kopie übertragen.

Der gravierendste Nachteil dieses Verfahrens (unter dem auch heute noch alle Kameraleute leiden): Man hatte keine Kontrolle über die Qualität des soeben Aufgenommenen, der Tonstreifen mußte ja – wie der Filmstreifen – erst entwickelt werden. Bei wichtigen Aufnahmen griff man deshalb auf den schon abgelegten Nadelton zurück und schnitt eine sofort abhörbare Wachsplatte mit.

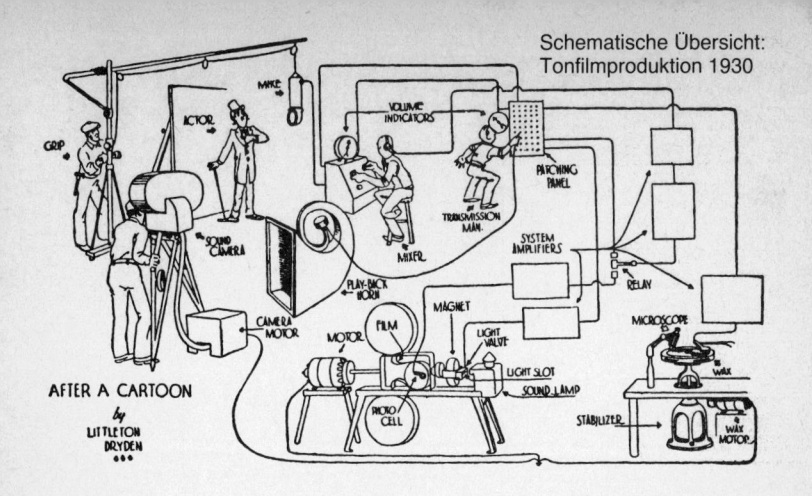

Für die Tonmeister waren die ersten Jahre dieser sich explosiv entwickelnden Tonfilmproduktion eine großartige Zeit: der Ton spielte eine dominierende Rolle, er beherrschte den Film. Das Bild wurde zur Staffage, endlose Dialoge machten aus Tonfilmen bebilderte Hörspiele. Rechtzeitig aber erhob sich Kritik, die vor dem Verfall des Mediums Film warnten und teils sogar den Stummfilm zurückforderten.

Wie man aber weiß, kam es zu einem künstlerisch akzeptablen Kompromiß, das Bild erhielt im Lauf der folgenden Jahre den Vorrang zurück oder stand gleichberechtigt neben dem Ton, der inzwischen (vierziger Jahre) auch von der Magnettontechnik profitierte.

Am Prinzip hat sich seitdem nicht viel geändert, und obwohl heute nur noch per Magnetton aufgenommen, geschnitten und gemischt wird, tragen doch die fertigen Filmkopien ein Relikt aus den frühen Tagen des Tonfilms neben der Perforation: die Lichttonspur!

Als Ausblick auf die weitere Entwicklung des Filmtons wage ich die Behauptung, daß es zunächst wohl zu einem ähnlich seltsamen Nebeneinander kommen wird: die Filmkopien werden (wie schon jetzt praktiziert) den Ton als Mehrkanal-Magnetton mit sich herumtragen, während die Tonaufnahme und -bearbeitung gänzlich ohne bewegte Teile auskommen wird. Wie überall sonst, wird auch hier der Computer zuschlagen, die digitale Tonaufzeichnung wird das Feld beherrschen. Statt, wie bisher, die jeweilige Wellenform eines Tonsignals getreulich und analog aufzuzeichnen, wird bei der digitalen Aufzeichnung der momentane Zustand einer Welle – mindestens 30 000 mal in der Sekunde – in einen *Zahlencode* übersetzt.

Diese Zahlen, wie Gehaltskonten oder Aktienkurse in Computerzellen gespeichert, sind jederzeit abrufbar. Sie werden dabei nicht verfälscht, können nicht rauschen und werden beim Überspielen nicht «verbogen». Sicherlich müssen sie letztlich wieder in Töne umgewandelt werden – bis dahin aber tragen nur elektronische Datenspeicher die Information, Speicher, die allerdings heute noch zu unhandlich sind.

Warten wir's also ab – noch gilt das in diesem Buch Gesagte.

Physikalisches

Unbedingt notwendig ist es nicht. Der Tonmann, der möglichst schnell das wesentliche Know-how der Tonpraxis kennenlernen will, kann es überschlagen.

Behandelt werden die Grundbegriffe der Akustik und hörphysiologische Mechanismen – Fakten, die helfen, den Ton perfekt zu produzieren oder kreativ zu verbiegen.

Begriffsbestimmungen

Hörbares ist Bewegung der Luft. Wie ein stiller Teich auf einen hineingeworfenen Stein reagiert (er erzeugt Wellen), so verhält sich auch die Luft nach einem Anstoß durch z. B. einen Kehlkopf. Es bilden sich, rund um den Tonerzeuger, Druckmuster aus, die im Idealfall so aussehen:

Hoher Druck
Niedriger Druck

Diese Druckverhältnisse, quer durchgeschnitten und graphisch dargestellt, ergeben dies:

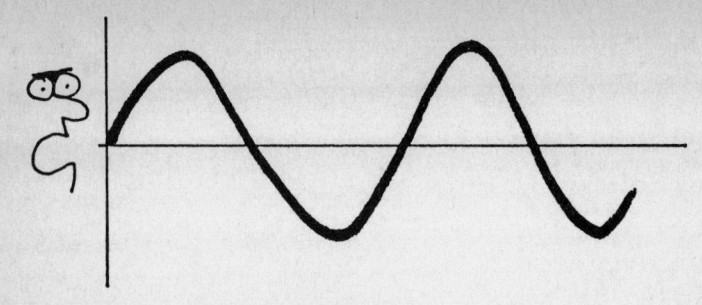

– eine *Welle*, in diesem Fall, da es sich um eine reine, regelmäßige Schwingung handelt, einen *Ton*.

Daneben gibt es noch andere hörbare Luftbewegungen:

das *Geräusch*
– eine unaufgeräumte,
chaotische Schwingung

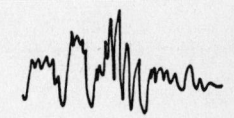

den *Knall*
– eine einmalige Angelegenheit, die sich totläuft

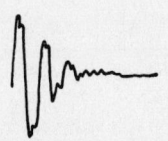

den *Klang*
– eine regelmäßige Schwingung, aus Tönen zusammengesetzt – harmonisch oder nervtötend

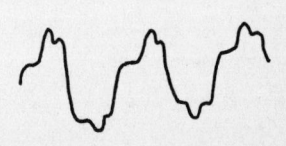

20

Damit ist schon ein wesentlicher Charakterzug der Schwingung angedeutet: ihre *Kurvenform*.

Ein Meßton (Sinuston) sieht so aus:

– er klingt sauber, aber steril und langweilig

– ein Rechteck-Ton klingt aggressiv schnarrend, aber interessant

Erst die verschiedenartigsten Ausbeulungen geben einem Klang seinen Charakter:

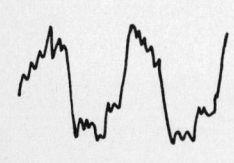

Billige Geige Stradivari-Geige

Das graphische Rechenexempel rechts zeigt, wie es zu einem bestimmten Klang kommt. Zu der sinusförmigen *Grundwelle* (die so reinlich isoliert in der Natur kaum vorkommt) addieren sich eine Unzahl von schneller schwingenden *Oberwellen*. Erst diese Oberwellen (Formanten) geben einem Klang seinen Charakter, und es wird klar, daß bei der Übertragung solcher komplexer Wellenzüge jede Deformation durch übersteuerte oder schlechte Verstärker das Schallereignis verfälscht!

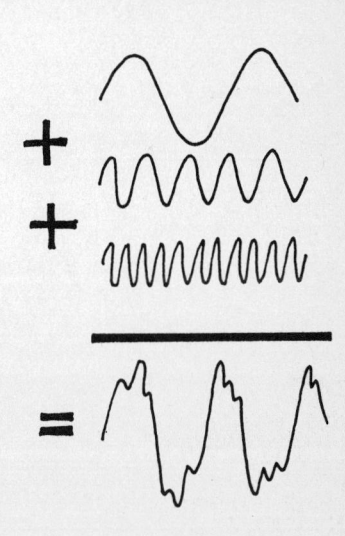

Die Frequenz

Sie gibt die Anzahl der Schwingungen pro Sekunde an und bestimmt die *Tonhöhe*. Der Zusammenhang ist simpel:

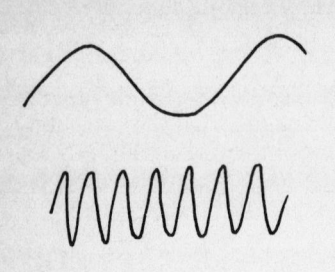

wenig Schwingungen pro Sekunde
= tiefe Frequenz
= tiefer Ton

viele Schwingungen pro Sekunde
= hohe Frequenz
= hoher Ton

Gemessen und angegeben wird die Frequenz in *Hertz* (Hz).

Die Bandbreite

bezeichnet das gesamte Frequenzspektrum einer akustischen Angelegenheit, während der

Frequenzgang

angibt, was für eine Bandbreite ein elektroakustisches Gerät zu verarbeiten in der Lage ist.

Der professionelle Ton spielt sich zumeist zwischen 50 und 12 500 Hz ab – Studiogeräte haben einen Frequenzgang von 40 bis mindestens 15 000 Hz. Sie sind damit, wenn man den Prospekten glaubt, schlechter als knöpfchenstrotzende Amateurgeräte – die Ausweitung des Frequenzganges nach oben würde jedoch nur den Preis und kaum die Qualität steigern.

Der Schalldruck

bezeichnet die Intensität, mit der die Luft deformiert wird – er ist ein Maß für die *Lautstärke* einer Schwingung.

Die Obere Welle zeigt höhere Druckunterschiede, sie ist, bei gleicher Frequenz wie die untere, energiereicher, ihre *Amplitude* ist größer – sie ist lauter.

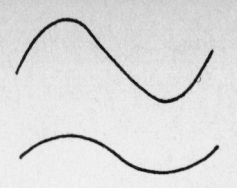

Der Schalldruck wird angegeben in μbar oder *Phon*. Wird er per Mikrofon elektrisch verarbeitet, spricht man vom *Pegel* und mißt die Lautstärke in *Dezibel* (dB). Ein spezielles Kapitel wird sich mit dem dB und den subtilen Zusammenhängen zwischen dB, Phon und dem menschlichen Ohr befassen.

Die Dynamik

bezeichnet die Differenz zwischen dem höchsten und niedrigsten Pegel einer akustischen Angelegenheit.

Sie hat eine *formale* Funktion:
Flüstern – Brüllen = hohe Dynamik = dramatisch, emotional
Nachrichtensprecher = keine Dynamik = unpersönlich, objektiv
... und ist auch *technisch* von Bedeutung:
Der Dynamikbereich wird durch technische Unzulänglichkeiten eingeengt. Rauschen und andere Störgeräusche einerseits und die Gefahr des Übersteuerns andererseits setzen Grenzen, die nicht überschritten werden können.

Gemessen wird die Dynamik – wie der Pegel – in dB.

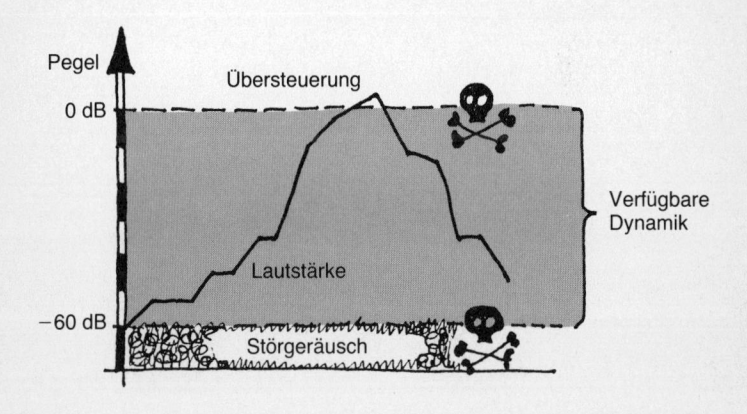

Der Fremdspannungsabstand

Dieses unhandliche Wort befaßt sich nicht mit Tonfilmgeräuschen – gemeint sind unerwünschte, aber unvermeidbare Geräusche wie Rauschen, Brummen, Knistern, Prasseln etc. Man könnte sie – spannungsmäßig gesehen – als elektroakustischen Bodensatz bezeichnen, denn die Spannung des *Nutzsignals* liegt (hoffentlich) höher.

Der Abstand nun vom höchsten Nutzpegel zum unerwünschten Geräusch wird als Fremdspannungsabstand bezeichnet – je größer er ist, desto weniger Störgeräusch ist vorhanden, desto besser ist das betreffende Gerät (Maßeinheit: dB).

Um einerseits zu einem realistischen Maß für den Fremdspannungsabstand zu kommen und andererseits die dB-Angabe dafür in weniger seriösen Prospekten besser aussehen zu lassen, erfand man den

Störspannungsabstand

Dabei werden von allen unliebsamen Geräuschen nur die berücksichtigt, die dem Ohr besonders unangenehm auffallen. Das durch ein Ohrkurvenfilter solchermaßen gesiebte Geräusch wird natürlich einen kleineren Pegel aufweisen: der Störspannungsabstand ist – bei gleichem Gerät – größer als der Fremdspannungsabstand.

Das Ohr

Was den Frequenzbereich des menschlichen Ohres angeht, so ist er durchaus nicht so Hi-Fi-mäßig, wie die Industrie glauben machen will. Nur in jungen Jahren und in guter Verfassung hört man Frequenzen von ca. 15–16 000 Hz. Dieser Bereich engt sich mit zunehmendem Alter rapide ein, in mittleren Jahren fehlt zumeist der gesamte Anteil oberhalb 10 000 Hz.

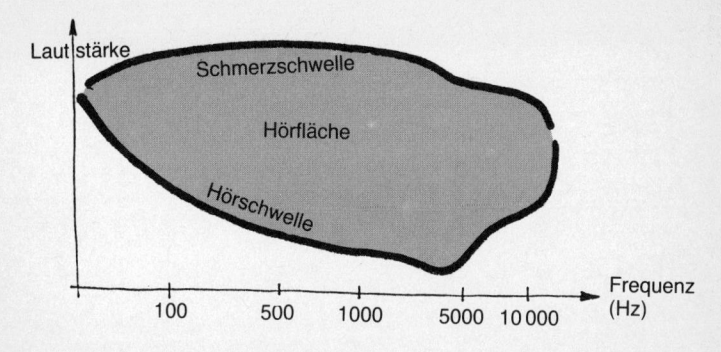

In dieser Hörkurve, die in keinem seriösen Tonbuch fehlen darf, bezeichnet die *Hörschwelle* den Pegel der gerade noch wahrnehmbaren Töne. Man sieht, daß die extrem tiefen und hohen Töne sehr viel lauter sein müssen, um überhaupt gehört zu werden. Außerdem wird deutlich: zwischen ca. 500 und 3000 Hz ist das Ohr am empfindlichsten – hier spielt sich auch akustisch das Wesentliche in Sprache, Natur und Musik ab (auch das Telefon beschränkt sich auf diesen Bereich).

Die obere Begrenzung der Hörfläche bezeichnet die Schmerzgrenze, man sieht dabei, daß die niedrigen und hohen Frequenzen nur in einem sehr kleinen Lautstärkenbereich hörbar und erträglich sind.

Wichtig ist, daß besonders hohe Töne nur in Zusammenhang mit mittleren Frequenzen angenehm klingen und daß stets eine ausgewogene Balance zwischen dem tiefen und hohen Bereich angestrebt werden muß, um spitze, flache oder dumpfe Aufnahmen zu vermeiden.

Die professionelle Tontechnik befaßt sich mit dem Bereich von 50–15000 Hz. Dabei ist der Anteil von 10000–15000 Hz, der sehr zur Transparenz des Klangbildes beiträgt, schwieriger zu *reproduzieren* als andere Frequenzen – hier muß sich die Technik Mühe geben.

Die Hörschwellenkurve (s. o.), die angibt, wann ein Ton hörbar wird, kann allerdings durch eine Eigentümlichkeit des Ohres stark verbogen werden: durch den *Verdeckungseffekt*.

Ist ein zweiter Ton höherer Lautstärke vorhanden, so verdeckt er andere in der Frequenz benachbarte Töne (die man normalerweise hören würde) – das Ohr wird dann für einen bestimmten Bereich unempfindlicher.

Das dB

Man trifft es auf allen Reglern und Skalen professioneller Tongeräte, es ist ungemein praktisch, jedoch vom Wesen her etwas undurchsichtig.

Diese merkwürdige Maßeinheit (die, ausgeschrieben, Dezibel – also ein Zehntel des unhandlichen Bel – heißt) unterscheidet sich grundlegend von anderen Einheiten wie z. B. Volt oder Gramm (bei denen man schließlich weiß, was man hat). Beim dB handelt es sich um eine *Verhältniszahl* – also kein absoluter Wert eines Pegels, einer Leistung oder einer Verstärkung bzw. Dämpfung, sondern ein Verhältnis zwischen zwei Werten. Das schließt nicht aus, daß dieses Verhältnis, wie viele andere auch, einen festen Bezugspunkt, einen *Referenzpunkt*, hat – aber davon später.

In der Elektroakustik ist ein Verhältnismaß günstiger als absolute Zahlen, da man z. B. beim Regeln, Verstärken oder Abschwächen eines Signals praktischerweise das *Verhältnis* dieser Verstärkung bzw. Dämpfung angibt – der eigentliche Wert in Volt, Watt, µbar etc. ist dabei weniger interessant.

Ein Verhältnis zweier Werte könnte man nun natürlich so ausdrücken: «Nehmen Sie den Pegel um den Faktor 1:8 herunter, und heben Sie die Tiefen um 1:3,16 an.» Das hört sich ausgesprochen unpraktisch an, und das ist es auch: besser geht es mit dem dB!

Das dB nun ist nicht nur ein Maß für ein arithmetisches Verhältnis, sondern, und das macht die Sache etwas komplizierter, ein logarithmisches Verhältnismaß. Das heißt, das dB gibt den Logarithmus des Verhältnisses zweier Zahlen an.

Dafür gibt es zwei gewichtige Gründe, die ohne große Mathematikkenntnisse verständlich sind:

1. Man kann addieren, wo man sonst multiplizieren müßte. Bei mehreren Verstärkungen eines Tonsignals z. B. hätte man die einzelnen Verstärkungsfaktoren zu multiplizieren, um die gesamte Verstärkung zu erhalten. Die dB-Werte, dank dieses mathematischen Tricks, addiert man einfach.
2. Das subjektive Hörempfinden, die wahrgenommene Lautheit sozusagen, richtet sich nicht nach dem arithmetischen Verhältnis der Pegel, sondern folgt einer logarithmischen Kurve. Aus hörphysiologischen Gründen wird also z. B. ein um den Faktor 100 verstärkter Ton nicht hundertmal lauter empfunden, sondern weitaus weniger laut.

Da also nun Pegel und Hörempfinden auch logarithmisch zusammenhängen, hat man mit dem (ebenfalls logarithmisch gewonnenen) dB ein handliches, echtes Maß für den subjektiv wahrgenommenen Lautstärkenunterschied.

Die folgende Tabelle gibt für einige Schalldruck- oder Spannungsverhältnisse die entsprechenden dB-Werte an:

Ein Schalldruckunterschied von:	entspricht:
1 : 2	6 dB
1 : 4	12 dB
1 : 10	20 dB
1 : 20	26 dB
1 : 100	40 dB
1 : 1000	60 dB
1 : 10 000	80 dB
1 : 100 000	100 dB
1 : 1 Million	120 dB

Es lohnt sich, diese Tabelle genau zu studieren. Dabei merkt man: Eine Verdoppelung des Schalldrucks (oder des Tonfrequenzpegels) entspricht *immer* einer Zunahme um *6 dB*.

Ein Verzehnfachen ergibt immer einen um 20 dB höheren Wert. So kommt es, daß der gewaltige Pegelsprung von 1:1000 (der ja auch aus 3 miteinander zu multiplizierenden 1:10 Sprüngen besteht) nur 20+20+20=60 dB bedeutet.

Er ist also gar nicht mehr *so* gewaltig und somit dem subjektiven Hörempfinden angepaßt, denn der 1000fache Pegel wird bei weitem nicht als 1000mal so lautstark empfunden.

Der Wert 0 dB (auf Aussteuerungsmessern und Reglern anzutreffen) bedeutet nun nicht etwa *nichts*, sondern das Pegelverhältnis 1:1. Gemeint ist dabei, daß keine Differenz zu einem anderen – z. B. willkürlich festgelegten – Pegel besteht.

Handelt es sich um die *Dämpfung* eines Signals, so geraten die dB-Werte ins Negative. Eine Pegelverminderung um das Zehnfache (also 1:0,1) entspräche einer Änderung um −20 dB.

Das Vorzeichen + oder − vor der dB-Zahl gibt also an, ob es sich um eine Verstärkung (+) oder eine Dämpfung (−) handelt, der dB-Wert selbst bestimmt den Faktor.

Also z. B.:

+ 6 dB, enspricht einer Verdoppelung   des ursprüng-
− 6 dB   ”   ”   Halbierung   lichen Wertes.

Genug der Theorie – nur durch die Praxis gewinnt man ein Verhältnis zu diesem Verhältnismaß, bekommt man ein Gefühl (oder, besser, ein Gehör) für das dB.

Zwei Beispiele angewandter dB-Akrobatik aus der Tonstudiopraxis sollen das Verständnis erleichtern:

Die Abbildung zeigt einen normalen Studio-Flachbahnregler zur Pegeleinstellung. Dieser Regler vermindert das Signal, die dB-Werte auf der Skala bedeuten *Dämpfung*, brauchen also kein negatives Vorzeichen mehr. Man sieht, daß ganz oben (voll aufgezogen) 0 dB vermerkt ist – d. h. keine Dämpfung, das Signal geht ungeschwächt weiter. Die dB-Zahlen darunter geben jetzt den Grad der Dämpfung an, wobei bei Stellung 6 nur noch die Hälfte, bei Stellung 40 dB nur noch 1/100 des ursprünglichen Pegels vorliegt.

Der größte Teil der Regelei geht in diesem Bereich vor sich – z. B. beim Einregeln von Dynamikunterschieden.

Hilfreich ist vielleicht noch die Angabe, daß erst eine Änderung um ca. 2 dB hörbar ist, daß 20 dB Dämpfung (also nur noch 1/10 des Anfangssignals) schon viel ausmachen, und daß ein um 40 dB gedämpftes Signal noch immer hörbar ist. Erst beim 50 dB Punkt gerät man in den Bereich des Ausblendens – nach einer Dämpfung von 80 dB ist praktisch nichts mehr zu hören, weshalb der Regler dann mit Recht «Aus» vermerkt.

Der 0-dB-Punkt auf diesem Aussteuerungsmesser markiert hier

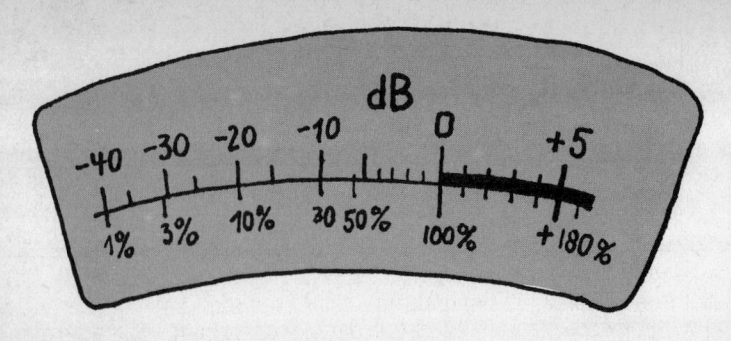

einen willkürlich festgelegten Referenzpunkt, nämlich die Aussteuerungsgrenze des Geräts, ab welcher mit Verzerrungen zu rechnen ist. Alle dB-Werte der Skala beziehen sich jetzt auf diesen Pegel. Werte unterhalb dieses Maximalpegels bekommen also ein negatives Vorzeichen: der wichtige Bereich bis ca. −20 dB ist gedehnt, trotzdem ist (da ja die Skala in dB geeicht ist) bis hinunter zu −40 dB die Anzeige gut ablesbar und, was noch wichtiger ist, dem Lautheitsempfinden proportional. Auf dem verdickten Skalenstrich rechts gerät man in den Bereich der Übersteuerung, in den Bereich von Pegeln also, die höher als der Referenzpegel sind und deshalb +dB-Werte annehmen. Die Skala endet wohlweislich bei +5 dB, was immerhin fast das Doppelte des 0-dB-Pegels bedeutet.

Die oben abgebildete Skala trägt außer den dB-Werten auch die entsprechenden %-Zahlen. Bei dieser Gegenüberstellung wird der Vorzug der dB-Skala deutlich. Eine gehörrichtige, bequeme und schnelle Regelung erfordert für gleiche Lautheitsunterschiede gleiche Maßzahlenunterschiede auf einer regelmäßig geteilten Skala. Man sieht, daß das bei einer in % geeichten Skala nicht möglich wäre: Um z. B. eine gegebene Lautstärke auf die Hälfte herunterzuregeln (also um 6 dB zu senken), müßte man den Pegel in der rechten Skalenhälfte (von 0 bis −6 dB) um *50 %* verringern, in der linken Skalenecke dagegen (von −30 bis −36 dB) um nur *1,5 %*.

Wie man schon beim Aussteuerungsmesser sah: *eine* Größe des dB-Verhältniswertes kann man beliebig festlegen und somit Angaben machen über Schalldrücke, Pegel etc., bezogen auf diesen Referenzpunkt. Beim Aussteuerungsmesser ist dieser Punkt der maximal verarbeitbare Pegel. Die Angabe −10 dB z. B. bedeutet damit, in diesem speziellen Fall, einen absoluten Wert.

Meßtechniker haben, aus historisch-technischen Gründen, 0 dB einer Tonfrequenzspannung von krummen 0,775 Volt zugeordnet und können jetzt den Spannungspegel in dB angeben. Ein Pegel von

+6 dB wäre demnach das Doppelte des 0-dB-Wertes, also 1,55 Volt. −60 dB (etwa die von einem Mikrofon abgegebene Spannung) entsprächen einem Tausendstel der Referenzspannung, also 0,000775 Volt oder 0,775 mV.

Im Bereich der Akustik bezeichnet man ein mickriges Geräusch von $10^{-16}\,\text{Wcm}^{-2}$ mit 0 dB; ein 1000-Hz-Ton dieser Intensität ist gerade eben hörbar, markiert damit die sog. Hörschwelle und fixiert gleichzeitig die *Phon*-Skala. Von diesem Punkt an aufwärts verhält sich die Phon-Skala ganz dB-gemäß, sie reicht bis zur Schmerzgrenze (Flugzeugmotor in 3 m Entfernung) von 120 Phon. Dieser Punkt liegt also 120 dB über einem gerade wahrnehmbaren Laut – das bedeutet, daß das menschliche Ohr in der Lage ist, Lautstärkenunterschiede von 1:1 Million zu verkraften.

Verzerrungen

sind, ganz allgemein, akustische Ereignisse, die nicht sein dürfen, die das Originalklangbild verfälschen. Sie zerfallen – wie könnte es anders sein – in zwei Gruppen: die *linearen* und die *nichtlinearen* Verzerrungen.

Spricht man durch ein Sofakissen hindurch, so erzeugt man den einfachsten Fall einer *linearen* Verzerrung: die Höhen sind stark gedämpft, das Klangbild ist unnatürlich dumpf, die Verständlichkeit geht zum großen Teil verloren.

Lineare Verzerrungen treten also auf bei:
Einengung des übertragenen Frequenzbereiches,
Verbeulungen der Frequenzgänge von Verstärkern, Mikrofonen etc.

In der Elektroakustik bewirken Filter – auch Entzerrer (!) genannt – eine willkürliche lineare Verzerrung. Durch Wegfiltern oder Anheben eines bestimmten Frequenzbereiches kann man:
– unerwünschte Geräusche, z. B. Wind, Hallanteile, Rauschen, mildern,
– zu spitze oder zu dumpfe (also schon linear verzerrte) Aufnahmen in gewissen Grenzen korrigieren,
– Klangbilder bewußt verfremden,
– verschiedene Tonereignisse akustisch voneinander trennen, indem man z. B. bei einer Sprache-Musik-Mischung der Sprache die Tiefen und der Musik die Höhen gelinde beschneidet: jetzt steht die Sprache deutlich und verständlich vor der Musik, in der sie vorher untergegangen wäre. (Das ist natürlich nur eine Nothilfe, wenn widrige Dynamikverhältnisse keine Absenkung des Musikpegels erlauben!)

Interessant ist in diesem Zusammenhang die subjektiv empfundene

Verminderung der Tonqualität als Folge linearer Verzerrungen. Bei repräsentativen Untersuchungen zeigte sich, daß eine Beschneidung der Höhen bzw. Tiefen um so weniger störend wirkt, je mehr man den Übertragungsbereich gleichzeitig von der anderen Seite her einengt. Das heißt, einer Hi-Fi Anlage mit einseitig weggefilterten Tiefen wird ein nur in den mittleren Lagen quäkender Volksempfänger vorgezogen. Es ist also eine gewisse Balance zwischen der oberen und unteren Grenzfrequenz nötig, um das Klangbild nicht zu spitz oder zu dumpf erscheinen zu lassen.

Lineare Verzerrungen sind also einerseits unerwünscht und verfälschend – andererseits in der Hand des Tonmeisters ein willkommenes Hilfsmittel für korrigierende und kreative Veränderung des Klangbildes.

Klingt eine Aufnahme unsauber und verzerrt, so hat man es mit *nichtlinearen* Verzerrungen zu tun. Sie entstehen immer dann, wenn die Wellenzüge der Tonfrequenz deformiert wurden.

original   verzerrt

– wenn z. B. schlechte Verstärker die Toninformation nicht linear (daher der Name) verstärken und somit das Kurvenbild verfälschen.
– wenn durch Übersteuerung ein Bandgerät oder ein Verstärker nicht mehr in der Lage ist, die hohen Amplituden zu «verdauen». Sie werden praktisch abgeschnitten und verändern damit auf drastische Weise optisch und akustisch das Originalklangbild.

Selbst kleinste Verbeulungen der oft sehr komplexen Wellen können zur Verfälschung des Klangbildes und, im Extrem, zur Verzerrung führen.

Da ja ein Ton grundsätzlich aus einer Grundwelle und den sich überlagernden Oberwellen besteht (die, alle addiert, die Gesamtkurve und damit die Charakteristik bestimmen), kann man eine solche Verzerrung auch als zusätzlich eingebrachte Oberwelle betrachten. Je mehr dieser parasitären Oberwellen, desto größer die Verzerrung.

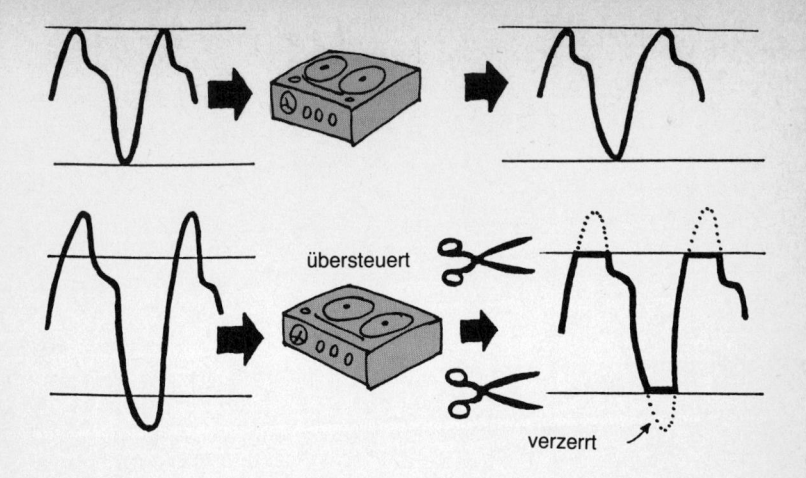

Daher kann man den Anteil dieser störenden Oberwellen am Gesamtpegel (in % ausgedrückt) praktischerweise als Maß für die Verzerrung benutzen. Dabei zeichnen 0,5 % einen guten Verstärker aus, während 3 % den Hi-Fi Freund schon leicht betrüben.

Eine andere Quelle nichtlinearer Verzerrungen bilden die Kombinationstöne. Durch sog. Intermodulation gebären zwei Töne neue, vorher nicht vorhandene Schwingungen. Diese Frequenzen, die nun auch wieder, in zweiter Generation, unpassende Töne erzeugen, können sowohl während der elektrischen Verarbeitung als auch im Schallfeld auftreten.

Die Wahrnehmbarkeit nichtlinearer Verzerrungen ist hauptsächlich von der Art der Aufnahme und der Abhörlautstärke abhängig.

Da zu den geschilderten Verzerrungen noch andere komplexe Verfälschungen, Gleichlaufschwankungen etc. hinzukommen können, sind für die Qualitätsbeurteilung einer Aufnahme in erster Linie ein kritisches Ohr und gute Abhörmöglichkeiten nötig.

Raumakustik

Die Raumakustik befaßt sich mit dem Schicksal der Schallwellen in Räumen.

Was immer man hört, ist das Produkt aus Originalschallquelle und dem umgebenden Raum!

Was also geschieht, wenn eine Schallwelle in einem normalen Raum losgelassen wird?

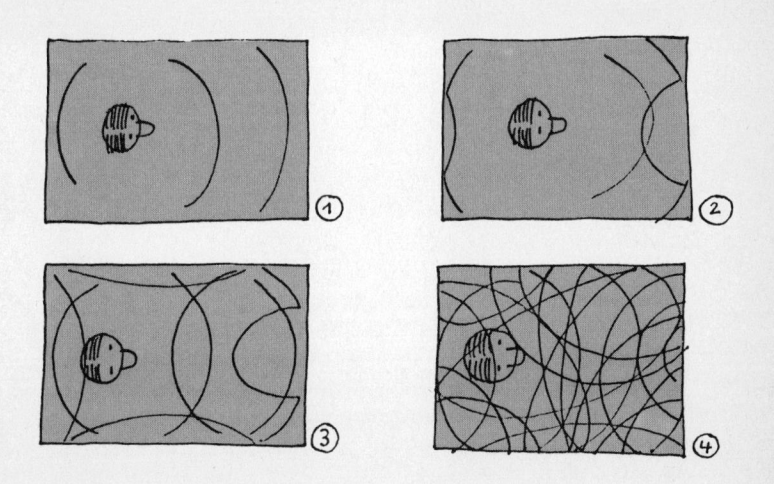

Der Strip beweist: Schallwellen werden *reflektiert*, besonders an *glatten, harten* Materialien wie z. B. an Scheiben, Wänden, Zimmerdecken. Es bildet sich im Raum – nach einer gewissen Anlaufzeit – ein *diffuses Schallfeld* aus hin- und herwabernden Reflexionen, die sich dem Originalklang überlagern und ihn, da sie ja etwas später kommen, verwischen.

Sie machen den *Hall* aus, der sich je nach Größe und Beschaffenheit des Raumes ändert und damit ein Charakteristikum der jeweiligen Umgebung ist. (Nicht zu verwechseln mit dem *Echo*, das – wie beim Trompeter vom Königssee – erst nach einer gewissen Pause zurückkommt.)

Der Nachhall hat einen Gegenspieler, die *Absorption*. Schallwellen werden besonders von weichen, rauhen Materialien aufgefangen, absorbiert, und, da ja keine Energie verlorengeht, in Wärme umgewandelt.

Absorbierte Schallanteile können nicht mehr stören, genausowenig wie Schallwellen im Freien, die sich einfach in der Luft totlaufen.

Absorbiert und damit unschädlich gemacht werden in erster Linie die hohen Frequenzen – der Rest, die mittleren und tiefen Töne also, werden zum großen Teil reflektiert. Der Hall alleine klingt also etwas dumpf – das erklärt den Höhenabfall, wenn man vom Mikrofon *weg*spricht: man ist – oder redet ins «off».

Der Nachhall tritt nicht nur störend in Erscheinung. Abgesehen davon, daß konzertante Musik ein gewisses Quantum davon braucht, enthält er wichtige akustische Informationen:

1. über den Raum.
    Das Ohr kennt aus Erfahrung den charakteristischen Nachhall von Badezimmer, freier Wiese oder Konzertsaal.
2. über die Entfernung zur Schallquelle.

    Das Ohr (bzw. Mikro) erhält zum einen den *direkten* Schall und, zweitens, den *indirekten*, reflektierten Schall.

Während der direkte Schallanteil mit zunehmender Entfernung *quadratisch* (also ganz rapide) abnimmt, ist die indirekte «Schallsuppe» fast überall im Raum gleich laut. Aus dem Verhältnis des indirekten zum direkten Schall errechnet sich das Gehirn nun automatisch die Entfernung zur Schallquelle – unter Berücksichtigung des Raumes.

Man kann also von einer *akustischen Perspektive* reden:
soll der Ton zum Bild passen, so muß die Verteilung direkter Schall–Hall und der dazugehörige Höhenabfall genau eingehalten werden. Die räumliche Verteilung der Schallquellen und die Beschaffenheit des Raumes werden akustisch nachgebildet.

Schließlich ist noch eine weitere Eigenart des Schalls von Bedeutung: die *Resonanz*. Spricht man in einen Eimer hinein, erhält man

Absorption in der Wand

indirekter Schall

direkter Schall

Absorption

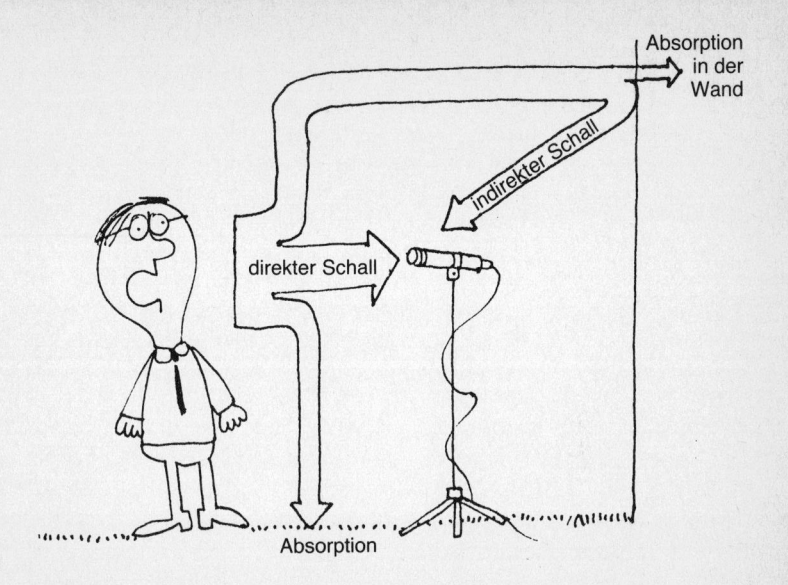

ein recht verbogenes, blechernes Klangbild – hier sind Resonanzen am Werk. Bestimmte Frequenzen werden durch Hohlräume so angeregt, daß sie sich unpassend verstärken und damit das Original verfälschen. Zu solchen Resonanzen kann es in kleinen, halligen Räumen oder bei ungünstig versteckten Mikrofonen kommen.

Folgerungen für die Praxis

Gegen zu hallige Räume muß meist etwas unternommen werden; das Klangbild verwischt leicht, und die Sprachverständlichkeit leidet sonst. Je nach Aufnahmesituation bieten sich verschiedene Lösungen an, einen Raum akustisch «trocken» zu machen:
1. Mit dem Mikrofon *so nah wie möglich an die Schallquelle heran*. Der Anteil des direkten Schalls wächst dadurch, die störenden Reflexionen nehmen ab. (Beide Anteile sind gleich groß am sog. *Hallradius*, der bei ungünstigen Räumen unter 1 m rutschen kann!) Kann man nicht nah genug heran –
2. *Richtmikrofone verwenden*. Nieren- oder Richtmikros «sehen» ja in erster Linie die Schallquelle und vernachlässigen das diffuse

Schallfeld, besonders wenn die unempfindliche Seite den reflektierenden Wänden zugekehrt ist. Das vergrößert den Hallradius und erlaubt einen größeren Mikrofonabstand.
3. *Abdecken*. Durch Abdecken der reflektierenden Flächen mit Tüchern, Decken oder den sog. Schals wird die Absorption der hohen und mittleren Frequenzen stark verbessert. Die Tiefen allerdings lassen sich davon nicht beeindrucken, man schickt sie, falls sie noch stören, durch
4. *Filter*. Durch Trittschall- oder roll-off-Filter (Amateurjargon: Sprache/Musik-Schalter) werden die tiefen Frequenzen mehr oder weniger weggefiltert und damit ein großer Teil des störenden Halls (aber auch die eventuell wichtigen tiefen Frequenzanteile des Originalschalls!!). Ist Abdecken unmöglich, so hilft in verzweifelten Fällen das Filtern allein, denn schließlich besteht der Hall ja zumeist aus Tiefen und Mittellagen.

Tiefenfilter finden sich z. B. an Mikrofonen (MD 421), an Aufnahmegeräten (NAGRA IV: Filter 1–4, Stellavox), an Mikrofonvorverstärkern (Kats) und an allen besseren Mischpulten, wobei eine stilisierte Frequenzgangkurve als Symbol darauf hinweist.

Bei Sprache/Musik-Schaltern wird auf der Sprach-Stellung gefiltert; das weist auf eine andere Einsatzmöglichkeit dieser Filter hin: bei störenden Umweltgeräuschen (die auch zum großen Teil tieffrequenter Natur sind) kann durch Filtern die Sprache deutlicher hervorgehoben werden.

Die tonliche Nachbildung der räumlichen Perspektive, die richtige Balance also zwischen direktem und indirektem Schall, ist eine Angelegenheit der Mikrofonposition. Durch Probieren und Abhören muß der günstigste Mikrostandpunkt gefunden werden, wobei natürlich die *Sprachverständlichkeit* dem akustisch richtigen Raumeindruck nicht geopfert werden darf. Der Ton wird also, z. B. bei Totalen, Kompromisse schließen müssen; er sollte dem Bildausschnitt durch Mikrobewegung folgen, jedoch nur soweit, wie die Verständlichkeit es erlaubt.

Ton-Systeme

Nach soviel Philosophie, Geschichte und Physik des Filmtons endlich das Technisch-Konkrete.

Das Gebiet der gegenwärtig existierenden Filmtonsysteme ist gar nicht so unübersichtlich, wie es den Anschein hat – es gibt eigentlich nur zwei verschiedene Arten, den Ton zum bewegten Bild aufzuzeichnen und ihn an den Bildträger zu koppeln: das *Einband-* und das *Zweibandverfahren*.

Diese Bezeichnungen erklären sich fast von selbst, beim Einband- und Zweibandverfahren.

Einbandverfahren

sitzen Bild und Ton gemeinsam und in schöner Synchronität auf einem Träger – bei der Aufnahme, bei der Bearbeitung oder bei der Wiedergabe. Die Art der Speicherung auf diesem Träger kann für Bild und Ton natürlich verschieden sein: Bild-Film mit Magnettonspur, Bild-Film mit Lichttonspur oder Magnetband mit Spuren für Bild und Ton (Video).

Die Vorteile dieser Zwangsgemeinschaft von Bild und Ton: Das Verfahren ist einfach, schnell und wirtschaftlich, Bild und Ton sind und bleiben synchron, der Geräteaufwand ist minimal (man braucht nur ein Laufwerk).

Angewandt wird diese Methode beim

Amateurfilm: bei Aufnahme, Nachvertonung und Wiedergabe benutzt man Super-8-Film mit Magnettonspur, die Kamera zeichnet den Ton mit auf die Randspur, alle späteren Nachvertonungen oder Mischungen finden auf dieser Spur statt.

Dokumentarfilm: Besonders bei eiligen, aktuellen Filmbeiträgen empfiehlt sich 16-mm-Film mit Magnetrandspur – auch hier sitzt der Originalton, in der Kamera aufgezeichnet, direkt neben dem Bild. Allerdings – und das macht das Schneiden etwas schwieriger – nicht neben dem entsprechenden Bild, sondern versetzt um den Bild-Tonabstand. Da ja das Filmbild während der Aufnahme und Wiedergabe absolut stillstehen muß, ein Tonband (und damit auch die Magnetrandspur) aber möglichst ruckfrei sich bewegen muß, können Bild und Ton natürlich nicht an derselben Stelle des Filmstreifens aufgezeichnet bzw. wiedergegeben werden.

In einem gehörigen Abstand also vom Bildfenster sorgt ein Beruhigungsmechanismus in Kamera und Projektor für einen ruhigen Lauf des Films: hier sitzt der Tonkopf und macht, wie gesagt, durch seine versetzte Tonaufzeichnung das Schneiden des Films etwas schwierig. Der Zeitgewinn dieser Methode gegenüber dem normalen Zweibandverfahren ist allerdings enorm, andererseits sind Tonqualität und die Möglichkeiten der Tonnachbearbeitung beschränkt.

Diese Aufnahmetechnik mit speziell dazu ausgerüsteten 16-mm Filmkameras und magnetbespurtem Aufnahmematerial war in den USA stark verbreitet, konnte sich aber bei uns kaum durchsetzen.

Video: Wenn schon das Bild auf einem Magnetband gespeichert ist, ist es nur logisch, daß man dem Ton auch ein Plätzchen darauf einräumt und auch schon bei der Aufnahme Bild und Ton von einer Maschine aufzeichnen läßt.

Kinofilm: Bei Kinofilm oder normalen 16-mm Produktionen wird das Einbandverfahren erst interessant, wenn der Film schon fertig ist. Erst die fertige Kopie trägt Bild und Ton – die bis dahin streng getrennt bearbeitet wurden – auf einer Rolle, man spricht von

COMMAG – (*Kom*binierte Kopie mit *Mag*nettonspur) oder

COMOPT – (*Kom*binierte Kopie mit *opt*ischem Ton-Lichtton).

Die Nachteile des Einbandverfahrens: *Ein* Gerät für die Aufnahme von Bild und Ton (womöglich nur *eine* verantwortliche Person hinter dem Gerät) können beiden Medien nicht optimal gerecht werden. Auch bei der Weiterverarbeitung würde es stören, daß Bild und Ton nur zusammen geschnitten werden können und daß umfangreiche Veränderungen und Mischungen des Tons nicht gut möglich sind, wenn er noch am Bild klebt.

Es bietet sich deshalb an, während der Produktionsphase Bild und Ton strikt zu trennen und sie erst nach der Fertigstellung auf einem Träger zu vereinen – genau das geschieht beim

Zweibandverfahren

Strenggenommen fällt unter diese Rubrik auch eine simple Amateurmethode, bei der ein mehr oder weniger synchron gekoppeltes Tonbandgerät die Töne und ein Stummfilmprojektor das Bild erzeugten. Ausgefeiltere Amateursysteme sowie der professionelle Filmton generell benutzen die Zweibandmethode grundsätzlich bis zur Endfertigung eines Films. Zur Illustrierung dieses Verfahrens und als Einstieg in die praktische Filmtonarbeit nun eine schematische Übersicht über den

Werdegang eines Filmtons

Vom Drehort liefert der Tonmeister auf normalem Tonband (Schmalband):

1. Den *O-Ton* – Dialoge und synchrone Geräusche, gleichzeitig mit der Bildaufnahme aufgezeichnet und mit einer Pilottonspur versehen (s. Kapitel «Synchrones»)
2. *Asynchrontöne* – Nur-Töne ohne direkte Bildentsprechung, Geräusche, die man vielleicht brauchen wird, Off-Texte (Sprecher nicht im Bild) oder nachgesprochene Texte,
3. *Atmos* – akustische Hintergründe, Umgebungsgeräusche.

Auf Studiobandmaschinen aufgenommen liegen vor:

1. Musiken
2. Kommentare
3. Archivgeräusche

All diese Töne können jedoch in dieser Form nicht weiterverarbeitet werden – sie müssen vorher auf einen anderen Träger umkopiert werden. Der Grund ist simpel: so wie der fertig entwickelte Bildfilm muß auch der Ton geschnitten werden. Er muß am Schneidetisch beliebig oft vor- und zurückgefahren werden können, er muß geschnitten, gekürzt, ergänzt und versetzt werden können und darf bei all diesen Manipulationen nie asynchron zum Bild werden; das heißt, er muß in schöner Gleichzeitigkeit mit dem perforierten Bildfilm mitlaufen. Ein glattes Tonband, das sich relativ unkontrolliert durch die Tonrolle quetscht, kann diesen gleichmäßigen Transport nicht gewährleisten – sehr wohl aber ein perforiertes Tonband. Genau das wird auch benutzt – ein perforierter Tonträger, 16 oder 17,5 mm breit (für 16- bzw. 35-mm-Film), man spricht von CORD oder PERFOBAND. Dieses Band läuft generell über Zahntrommeln und kann so auch beim besten Willen nie «weglaufen» oder asynchron werden.

Alle zu bearbeitenden Töne werden also zunächst einmal auf dieses

Cordband überspielt, wobei eine sinnreiche Elektronik dafür sorgt, daß die synchron aufgenommenen Töne – obwohl auf «unsicherem» Schmalband aufgenommen – wieder absolut synchron zum Bild sind (siehe «Pilottonverfahren»).

All die umgespielten Töne wandern nun als Perfo-Rollen zusammen mit einer Arbeitskopie des Bildfilms zum Schneidetisch. Hier werden in schöner Synchronität (es ist ja alles perforiert) zu dem geschnittenen Bild die passenden Dialoge, Geräusche, Atmos etc. geschnitten und auf mehreren MISCHBÄNDERN zusammengefaßt.

Es entstehen also separate Rollen – jede so lang wie der Bildfilm – für jede Tonsparte (O-Ton, Geräusche, Musiken usw.), wobei jede Sparte mehrere Rollen beanspruchen kann. Es kann sich jetzt herausstellen (oder es war von vornherein geplant), daß Dialoge oder Geräusche nachsynchronisiert werden müssen.

Zu diesem Zweck werden am Schneidetisch von den betreffenden Bildstellen Filmschleifen hergestellt. Diese Schleifen werden, sich ständig wiederholend, den Synchronsprechern oder dem Geräuschemacher vorgeführt, bis diese den richtigen Ton an der richtigen Stelle getroffen haben. Den Nachsynchronsprechern wird dabei – als Erinnerungshilfe – der am Drehort aufgenommene PRIMÄRTON zugespielt (wer wüßte sonst, was wer wann damals gesagt hat). All diese nachproduzierten Töne erreichen sodann, als Perfostücke, den überfüllten Schneidetisch und werden an den richtigen Stellen eingeschnitten.

Nach Ende der Cutter-Arbeit liegen nun der fertig geschnittene Bildfilm und mehrere Tonrollen (Mischbänder) vor, und während die kreative Arbeit am Bild nun abgeschlossen ist, hat der Ton noch einen wichtigen Arbeitsgang vor sich: die MISCHUNG. Schließlich müssen ja alle Mischbänder zu einem Tonereignis zusammengemischt werden. Es werden also alle Perforollen mit Hilfe eines minutiösen Mischplans und einer aufwendigen Technik auf ein Mischband «abgemischt» – dabei werden die bis dahin vernachlässigten Lautstärkeunterschiede ausgeglichen und Dynamik, Frequenzgang und Nachhall dem Bild angepaßt. Zusätzliche Atmo-Schleifen liefern akustische Hintergründe oder decken Tonlöcher barmherzig zu. Da das Mischen vieler Tonereignisse zum schnell wechselnden Bild schwierig ist, werden oft in einer VORMISCHUNG einzelne Mischbänder zusammengefaßt. Für Exportfilme liefert die Mischung gleichzeitig ein perfektes Tongemisch ohne Dialoge – das sogenannte IT-Band = *I*nternationales *T*onband. Wir nähern uns dem Happy-End – es liegen jetzt zwei Streifen vor: der fertig geschnittene Bildfilm und das fertige Mischband. Noch kann man also mit Recht von einem Zweiband-

Verfahren sprechen oder auch vom SEPMAG (*Sep*arate Kopie – *ma*gnetische Tonaufzeichnung).

Der nächste Schritt jedoch ist die Kopieranstalt, wo der Ton als Lichtton (Comopt = *Com*posite *opt*ical sound) oder als Magnetton (Commag = *Com*posite *mag*netic sound) mit dem Bildfilm kombiniert wird.

All die hier skizzierten Stationen des Filmtons werden im Verlauf des Buches in den verschiedenen Kapiteln eingehend behandelt werden. Der Amateurfilmton – obwohl im Prinzip ähnlich bearbeitet – macht es meist weniger aufwendig und billiger.

Mikrofone

Mikrofone sollen Schallwellen, Bewegungen der Luft also, in elektrische Ströme umwandeln. Diese Wechselströme sollen ein getreues Abbild dessen sein, was in der Luft vorgeht.

Außerdem soll ein Mikro möglichst empfindlich sein, wenig Eigengeräusch verursachen (Rauschen) und robust sein.

Das alles läßt sich – teils nur mit Kompromissen – auf verschiedenen Wegen erreichen.

Am Anfang steht die Membran, ein dünnes, bewegliches Scheibchen, das die Luftbewegung getreulich mitmacht. Das kann es um so besser, je weniger Masse es hat und je weiniger es zu bewegen hat.

Dynamische Mikrofone

Klebt man an die Membran eine kleine Spule und baut man einen Magneten drumherum, so erhält man einen Lautsprecher: fließt Strom durch die Spule, so gerät sie mit der Membran in Bewegung und erzeugt Schall. Wie so viele physikalische Prinzipien ist auch dieses umkehrbar: brüllt man in die Membran hinein, so kommt hinten Strom heraus – man hat ein dynamisches Mikrofon!

Moderne dynamische Mikrofone haben exzellente Übertragungseigenschaften, sind *robust*, relativ *wind-* und *wetterfest* und sind selbst durch höchste Schallpegel *nicht zu übersteuern*.

Hervorragende Vertreter dieser Mikro-Gruppe sind das MD 21 und MD 421 von Sennheiser sowie das M 88 von Beyer.

MD 421   M 88

Kondensatormikrofone

Bei diesem Mikrofontyp muß die Membran keine Spule antreiben, sie kann also extrem leicht und klein sein. Sie hat nichts weiter zu tun, als zu schwingen. Das tut sie vor einem festen Metallstück, mit dem zusammen sie einen Kondensator bildet (daher der Name). Eine dahintersitzende Elektronik setzt die Schwingungen der Membran in elektrische Ströme um, die nochmals verstärkt werden und dann erst das Mikrofon verlassen.

Richtcharakteristik

Ein Mikrofon muß nicht nach allen Seiten hin *gleich* empfindlich sein. Eine solche *kugelförmige* Richtcharakteristik wäre in lärm- und hallerfüllten Räumen von Nachteil, denn das Mikro würde Nutz- und Störschallquellen gleichermaßen aufnehmen.

Beim Filmton arbeitet man daher zumeist mit Mikrofonen, die – mehr oder weniger ausgeprägt – *eine* «Blickrichtung» bevorzugen. Die Art dieser Richtungs-Vorliebe zeigt das jeweilige *Richtdiagramm*.

Das nebenstehende Beispiel zeigt ein sog. *Kardioid-* oder *Nieren*-Richtdiagramm. Man sieht, daß die Empfindlichkeit des Mikros bei seitlichem Besprechen (90°) schon um 6 dB (die Hälfte also) gesunken ist.

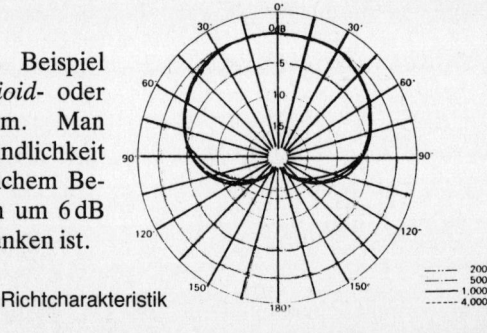

Richtcharakteristik

— · — 200 Hz
— · · — 500 Hz
——— 1.000 Hz
- - - - 4.000 Hz

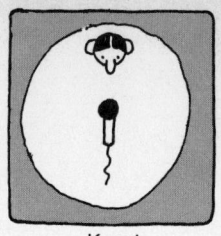

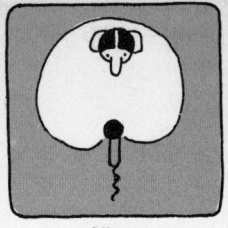

Kugel   Niere   Richtmikro
(Ein so schön enger Sichtbereich gilt nur für hohe Frequenzen!)

Am häufigsten eingesetzt werden Mikros mit nierenförmigen Richtdiagrammen – Unerwünschtes von den Seiten und hinten wird nur sehr gedämpft wahrgenommen.

Engt man den «Sichtbereich» des Mikros noch mehr ein, gelangt man über die *Superniere* (MKH 416, Sennheiser) zur *keulenförmigen* Richtcharakteristik der *Richtmikros* (Kanonen, MKH 816). Ähnlich wie beim Teleobjektiv wird nur noch ein schmaler Bereich des akustischen Horizonts wahrgenommen. Hier kommt es auf genaues Zielen an – besonders für die hohen Frequenzen gibt es ein scharfes Maximum direkt in der Mikrofonachse!

Um Irrtümern vorzubeugen: Richtmikros sind *nicht empfindlicher* als andere Mikros – sie erlauben jedoch einen größeren Abstand von der Schallquelle durch ihre Unempfindlichkeit gegenüber räumlich versetztem Störgeräusch.

Es leuchtet ein, daß Kondensatormikrofone mit ihren hauchdünnen kleinen Membränchen empfindlicher sind als andere Mikros und schnelle Schalldruckänderungen besser umsetzen können. Die erreichbare Tonqualität ist also großartig – und muß mit einigen Nachteilen erkauft werden:

1. Kondensatormikrofone sind empfindliche Apparaturen, sie reagieren unfreundlich auf rauhe Behandlung und auf zu laute Umgebungen. Bei hohen Schalldrücken wird die Membran leicht «überfüttert», sie stopft zu, verzerrt und nimmt eventuell Schaden. (Daher sollten Kondensatormikrofone nach Gebrauch wieder in ihre schalldichten Luxusetuis: sie «hören», auch wenn sie nicht angeschlossen sind.)
2. Die Elektronik im Mikrofon braucht eine Stromversorgung von außen, was den Anschluß etwas komplizierter macht.
3. Störgeräusch mit hohen Frequenzen kann sich bei Kondensatormikros etwas stärker abbilden als bei dynamischen Systemen (... muß aber nicht).

Berühmte Vertreter dieser Gruppe sind das MKH 406, MKH 416 (Superniere), das MKH 816 (Richtmikro) von Sennheiser.

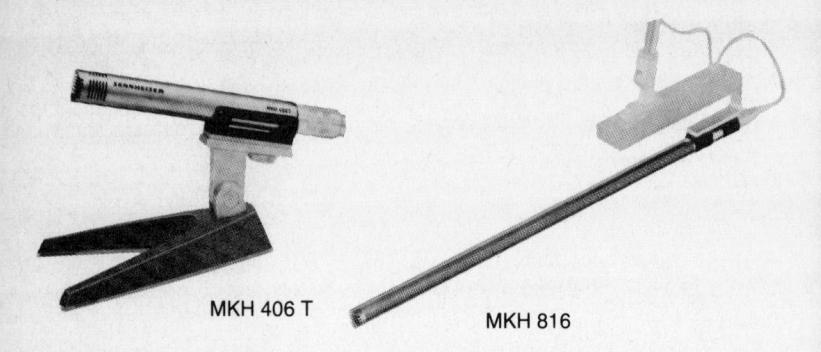

MKH 406 T   MKH 816

Ein naher, aber jüngerer Verwandter des Kondensator-Mikros ist das

Elektret-Mikrofon

Auch hier ist die schwingende Membran Teil eines Kondensators. Sie besteht jedoch aus einem Material, das von Haus aus eine elektrostatische Ladung mitbekommen hat und sie magnetähnlich beibehält. (*Elektr*isches Feld/Magn*et*)

Diese Besonderheit vereinfacht die nachgeschaltete Elektronik ganz wesentlich – hat jedoch bis jetzt noch nicht qualitätssteigernd gewirkt.

Als Lavalier-Mikro (s. später) wird es gern professionell eingesetzt.
Beispiel: SONY ECM 150

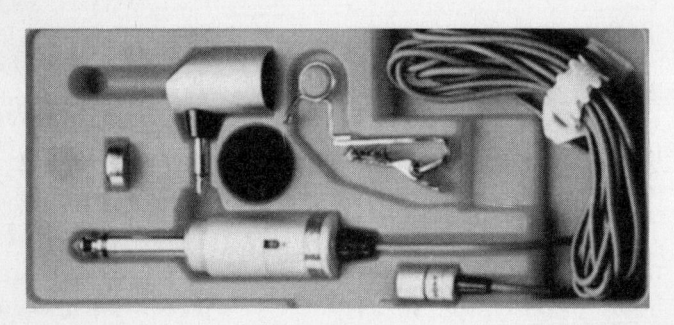

Lavalier-Mikrofone

Wenn die Bewegung des Schauspielers oder ein zu hoher Störpegel einen vernünftigen Mikroabstand unmöglich machen, greift man zum Lavalier-Mikrofon. Ein gegen Körperschall unempfindliches, kleines Mikro mit kugelförmiger Charakteristik wird an der Brust getragen oder angesteckt. Stört das Kabel aus dem Hosenbein, so bietet sich eine drahtlose Mikroport-Anlage an.

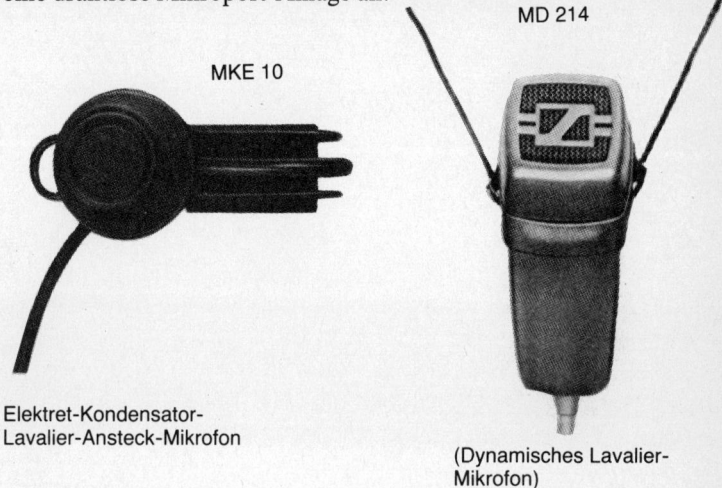

MD 214

MKE 10

Elektret-Kondensator-
Lavalier-Ansteck-Mikrofon

(Dynamisches Lavalier-
Mikrofon)

Bei preiswerten Elektret-Modellen muß man eine geringe Qualitätseinbuße in Kauf nehmen, besonders natürlich – und das gilt für alle Lavaliers – wenn Kleidungsstücke das Mikro verdecken.

Mikrofon-Anschluß

Vier verschiedene Arten, ein Mikro anzuschließen, machen dem Tonmann das Leben sauer:
1. *Dynamische* Mikrofone:
    Allgemein symmetrischer Anschluß, d. h. die zwei in der Abschirmung des Kabels laufenden Adern tragen das Tonsignal.
2. *Unsymmetrische* Kondensator-Mikrofone:
    Kondensatormikros brauchen zur Speisung ihres eingebauten Verstärkers eine von außen zugeführte Spannung. Diese Speisespannung wird über eine Ader des Kabels zugeführt, der Ton ver-

läßt das Mikro über den anderen Draht. Die gemeinsame Rückleitung (jeder Stromkreis braucht ja zwei Beine) ist die Abschirmung.

Nachteil: Der unsymmetrische «Tontransport» über die Abschirmung des Kabels ist nicht störsicher.

3. *Tonaderspeisung*, symmetrisch:

Bei diesem moderneren System wird das Kondensatormikro über die tonführenden Adern gespeist, die von außen zugeführte Gleichspannung benutzt dieselben Drähte wie das vom Mikro kommende Tonsignal.

4. *Die Phantom-Speisung:*

Hierbei befindet sich das +-Potential der Speisespannung geisterhaft in der «elektrischen Mitte» zwischen den Tonadern – durch einen elektrischen Trick ist damit die Symmetrie gewährleistet. Phantomgespeiste Mikros sind kompatibel mit dynamischen Mikrofonen, Vertauschung der Tonadern führt nicht zum Ausfall des Mikros.

Auswahl und Einsatz der verschiedenen Mikrofontypen sowie weitere Anschluß-Akrobatik werden im Kapitel «Aufnahmepraxis» eingehend besprochen.

Der Magnetton

Das Prinzip der Magnetton-Technik zeigt sich am klarsten an einem magnetisierten Schraubenzieher. Der (vielleicht zufällig durch einen in der Nähe liegenden Hufeisenmagneten) aufgeprägte Magnetismus bleibt, dank der sogenannten Remanenz des Eisens, im Schraubenzieher erhalten und macht ihn damit schon zu einem simplen Informationsträger.

Verrostetes Eisen funktioniert genausogut: mit feingemahlenem Rost, gleichmäßig auf einem bandförmigen Kunststoffträger verteilt, erhält man 3½ Milliarden potentielle Magnete pro Quadratzentimeter und damit ein modernes Tonband. Alle diese «Elementarmagnetchen» sind unabhängig voneinander magnetisierbar; die chaotisch durcheinander liegenden magnetischen Nord- und Südpole werden durch eine entsprechende Magnetisierung im Rhythmus der aufzunehmenden Toninformation ausgerichtet und behalten dieses magnetische «Muster» bei.

Die solchermaßen konservierten Schwingungen können jederzeit abgerufen werden, indem man das Band und die darauf fixierten Felder an einer Spule vorbeizieht.

Der Fahrrad-Dynamo beweist: bewegt sich eine Spule im Magnetfeld, so erzeugt sie eine Spannung. Der Physik nun ist es gleich, *wer* sich bewegt; die vorbeigezogenen Magnetfelder induzieren in der Hörkopfspule eine Spannung, die der aufgezeichneten Toninformation entspricht und die verstärkt und hörbar gemacht werden kann.

Genauso einfach kann schon bespieltes Band wieder *gelöscht* werden: es wird durch ein (vom Löschkopf erzeugtes) hochfrequentes Magnetfeld gezogen; das aufmagnetisierte «Muster» wird dabei durch schnelle, in der Stärke langsam nachlassende Umorientierung wieder zum magnetischen Chaos.

Die *Geschwindigkeit*, mit der das Band an den Köpfen vorbeigezogen wird, ist von spezieller Bedeutung. Eine höhere Bandgeschwindigkeit ergibt ein längeres Bandstück pro Zeiteinheit, also sozusagen mehr Platz für die aufzunehmende Toninformation. Da eine hohe Frequenz eine hohe Informationsdichte repräsentiert (viele Schwingungen pro Zeiteinheit), wird klar, daß die Bandgeschwindigkeit um so größer gewählt werden muß, je höher die aufzuzeichnende Tonfrequenz ist.

Die Qualität der Tonköpfe und die Beschaffenheit der ferromagnetischen Partikelchen auf dem Band spielen dabei eine wesentliche Rolle; beim derzeitigen Stand der Technologie ist die in der Filmpraxis benutzte Geschwindigkeit von 19 cm/sec ein guter Kompromiß zwischen Wirtschaftlichkeit und Tonqualität. Niedrigere Geschwindigkeiten ergeben im allgemeinen keinen befriedigenden Frequenzgang: die Höhen werden vernachlässigt.

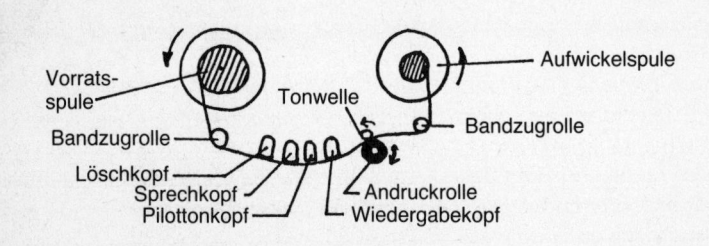

Die Abbildung zeigt den schematischen Aufbau eines Tonbandgerätes. Die *Tonwelle*, die mit konstanter Geschwindigkeit rotiert, und die gegenüberliegende *Andruckrolle* ziehen das Band mit gleichbleibender Geschwindigkeit von der Vorratsspule links ab und geben es weiter an die rechte Aufwickelspule. Dabei sorgen die Bandfühlhebel oder die beweglichen Bandzugrollen, die innerlich mit den Bandtellerbremsen verbunden sind, für einen gleichmäßigen Bandzug.

Solchermaßen straff gehalten, gerät das Band in innige Berührung mit:

1. dem Löschkopf, der bei Aufnahme konstant löscht,
2. dem Sprechkopf, der das Signal «aufspricht»,
3. dem Pilottonkopf, der das Pilotsignal aufzeichnet (s. unter «Pilottonverfahren»),

4. dem Hörkopf, der für die Wiedergabe zuständig ist und auch schon während der Aufnahme den aufgezeichneten Ton wieder abnimmt. Das allerdings geschieht mit einer geringen Verzögerung, denn jede Bandstelle braucht ja eine gewisse Zeit, um vom Sprechkopf zum Hörkopf zu gelangen. Dieser Effekt verwirrt Tonmeister, die die Klappe selbst ansagen und sich – verzögert – per Kopfhörer ins Wort fallen, ist aber als *Bandecho* eine segensreiche Hilfe im Tonstudio.

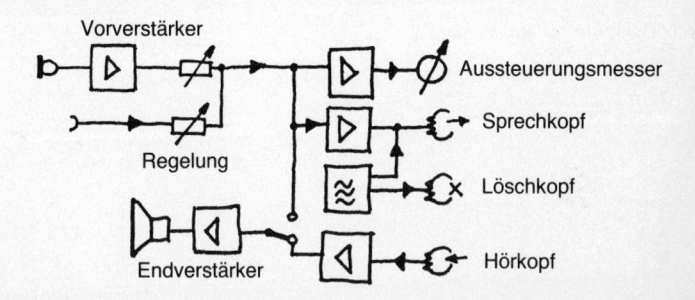

Hier ist das elektronische Innenleben eines Tonbandgerätes, soweit es den Praktiker interessiert, als Blockschaltbild dargestellt.

Das schwächliche Mikrofonsignal wird vorverstärkt, und zusammen mit dem Line-Input-Signal (das diese zusätzliche Verstärkung nicht nötig hat) geht es – nach der Regelung – in den Aufsprechverstärker, der den Sprechkopf bedient. Gleichzeitig gelangt die aufzunehmende Modulation in den Anzeigeverstärker, der seinerseits das Aussteuerungsinstrument treibt.

Der Wiedergabeverstärker, der vom Hörkopf beliefert wird, schickt das Wiedergabesignal an den Endverstärker und damit an den Lautsprecher bzw. Kopfhörer. Dieser Endverstärker kann wahlweise auch das Aufnahmesignal erhalten und ermöglicht damit die Vor-Hinterband-Kontrolle.

Ein Generator, der mit dem Löschkopf verbunden ist, erzeugt die zur Löschung notwendige Hochfrequenz. Ein kleiner Teil davon wird abgezweigt und, zusammen mit dem aufzunehmenden Tonsignal, dem Sprechkopf zugeführt. Diese «Vormagnetisierung» oder, englisch, «Bias» ist aus physikalischen Gründen notwendig und interessiert bei der praktischen Arbeit nur, wenn sie nicht stimmt oder ganz fehlt (s. u. Praktische Hinweise).

Noch ein Wort zur Art der Aufzeichnung auf Magnettonband. Professionellerweise wird das Schmalband über die ganze Breite bespielt.

Diese «*Vollspur*aufzeichnung» bietet ein Maximum an Dynamik und ermöglicht das Schneiden.

Nur ungern und nur für Amateurgeräte gibt man sich mit der Hälfte des Bandes (Halbspur) oder einem Viertel (Viertel- oder Vierspur) zufrieden – die verfügbare Dynamik nimmt dabei etwas ab.

Die Pilottonspur begnügt sich mit einem schmalen Bereich auf der Mitte des Bandes; sie ist so aufmagnetisiert, daß die Tonspur davon nicht berührt wird.

Praktische Hinweise im Umgang mit Tonbandgeräten

Dieses Kapitel gilt gleichermaßen für *alle* Tonbandmaschinen. Spezielle Kabel- und Steckerakrobatik wird später behandelt. Hier zuerst

Die Bandfrage

Man hat die Wahl zwischen verschiedenen *Banddicken* und *Beschichtungsarten*.

Die Beschichtung – die Art der Eisenpartikelchen im Band also – hat Einfluß auf:

- das Rauschen (und damit auf die ausnutzbare Dynamik),
- die Verarbeitung der hohen Frequenzen,
- die Pegelverhältnisse bei Wiedergabe und Aufnahme.

Neben den noch immer benutzten *Standardbändern* (die durchaus nicht schlecht sind) bieten sich für hochwertige Aufnahmen die neueren *Low-Noise*-Bänder an. Sie haben einen niedrigeren Rauschpegel und eine höhere Übersteuerungsgrenze und erweitern merklich den ausnutzbaren Dynamikbereich. (Niedrige Pegel gehen nicht so leicht im Rauschen unter, etwaige Übersteuerungen sind weniger tragisch.)

Daneben gibt es noch zahlreiche andere Beschichtungsmixturen für spezielle Anwendungen – alle jedoch benutzen als magnetische «Informationsvehikel» das Eisenoxid.

Das *Chromdioxidband* wird mit den hohen Frequenzen weit besser fertig und erlaubt damit sogar die Halbierung der Bandgeschwindigkeit bei gleicher Tonqualität.

Dabei ist unbedingt zu beachten:

Jedes Tonbandgerät ist auf eine bestimmte Bandsorte eingemessen, d. h. die elektronischen Innereien sind optimal auf das verwendete Band abgestimmt. Beim Übergang von Standard- auf Low-Noise-Band *muß*, bei Fabrikatswechsel innerhalb derselben Kategorie *sollte* vorsichtshalber neu eingemessen werden. Unnötig zu sagen, daß bei Verwendung von Chromdioxidband eine *grundlegende* Umstellung eines dafür nicht eingerichteten Gerätes erforderlich wird.

Zeigt sich nach einem Bandwechsel plötzlich erhöhtes Rauschen oder Höhenabfall, so ist das ein deutliches Zeichen, die Meßtechnik zu bemühen. (Was den Wechsel Standard-/Low-Noise-Band angeht, so macht die NAGRA IV eine Ausnahme – sie ist für diesen Fall mit einem Umschalter ausgerüstet.)

Nun zur *Banddicke*: Auch hier hat man wieder mehrere Möglichkeiten. Die Dicke des Bandes bestimmt ja in erster Linie, wieviel Meter davon auf einer Spule untergebracht werden können. Man würde also, da man Bandwechsel scheut, das dünnste Band wählen. Nun ist diese Entscheidung nicht nur eine Sache der Faulheit, es gibt noch andere Überlegungen: Dünnes Band reißt, knickt oder dehnt sich leicht, es macht also besonders auf Studiomaschinen Schwierigkeiten (Umspielung). Außerdem tritt der *Kopiereffekt* bei dünnerem Band stärker in Erscheinung. Es handelt sich dabei um ein Überkopieren auf der Spule, von einer Bandwindung zur anderen. Das geht natürlich um so besser, je näher sich die Windungen kommen, je dünner also das Band ist. Die Folge davon sind leise Vor-Echos; ein lautes Wort – besonders nach einer Pause – ist peinlicherweise schon einige Bandwindungen früher zu hören.

Hat man also zwischen Normalband (dick), Langspielband (mittel), und Doppelspielband (dünn) zu wählen, so ist für ambulante Schmalbandaufnahmen der goldene Mittelweg, wie so oft, der richtige. Die folgende Tabelle gibt Spulendurchmesser und Laufzeit bei 19 cm/sec an:

Spulendurchmesser	**Normal**	**Langspiel**	**Doppel**
13 cm	15 min	22 min	30 min
15 cm	21 min	32 min	42 min
18 cm	30 min	45 min	60 min

(NAGRA und Stellavox möchten, bei geschlossenem Deckel, eine 13-cm-Spule.)

Kopf-Probleme

Vergleichbar mit den Objektiven bei optischen Geräten sind die Magnetköpfe eines Tonbandgerätes. Auch hier muß die Information – möglichst unbehindert – hinein und heraus. Dabei ist in beiden Fällen der *Schmutz* ein Hauptübel.

Beim Magnetkopf bewirkt abgelagerter Staub oder (brauner) Bandabrieb, daß sich das Band um Millimeterbruchteile vom Kopfspalt abhebt. Das hat verheerende Folgen – Pegel- und Höhenverlust –, denn die relativ schwachen Magnetfelder erfordern einen engen Kontakt von Bandschicht zu Kopfspalt. (Ein verkehrt herum eingelegtes Band demonstriert das am besten: zwischen der magnetischen Schicht und dem Kopf liegt dann nur der dünne Kunststoff-Träger, und trotzdem erhält man nur noch ein dumpfes Gemurmel!)

Damit sind wir schon bei der Anatomie des Magnetkopfes. Die darin versteckte Spule (= Elektromagnet) hat einen ringförmigen Kern, der an *einer* Stelle, dem *Kopfspalt*, aufgeschnitten ist. Hier werden die magnetischen Felder erzeugt bzw. abgenommen, hier muß das Band – das über den präzis geschliffenen

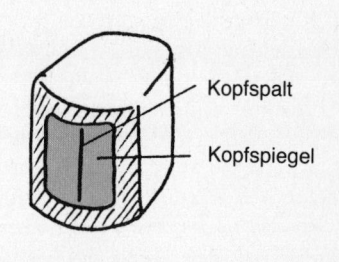

Kopfspiegel geführt wird – glatt und direkt anliegen. Durch schlechte Bandführung oder übermäßig lange Benutzung kann sich der Spiegel abschleifen: das Band gräbt sich sozusagen ein, die Kopfgeometrie ist gestört und damit auch die Tonqualität.

Was den Schmutz angeht, so hilft ein in Benzin oder Alkohol getauchtes Wattebäuschchen (am Streichholz) oder, und das kann man auch bei laufendem Band riskieren, eine gezielte Ladung des Reinigungs-Sprays «Video 90».

Niemals sollte man jedoch, zwecks Reinigung, mit metallenen Gegenständen den Köpfen nahetreten. Man riskiert mechanische Beschädigung oder – weniger offensichtlich, aber trotzdem schlimm – eine *Magnetisierung* der Köpfe. Das tut sich dann in erhöhtem Rauschen kund und kann nur mit einer Entmagnetisierungsdrossel behoben werden (Werkstatt). Andere gar nicht so selten auftretende «Kopfschmerzen» sind die *Spaltlagenfehler*. Der Kopfspalt bestimmt ja die Richtung des aufmagnetisierten Musters, und das sollte genau senkrecht zum Band verlaufen.

Nur eine *überall* gleiche Aufsprech- bzw. Abtastrichtung macht einen Bandaustausch zwischen verschiedenen Geräten möglich, und innerhalb desselben Gerätes gibt der Wiedergabekopf nur dann das aufgezeichnete Signal richtig wieder, wenn er in demselben Winkel «liest», in dem der Aufnahmekopf «schreibt». So hat man sich also darauf geeinigt, daß der Kopfspalt präzis senkrecht zum Band stehen soll.

Das tut er nicht immer: durch Vibration, durch mechanische Schocks (Fallenlassen) und nicht zuletzt durch «Kurbelei nach Gefühl» kann ein Kopf – optisch nicht erkennbar – auf die schiefe Bahn geraten.

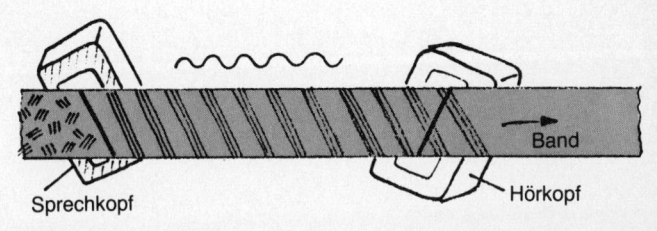

Hier ist, stark übertrieben, eine solche Schiefstellung abgebildet. Hör- und Sprechkopf sind extrem «vertaumelt» und, was die Sache noch schlimmer macht, sogar in verschiedenen Richtungen.

Der Sprechkopf (dem hier eine reine Sinusschwingung angeliefert wird) magnetisiert das Band entsprechend seinem Kopfspalt und hinterläßt ein geordnetes, aber leider schiefes, magnetisches Nordpol-Südpol-Muster.

Das wandert weiter zum Hörkopf und soll nun – Schwingung für Schwingung – abgegriffen werden. Dabei gibt es hier Schwierigkeiten: der (schiefe) Hörkopfspalt tastet *gleichzeitig* verschiedene Schwingungen, verschiedene magnetische Polaritäten ab – der Hörkopf ist mit Recht verwirrt und liefert wenig oder gar nichts, denn die gleichzeitig abgehörten Informationen heben sich zum Teil auf. Dieser Effekt tritt um so kräftiger in Erscheinung,

   je schiefer der Kopf steht,
   je höher die aufgezeichnete Frequenz ist,
   je breiter die beschriebene Spur ist. (Vollspur ist also kritischer!)

Für den Praktiker hat das Konsequenzen: durch Vor-/Hinterband-Kontrolle ist zu prüfen, ob beim wiedergegebenen Signal ein Höhenverlust bemerkbar ist. Wenn ja, kann man durch sanftes Verkanten des laufenden Bandes vor den Köpfen die Bandrichtung leicht verändern. Bringt das dann eine Verbesserung, so hat man es eindeutig mit einer Kopfdejustage zu tun.

Passiert das während der Aufnahme, so ist das allerdings kein Grund zur Verzweiflung – die Qualität der Aufzeichnung wird davon nicht berührt. Das zeigen folgende Überlegungen:

Angenommen, der *Sprechkopf* ist dejustiert – bei der Wiedergabe im Studio kann die Meßtechnik den *Wiedergabekopf* der abspielenden Maschine *so* einstellen, daß er in demselben (schiefen) Winkel steht, den auch der Aufsprechkopf bei der Aufnahme hatte. Damit ist die volle Wiedergabequalität gewährleistet, die Aufzeichnung ist gerettet. (Die Meßtechnik ist sauer.)

Ein schiefer *Wiedergabekopf* hingegen täuscht während der Aufnahme einen Qualitätsverlust nur vor – die Aufzeichnung selbst ist in Ordnung.

Fazit des Kopfkapitels:

Eine Kopfreinigung sollte man – wie das Zähneputzen – mindestens einmal täglich vornehmen. Ebenso ist eine Prüfung der Kopfgeometrie von Nutzen. Bemerkt man einen deutlichen Abschliff des Kopfspiegels oder bleibt der Fingernagel beim sanften Darüberfahren am Kopfspalt hängen (Fingernagelprobe), ist ein neuer Kopf fällig.

Kopfdejustierte Geräte sollten *sofort* zur Meßtechnik – auf keinen Fall dran drehen oder den schiefen Kopf weiterbenutzen!

Die Mechanik

Ein Magnettongerät ist eine mechanische Präzisionsangelegenheit. Besonders empfindlich gegen Störungen ist der gleichmäßige Bandtransport. Zur Prüfung empfiehlt sich:
1. eine optische Kontrolle. Das Band soll glatt, unverkantet und in gerader Linie von der Spule über alle Köpfe zur Tonwelle laufen. Minimal verbogene Bandführungen oder Rollen, schiefe Köpfe oder verkantete Spulen können das Band leicht vom geraden Weg abbringen. Die mißlichen Folgen zeigt dann
2. eine akustische Kontrolle, die auch Fehler in den Lagern und in der Motorelektronik erkennen läßt. Ein beliebter Kapitalfehler (z. B.

bei der NAGRA III) ist es, die Gummiandruckrolle bei Drehschluß nicht von der Tonwelle abzuheben. Mit nicht geringem Druck verbeult dann die Rolle das Tonwellenlager und, in erster Linie, sich selbst. Rillen in der Andruckrolle zerhacken ja den kontinuierlichen Bandfluß und machen sich als Flattern im Ton bemerkbar. Alle anderen mechanischen Fehler erzeugen ebenfalls «Gleichlaufschwankungen» – man hört sie als Jaulen, als Wow oder Flutter. Klavieraufnahmen sind besonders empfindlich gegen Gleichlauffehler, zusammen mit einem guten Ohr bilden sie das beste Testinstrument.

Extreme Temperaturen, Feuchtigkeit und Flugsand sind andere, natürliche Feinde der Tonbandmechanik. Gegen Sand und Staub hilft ein bei Außenaufnahmen *stets geschlossener* Deckel, bei Temperaturschwierigkeiten (besonders bei extremer Kälte) sollten Spezialfett und Spezialtreibriemen verwenden werden.

Tabelle der häufigsten Störungen und deren Ursachen sowie einiger Gegenmaßnahmen

Einer aufgrund dieser Tabelle gemachten Diagnose ist mit Mißtrauen zu begegnen – sie kann bei der Komplexität der modernen Technik nicht eindeutig sein. In Zweifelsfällen unbedingt die Meßtechnik bemühen!

Symptom (bei Vor-/Hinterband-Kontrolle)	Ursache	Behebung
keine Höhen, sehr schwacher Pegel	Band verkehrt eingelegt	Band umlegen
Abfall der hohen Frequenzen, Pegel o. k.	Verkanten des Bandes bringt mehr Höhen: Spaltlagenfehler bei Hör- oder Sprechkopf	Kopfjustage
	Köpfe sind verschmutzt	reinigen
	Gerät ist falsch eingemessen (Bandsorte!)	Entzerrung und Vormagnetisierung justieren

Symptom (bei Vor-/Hinterband-Kontrolle)	Ursache	Behebung
Erhöhtes Grundrauschen	nicht benutzter Regler ist offen	alle nicht benutzten Regler zuziehen
	Köpfe oder Bandführungen sind magnetisiert	entmagnetisieren
bei Nagra IV: Frequenzgang o. k., Pegel sehr schwach	Hauptschalter auf Fading-Stellung	auf Record schalten
Aussetzer (drop outs)	Band ist schmutzig oder geknickt	Band wechseln

Tonaufnahmegeräte

NAGRA III

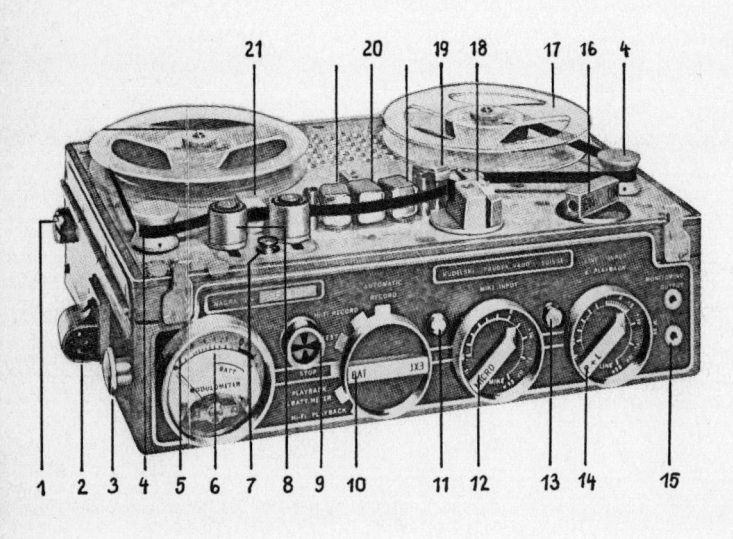

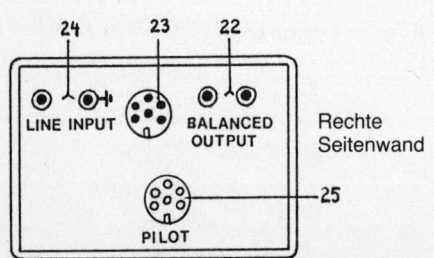

Rechte Seitenwand

Die NAGRA III
(wird nicht mehr gebaut, trotzdem noch sehr verbreitet)

Dieses altbewährte Arbeitspferd des Tonmeisters ist, auch neben verbesserten Nachfolgemodellen und anderen professionellen Maschinen, eines der stabilsten und verläßlichsten Aufnahmegeräte. Ihre mechanische Stabilität, die Laufwerkkonstanz und die elektrischen Werte sind noch immer vorbildlich.

Die NAGRA III hat alles, was man für die Filmarbeit braucht:

- 1 Mikrofoneingang, symmetrisch *niederohmig*
- 1 Leitungseingang, mischbar
- bildsynchrone Tonaufnahme nach dem Neo-Pilot-System
- Spitzenspannungsanzeiger für Pegelkontrolle
- Vor-/Nachband-Kontrolle
- Aufnahme-Automatik (etwas simpel, aber immerhin)
- Geschwindigkeit extern regelbar – für Umspielung und Playback

Zusätzliche arbeitserleichternde Einrichtungen oder wenig benutzte Knöpfchen-Gags sucht der verwöhnte Tonmann vergebens, aber schließlich gibt es ja – extern anschließbare – Zubehörteile, die die NAGRA III moderner und im Einsatz universeller machen:

- Sennheiser KAT 15-2 – macht den Leitungseingang zu einem zweiten Mikrofoneingang, umschaltbar für dynamische oder Kondensatormikrofone
- Sennheiser KAT 25 – ermöglicht den Anschluß von zwei Kondensatormikros an die NAGRA III
- Sennheiser MZA 15 – Batterie-Speiseteil (im Kabel) gestattet den Anschluß eines Kondensatormikros am Mikro-Eingang
- Sennheiser MZF 15 – ebenfalls im Kabel zwischensteckbar, Tiefenfilter
- NAGRA BS-Vorverstärker – ein zusätzliches dynamisches Mikrofon ist am Leitungseingang anschließbar
- NAGRA BM-Mischpult – 3 Mikros (Modell BMT: 4) am Leitungseingang mischbar
- NAGRA Quarzpilot – extern anschließbarer Quarzgenerator, sehr handlich – belegt jedoch den Leitungseingang

Funktion und Bedienung

Die folgende Übersicht geht detailliert auf die Funktion und praxisgerechte Bedienung der diversen Knöpfchen ein – die Zahlen entsprechen denen der Abbildung auf der vorigen Seite.

(1) **Geschwindigkeits-Umschalter**, – mit Münze zu bedienen. Die 19,5 cm/sec-(7,5 inch/sec-)Stellung gibt es in zwei Varianten: NAB und CCIR. Wie bei jedem Gerät wird während Aufnahme und Wiedergabe das Frequenzspektrum aus technischen Gründen verbogen (entzerrt), und zwar – je nach Kulturkreis – nach der amerikanischen NAB-Norm oder dem europäischen CCIR-Standard.
Achtung: Falsche Entzerrung führt zu geringfügig dumpfen oder spitzen Tönen beim Abspielen durch ein anders genormtes Gerät! Hierzulande ist (noch) die CCIR-Norm gebräuchlich.

(2) *Mikrophon*-Eingangsbuchse – amerikanische Cannon Type (männl.), Eingang *nur* für niederohmige, symmetrische dynamische Mikros.

(3) Tragriemen-Befestigung

(4) *Bandzugregler* – sorgen für gefühlvolle Bremsregelung und damit für konstanten Bandzug.

(5) *Aussteuerungsmesser* (Modulometer) – Spitzenanzeiger für die Pegelmessung. In der Hauptschalterstellung PLAYBACK & BATT muß der Zeiger innerhalb des BATT-Bogens bleiben. Bei Nagras mit Möglichkeit der Pilotspannungsmessung zeigt die rote Markierung

(6) die richtige *Pilotspannung*,

(7) *Schneller Vorlauf*-Taster (bei angedrückter Tonrolle)

(8) *Filter-Rollen* – filtern bzw. dämpfen mechanische Schwingungen des Bandes.

(9) *Pilot-Kontrolle* – zeigt bei vorhandenem Piloten ein weißes Kreuz (auch in TEST-Stellung des Hauptschalters).

(10) *Hauptschalter*:
    STOP – alles aus
    TEST – Verstärker ein, Motor aus (Einpegeln der Mikros)
    Hi-Fi RECORD – Aufnahme mit manueller Pegelregelung
    AUTOMATIC RECORD – Aufnahme mit automatischer Regelung. Diese relativ simple Automatik sollte – wegen Pop-Verzerrungen und Hintergrundatmens – nur in Katastrophenfällen benutzt werden.

PLAYBACK & BATT — Wiedergabe über Kopfhörer (fester Pegel) und Lautsprecher (Lautstärke mit Regler (14) einstellbar).
Das Modulometer zeigt Batteriespannung an.

Hi-Fi PLAYBACK — Wiedergabe nur über Kopfhörer und Linien-Ausgangsbuchsen (22), beides über Regler (14).
Das Modulometer zeigt den Ausgangspegel.

Es gilt das BATT-Ende des Schaltknebels für Batteriebetrieb, eine Drehung um 180° (EXT) schaltet die NAGRA auf die externe Stromversorgung.

(11) je nach NAGRA-Ausführung bezeichnet mit:
PILOT — auf Knopfdruck zeigt das Modulometer die Pilotspannung an.

BA — *Vor-/Hinterband*-Wahl: gedrückt — Vorbandsignal
normal — Hinterbandkontrolle

(12) *Mikro-Eingangsregler*

(13) *Referenz-Piepser* — auf Knopfdruck erzeugt der eingebaute Tongenerator einen 1000-Hz-Ton, der (regelbar mit dem Regler (14) als Referenzton aufgezeichnet wird und wegen der Kompatibilität mit der NAGRA IV einen Pegel von −8 dB aufweisen sollte. (s. S. 86).

(14) *Leitungs-Regler* — regelt bei *Aufnahme* den Pegel des Leitungseingangs (oder des daran angeschlossenen Mikros) und den Pegel des Referenztons.
Bei *Wiedergabe* regelt er die Abhörlautstärke (Lautsprecher) und den Ausgangspegel.

(15) *Kopfhörer-Anschluß* — möglichst 50-Ohm-Hörer verwenden, andere Werte ergeben verminderte Lautstärke.

(16) *Laufwerk-Schalter:*
Parallel zur Frontplatte — Gummirolle angedrückt für Aufnahme/Wiedergabe u. Vorlauf
Tonrolle halb abgehoben — Ruhestellung bei Nichtgebrauch langsamer Rücklauf (Wiedergabe)
Tonrolle weggedreht — schneller Rücklauf, Band einlegen

(17) *Aufwickelspule*, 13 cm ∅ (bei geöffnetem Deckel max. 18 cm ∅)
(18) *Tonrolle* (Gummi-Andruckrolle)
(19) *Tonwelle*
(20) Sprech-, Pilot- und Hörkopf
(21) Löschkopf
} regelmäßig reinigen

(22) *Leitungs-Ausgang*, symmetrisch, Studio-Pegel
(23) *Leitungs-Eingang*, externe Stromversorgung etc. (s. Stecker-Akrobatik, nächste Seite)
(24) *Leitungseingang*, hochpegelig und asymmetrisch. Ideal für Tonübernahmen aller Art – Bananenstecker gibt's überall!
(25) *Pilot-Anschluß* (s. nächste Seite)

Spezielle Bedienungshinweise und Tips, die nicht in Prospekten stehen

Zur Stromversorgung

Das Arbeiten mit 12 Monozellen (Leak Proof) gibt für ca. 1 ½ Wochen Dreharbeit Sicherheit und Selbstvertrauen. Wiederaufladbare Nikkel-Cadmium-Akkus (DEAC 2,5 Ah – äußerlich wie Monozellen) bringen es nur auf die Hälfte der Betriebszeit (ca. 10 Stunden).

Beim Prüfen der Batteriespannung (Hauptschalter auf PLAYBACK & BATT) sollte der schnelle Rücklauf eingeschaltet werden – nur unter dieser maximalen Belastung zeigen die Batterien wirklich, was noch «drin ist». Bei ungenügender Spannung meldet sich die Nagra automatisch: ein unüberhörbarer Alarm-Ton wird auf den Kopfhörer gegeben – sofort Batterien wechseln!

Das Arbeiten mit dem ATN-Netzteil aus der Steckdose empfiehlt sich nur bei längerem Drehen in Studios. Durch diese Verbindung Nagra–Lichtnetz können unerfreuliche elektrische Störgeräusche einsickern (Brummen, Schaltklicken); bei Fehlern in der Isolation, schlechten Schutzerden und zufälliger Berührung von «heißen» Stativen kann es sogar zu Kurzschlüssen kommen.

Beim Drehen mit netzsynchroner Kamera ist andererseits der aus dem Netzteil gewonnene Netzpilot (Bananenstecker) bequemer als ein Pilot-Stolperdraht zur Kamera.

Wiederaufladbare DEAC-Zellen können natürlich mit dem ATN-Netzteil aufgeladen werden – Ladezeit ca. 16 Stunden.

Ist weder Batterie noch Steckdose greifbar, so tut es auch irgendeine von außen zugeführte Gleichspannung zwischen 12 und 25 Volt. *Achtung* beim Anschluß an Auto-Batterien: der Pluspol liegt bei der NAGRA am Gehäuse! Kurzschlußgefahr!

Zum eingebauten Lautsprecher

Die Leistung des eingebauten Lautsprechers ist sehr begrenzt. Das sollte man bedenken, wenn bei aufgedrehtem Lautstärkeregler die Wiedergabe *verzerrt* klingt – keine Panik, der Ton ist in Ordnung, nur die Lautsprecher-Endstufe ist überfordert (im Zweifelsfall mit Kopfhörer prüfen).

Zur Gummiandruckrolle

Es ist ungemein wichtig, daß die Gummiandruckrolle bei längeren Drehpausen – und erst recht nach Drehschluß – von der Tonwelle abgehoben wird. Da sie sich bei normalem Lauf und auch in der STOP-Richtung innig an die Motorachse drückt, führt das nach längerem Stillstand zu bleibenden Eindrücken (Dellen) im Gummibelag und damit zu flatternden Tönen. Das Abheben der Rolle nach dem Drehen (Punkt des Laufwerkschalters auf Punkt der Platine) sollte also zu einer schönen Angewohnheit werden.

Pilot-Test bei Wiedergabe

Mit Hilfe eines kurzen Drahtes und des folgenden Hinweises läßt sich auch nachträglich das Vorhandensein eines Piloten bei Wiedergabe prüfen:

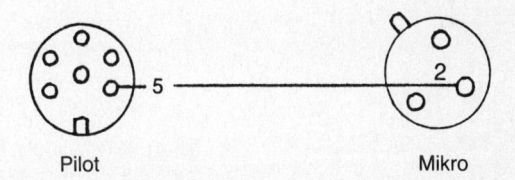

Pilot —————— Mikro

Dazu einen Draht von Punkt 5 der Pilot-Buchse zu Punkt 2 oder 3 der Mikro-Buchse führen und das Gerät auf Hi-Fi PLAYBACK schalten.

Geregelt mit dem Leitungsregler (Regler 14), ist jetzt der aufgenommene Nutzton im Kopfhörer hörbar, der Pilotton – mit dem Mikro-Regler eingestellt – macht sich als fetter Brummton bemerkbar.

Anschluß eines Kondensator-Mikros

Soll am linken Mikro-Eingang ein Kondensatormikro (über Kabel-Batteriespeisung MZA) angeschlossen werden, so ist wegen Übersteuerungsgefahr ein *Dämpfungsglied* zwischenzuschalten. Hinweise für den Selbstbau finden sich im NAGRA IV-Kapitel.

Betrieb bei extremen Temperaturen

Die Betriebstemperatur der NAGRA III reicht von −20 bis +50 °C. Trotzdem ist zu beachten:

bei extremer Kälte — erhöhter Batterienverbrauch durch zähes Öl in den Lagern und verminderte Kapazität der Batterien.

bei extremer Hitze — in tropischen Umgebungen (direkte Sonnenbestrahlung) kann es zu unkontrollierten Motorströmen kommen – die Geschwindigkeit erhöht sich rapide. Abhilfe: verminderte Speisespannung (11–13 Volt bei 19 cm/sec).

Stecker-Akrobatik – die Buchsenbelegung der NAGRA III

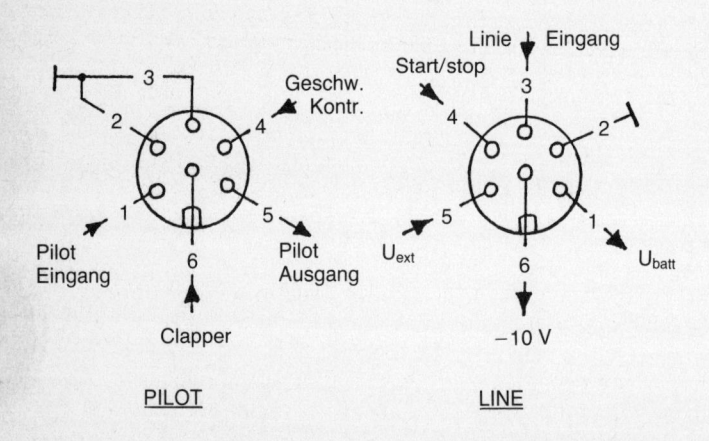

PILOT

LINE

Erklärung der Abkürzungen:

	– Masse, Pluspol (!) der Speisespannung.	Line Eing.	– Eingang für Zusatzgeräte, 10 mV–1 V.
Clapper	– Startimpuls von der Kamera (+4–10 V), produziert den Startpiepser. Hier trennen, wenn Startmarkierung nicht erwünscht.	Start	– Fernstart/-stopp (Stopp durch Erdung).
		U_{ext}	– Externe Speisespannung 12–25 V.
		U_{batt}	– Batteriespannung an externe Zusatzgeräte.
Geschw.-Kontrolle	– Geschwindigkeitsregelung von außen, → Umspielung oder Playback.	–10 V	– geregelte Spannung an externe Zusatzgeräte

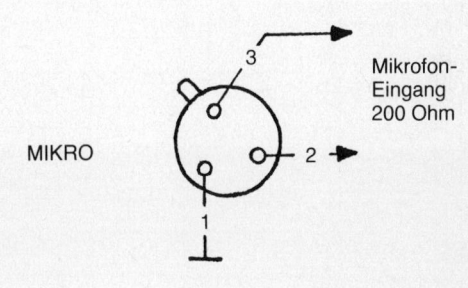

MIKRO

Mikrofon-Eingang 200 Ohm

Technische Daten

Frequenzgang:	40 bis 15 000 Hz ± 2 dB bei 38 cm/s
	40 bis 12 000 Hz ± 2 dB bei 19 cm/s
	40 bis 5 000 Hz ± 3 dB bei 9,5 cm/s
Klirrfaktor:	bei 40 Hz bei 1 kHz bei Ausgangspegel
	$\leq$ 0,05 % $\leq$ 0,3 % + 6 dB
	$\leq$ 2,0 % $\leq$ 0,6 % + 10 dB
	(gemessen am Leistungsausgang 100 Ω mit Meßabschluß 600 Ω)
Bandgeschwindigkeiten:	38,1 cm/s (15 ips) (Entzerrung nach CCIR)
	19,05 cm/s (7½ ips) (Entzerrung nach CCIR und NARTB)
	9,5 cm/s (3¾ ips) (Entzerrung nach CCIR)
Spurbreite:	Vollspur (Nennmaß ¼ Zoll)
Bandspulen:	mit Dreizackauflage
	18 ⌀ maximal (bei offener Haube)
	13 ⌀ (bei geschlossenem Gerät betriebsfähig)
Spieldauer bei 19 cm/s:	60 min maximal für 18er Spule ⎫ mit Doppel-
	30 min für 13er Spule ⎭ spielband

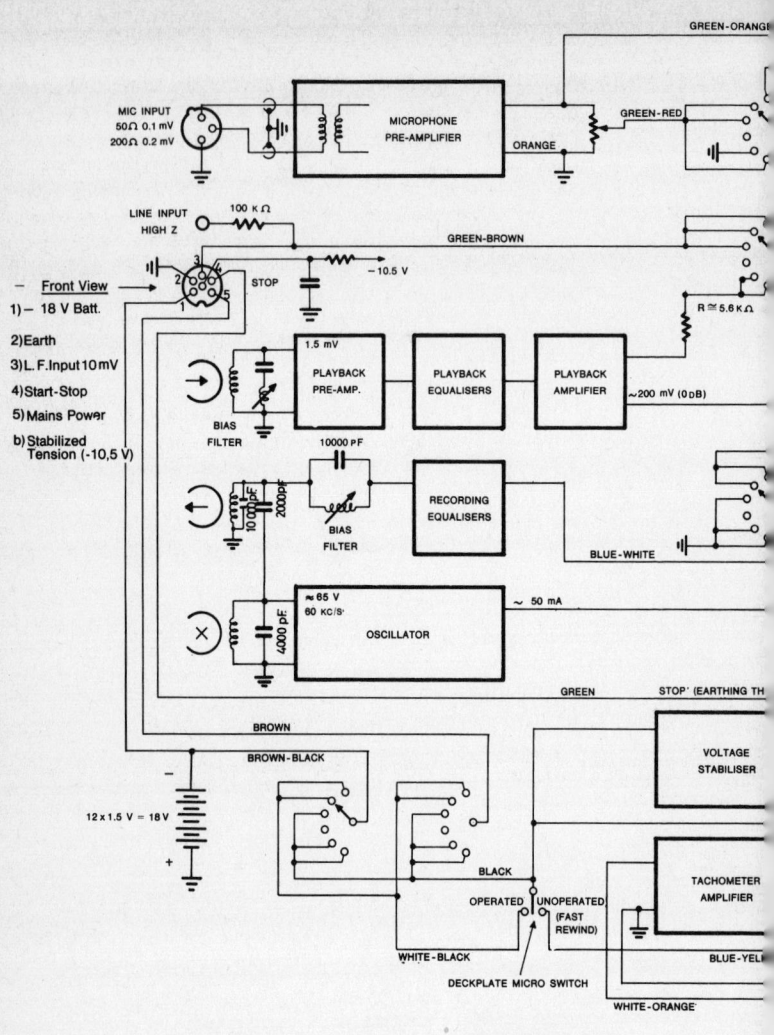

Blockschaltbild NAGRA III

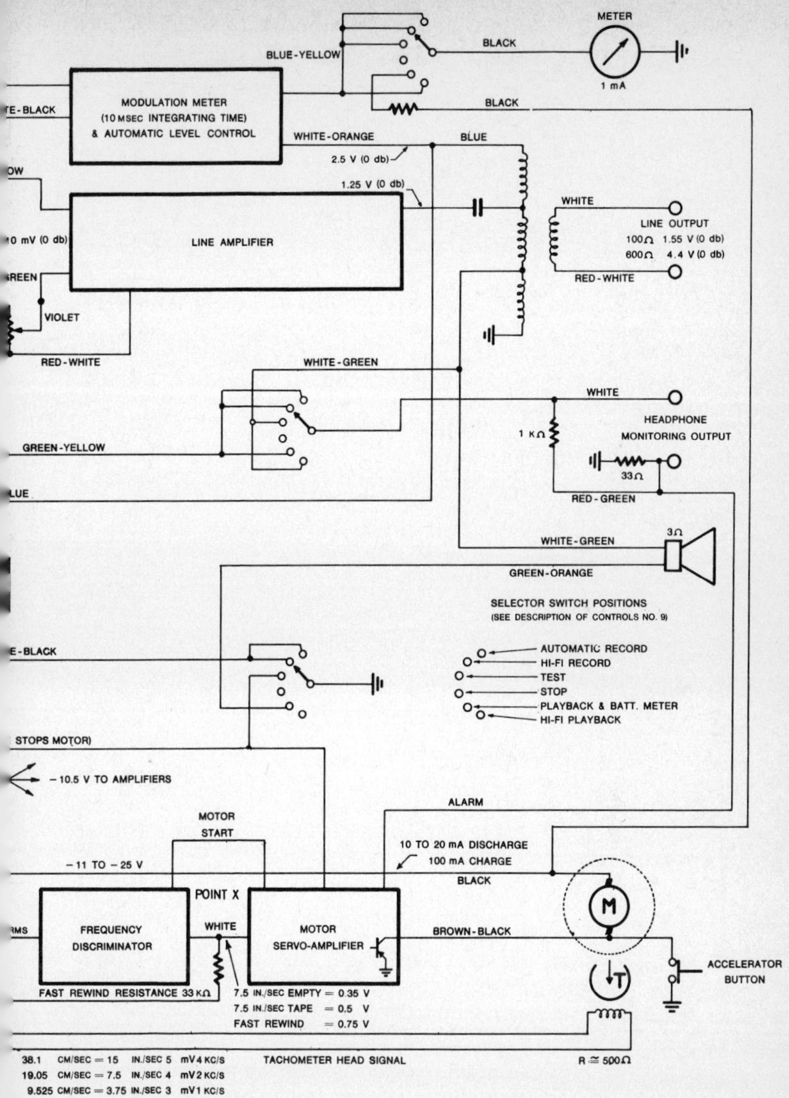
METER
BLUE-YELLOW
BLACK
1 mA
BLACK
TE-BLACK
MODULATION METER
(10 MSEC INTEGRATING TIME)
& AUTOMATIC LEVEL CONTROL
WHITE-ORANGE
BLUE
2.5 V (0 db)
OW
1.25 V (0 db)
WHITE
LINE OUTPUT
100Ω 1.55 V (0 db)
600Ω 4.4 V (0 db)
0 mV (0 db)
LINE AMPLIFIER
REEN
RED-WHITE
VIOLET
RED-WHITE
WHITE-GREEN
WHITE
HEADPHONE
MONITORING OUTPUT
1 KΩ
GREEN-YELLOW
33Ω
RED-GREEN
LUE
3Ω
WHITE-GREEN
GREEN-ORANGE
SELECTOR SWITCH POSITIONS
(SEE DESCRIPTION OF CONTROLS NO. 9)
E-BLACK
AUTOMATIC RECORD
HI-FI RECORD
TEST
STOP
PLAYBACK & BATT. METER
HI-FI PLAYBACK
STOPS MOTOR)
– 10.5 V TO AMPLIFIERS
ALARM
MOTOR
START
10 TO 20 mA DISCHARGE
100 mA CHARGE
– 11 TO – 25 V
BLACK
POINT X
M
RMS
FREQUENCY
DISCRIMINATOR
WHITE
MOTOR
SERVO-AMPLIFIER
BROWN-BLACK
ACCELERATOR
BUTTON
T
FAST REWIND RESISTANCE 33 KΩ
7.5 IN./SEC EMPTY = 0.35 V
7.5 IN./SEC TAPE = 0.5 V
FAST REWIND = 0.75 V
38.1 CM/SEC = 15 IN./SEC 5 mV 4 KC/S
19.05 CM/SEC = 7.5 IN./SEC 4 mV 2 KC/S
9.525 CM/SEC = 3.75 IN./SEC 3 mV 1 KC/S
TACHOMETER HEAD SIGNAL
R ≅ 500Ω

Bandlauf
  Hochlaufzeit: $\leq 0{,}8$ s
  Stopp-Zeit bei Aufnahme oder Wiedergabe: etwa 1 s
  Umspulzeit für 180 m Band auf einer 13-cm-Spule und 12 V Spannung: ≤ 180 s
  Mittlere Abweichung von der Sollgeschwindigkeit: $\pm 5\,\text{‰}$ maximal
  Schlupf (Bandanfang gegen Bandende bei 18er Spule): $\pm 1\,\text{‰}$ maximal
  Tonhöhenschwankungen: $\pm 1\,\text{‰}$ bei 38 cm/s ⎫
  $\pm 1{,}5\,\text{‰}$ bei 19 cm/s ⎬ gemessen bei gehörrichtiger Bewertung
  $\pm 2{,}5\,\text{‰}$ bei 9,5 cm/s ⎭

Geräuschspannungsabstand des Wiedergabeverstärkers: ≤ 60 dB
Löschdämpfung: ≤ 70 dB
Eingänge:
  a) Eingang für ein Mikrofon mit 50 bis 200 Ω Impedanz
  Minimale Eingangsspannung für Vollaussteuerung: 0,1 mV an 50 Ω
  Maximale Eingangsspannung: 10 mV
  Eingänge für höheren Pegel
  b) 10 mV bis 1 V an 2,5 kΩ an der Buchse für Zusatzgeräte
  c) 0,5 V an 100 kΩ an Bananensteckerbuchse der rechten Geräteseite

Ausgänge:
  a) Symmetrischer und erdfreier Leitungsausgang von 4,4 V an 600 Ω
  b) Kopfhörerausgang für Studiokopfhörer an 10 bis 100 Ω
  Benutzung eines gewöhnlichen Kopfhörers (2 kΩ) ist ebenfalls möglich
  Eingebauter Kontroll-Lautsprecher

Transistorbestückung: 36 Transistoren
15 Germanium- und Siliziumdioden
Betriebsspannung: 11 bis 18 V–
Stromaufnahme:
  etwa 200 mA bei Aufnahme
  etwa 150 mA bei Wiedergabe
  etwa 300 mA bei Umspulen
Stromversorgung: 12 Monozellen (34 mm ⌀, 60 mm lang) je 1,5 V für eine Betriebsdauer von etwa 7 bis 15 Stunden oder: 12 Langlebensdauer-Monozellen (Leakproof) für eine Betriebsdauer von etwa 10 bis 20 Stunden oder: 12 aufladbare, gasdichte Nickel-Cadmium-Rundzellen, Typ DEAC / BD 2,5, für eine Betriebsdauer von jeweils etwa 10 Stunden (34 mm ⌀, 62 mm lang)

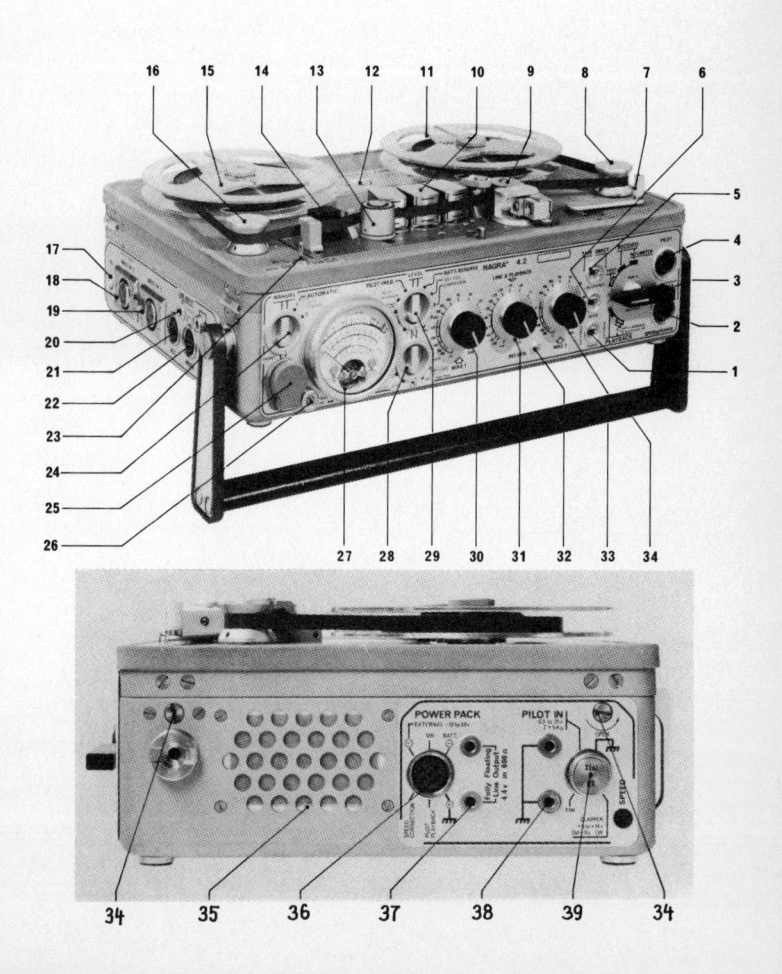

NAGRA IV und 4.2

Die NAGRA IV und 4.2 (Stereoausführung IV-S)

ist ein ideales Tongerät, durch diverses Einbauzubehör universell einsetzbar und – wegen ihrer elektrischen und mechanischen Stabilität – auch in der Antarktis und im tropischen Regenwald sehr verläßlich.

Von der guten alten NAGRA III unterscheiden sich die beiden Nachfolgemodelle hauptsächlich durch:

– von vorn gesteuerten Bandandruck. Die Andruckrolle wird auf der STOP- und TEST-Stellung automatisch von der Tonwelle abgehoben und kann so nicht mehr deformiert werden.

– 4 Eingänge: 1 (nicht regelbarer) Mixer-Eingang
               1 von der NAGRA III bekannter Linien-Eingang
               2 Mikrofon-Eingänge, mischbar und wahlweise für dynamische oder Kondensator-Mikros.

– wesentlich verbesserte automatische Aussteuerung. Ohne schlechtes Gewissen kann man in vielen Fällen auf Automatik gehen – die ausgefeilte Selbstregelung vermeidet recht ordentlich das Anschwellen des akustischen Hintergrundes in den Sprechpausen und verhindert Verzerrungen.

– 5 verschiedene Filtermöglichkeiten zur optimalen Anpassung an akustische Widerwärtigkeiten.

– eine große Auswahl von in die NAGRA *einbaubarem Zubehör*, z. B.:

QPM 2–200   Mikrovorverstärker für dynamische Mikros 200 Ohm oder wahlweise

QPM 3–5   Mikrovorverstärker für tonadergespeiste Kondensatormikros – oft benutzt wird eine gemischte Anordnung.

QGZ 2–50   eingebauter Quarz-Pilottongenerator

QSLI   eingebauter Synchronisator. Damit kann die NAGRA IV einen von außen zugeführten und den vom Band kommenden Piloten vergleichen und – durch automatische Geschwindigkeitsregelung (Rückwärtsregelung) – beide in «Gleichschritt» bringen. Das ermöglicht:
                – bildsynchrones Umspielen auf Perfo
                – Playback-Aufnahmen (Kamera liefert das externe Pilotsignal).

QFM 50   damit ist es möglich, Pegel und Frequenz des Pilottons (und damit die Kamera-Geschwindigkeit) zu messen.

QRR   eingebauter Empfänger des QRRT-Systems zur

drahtlosen Übertragung von Startmarkierung, Szenen- und Kameraidentifikation durch Pilottonunterdrückung

Zu diesem ausgefeilten Übertragungssystem gehört auch der

QRT Sender, jeweils ein Gerät pro Kamera, und der
QHCA Tragriemen mit Antenne sowie, im Umspiel-Studio, der
QDAN Decoder zur Anzeige der Kamera- und Szenennummer und automatischem Stopp beim Erreichen einer vorgewählten Szene (take).

Wie die NAGRA III verfügen auch die NAGRA IV und 4.2 über eine reichhaltige Auswahl von *externem Zubehör*, darunter:

QSV–2 (für NAGRA IV: QSV) – externes Kästchen für die Regelung der Geschwindigkeit von Hand. Wichtig beim Überspielen von Bändern, deren Pilotsignal von Kameras mit stark abweichender Geschwindigkeit stammt (mehr als ± 2 %). Diese extremen Schwankungen kann der eingebaute Synchronisator QSLI bzw. der angeschlossene SLO nicht verdauen – per Hand wird dann mit dem QSV die NAGRA-Geschwindigkeit so weit geregelt, bis Synchronität vorliegt und die Synchronisatoren allein damit fertig werden.

Das geht gut bis zu Abweichungen von ± 12 %, damit sind Aufnahmen (bei Sollgeschwindigkeit 25 Bilder/s) von 22 bis 28 Bildern/sec noch zu retten.

Ein anderes Anwendungsgebiet der manuellen Geschwindigkeitsregelung sind Tontricks mit Frequenzverschiebungen, zu langsam oder zu schnell Abgespieltes erhält neue Dimensionen.

SLO ermöglicht – wie der eingebaute QSLI – synchrones Umspielen durch Rückwärtsregelung, wobei die Pilotphasen auf einem Schirmbild kontrolliert werden können. Außerdem wird aus Pilotton-Lücken ein Start-Piepser erzeugt (Startmarkierung durch Pilottonunterdrückung).

Auch für NAGRA III verwendbar!

NSG Netzspeisegerät mit Netzpilot-Ausgang
BMT Mischpult für 3 dyn. Mikros, ein Line-Eingang. Das BMT ist durch eine aufwendige Eingangsschaltung absolut störsicher, was man vom Vorläufermodell BM – besonders bei starken Sendern in der Nähe – nicht behaupten kann.

BS   Kabel-Vorverstärker zum Anschluß eines zusätzlichen dynamischen Mikros am Leitungseingang (ACC).

Funktionsbeschreibung und praxisnahe Bedienungshinweise

(Die Zahlen entsprechen denen der Abbildung)
(1) *Batterie / Fremdspeisung* – Umschalter
(2) *AR-Schauzeichen* – Kontrollanzeige für einwandfreien Betrieb. Muß bei normaler Aufnahme oder Wiedergabe ein weißes Kreuz zeigen. Schauzeichen bleibt schwarz, wenn:
  1. Motor überlastet oder defekt
  2. Hauptschalter auf Ein- oder Ausblendstellung (bei NAGRA IV, siehe unter Hauptschalter)
  3. Batterien zu schwach

Es lohnt sich, diese Kontrollanzeige – besonders bei Vorband-Mithören – ständig im Auge zu behalten.
(3) *Hauptschalter*
  (unterschiedlich bei NAGRA IV und NAGRA 4.2)

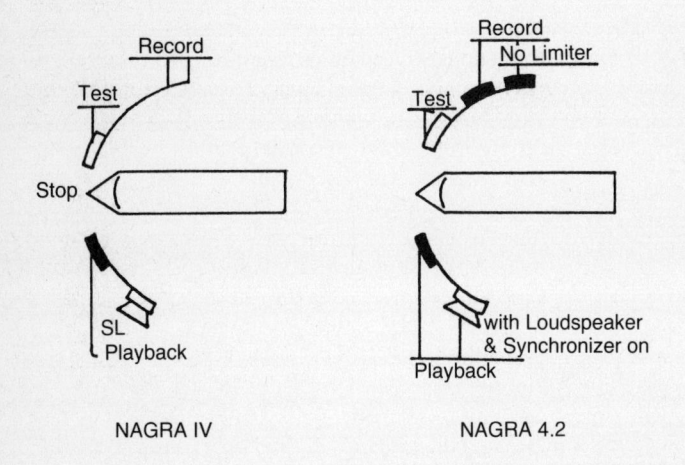

NAGRA IV   NAGRA 4.2

PLAYBACK — Wiedergabe, Kontrolle per Kopfhörer
PLAYBACK SL — 2. Wiedergabe-Stellung, identisch bei NAGRA IV und 4.2, Abhören über Lautsprecher. Bei Playback oder Umspielbetrieb ist der eingebaute Synchronisator eingeschaltet und sorgt für bildsynchrone Geschwindigkeit. (Umspielen auf der 1. Playback-Stellung ergibt genauso schöne, aber asynchrone Töne.)
TEST — alle Verstärker ein-, Motor ausgeschaltet, Stellung für Mikrofon- und Pilot-Proben. **Achtung:** Bei der Nagra IV muß der Vor-/Nachband-Schalter zur Mithörkontrolle auf DIRECT stehen, bei der NAGRA 4.2 liegt – unabhängig vom Schalter (5) – *immer* das Vorbandsignal am Kopfhörer.
RECORD — Aufnahme

Achtung: Zwischenstellung bei der NAGRA IV (Fading-Position)! Dabei wird (trotz normaler Pegelanzeige) stark bedämpft aufgezeichnet. Erst beim Schalten auf die RECORD-Endposition blendet die NAGRA voll auf. Beim Zurückschalten auf die Fading-Stellung ergibt sich ein entsprechendes Ausblenden.

Die Frage «Was soll's?» stellten sich auch die NAGRA-Erbauer – beim NAGRA 4.2-Modell fällt dieser entbehrliche (und gefährliche) Gag fort zugunsten eines abschaltbaren *Limiters*.

Der Limiter, der zu hohe Aufnahmepegel automatisch begrenzt und so Verzerrungen mindert, kann
NO LIMITER bei der NAGRA 4.2 in der Stellung NO LIMITER ausgeschaltet werden. Extrem laute Ereignisse (wie z. B. Schüsse) werden dann absichtlich übersteuert und damit verzerrt: da das Ohr bei solch massivem Lärm *auch* übersteuert und verzerrt, wird bei der Aufnahme die Verzerrung praktisch schon vorweggenommen – der subjektiv empfundene Lautheitseindruck ist realistischer!

(4) *Pilot-Anzeige*
zeigt weißes Kreuz, wenn
 1. bei Aufnahme Pilotsignal angeliefert wird,
 2. bei SL-Wiedergabe aufgezeichneter *und* Referenzpilot vorhanden sind (beim Umspielen oder Playback).

(5) *Vor-/Hinderband-Wahlschalter*
   TAPE   – Nachband ⎫
   DIRECT – Vorband   ⎬ Kontrolle im Kopfhörer
(6) *Vor-/Hinterband-Wahl* für die Pegelanzeige (nur NAGRA 4.2)
(7) *Einschalthebel für Andruckrolle* und Bandführung, nur bei Rücklauf und Bandeinlegen zu betätigen.
(8, 16) *Bandzugrollen*, gleichen den Bandzug aus und können – bei schlecht eingestellten Bremsen – ins Flattern kommen. Abhilfe: per Hand beruhigen und Bremsen neu einstellen lassen.
(9) *Tonwelle und Gummiandruckrolle* – regelmäßig reinigen!
(10) *Sprech-, Pilot- u. Hörkopf*
(11) *Spule*, 13 cm ∅ – bei geöffnetem Deckel bis zu 18 cm ∅
(12) *Geschwindigkeits- und Bandsortenwahl*
   STD – Standard-Band   ⎫
   LN – Low-Noise-Band ⎬ siehe Bandkarton!
(13) *Filterrolle* – besänftigt mechanische Bandschwingungen.
(14) *Löschkopf*
(17) *Antennen-Anschluß* – für den einbaubaren QRR-Empfänger (drahtlose Klappe)
(18, 19)*Mikrofon-Eingänge*, Cannon-Type, männlich. Die Art der anzuschließenden Mikros wird bestimmt durch die eingebauten Vorverstärker (siehe: Zubehör).
   Vorsicht: Unbekannte Geräte können – zumindest auf einem Eingang – für tonadergespeiste Kondensatormikros eingerichtet sein. Die Speisespannung (9 Volt) am Mikroeingang kann empfindliche dynamische Mikrofone zerstören! Ein hier angeschlossenes Sennheiser-Mikro MD 421 wird vernehmlich knacken (es wird zum Lautsprecher), aber keinen bleibenden Schaden davontragen.
(20) *Line-Input* (Linien-Eingang) – Bananenbuchsen, Eingangsspannung von 0,4 bis 120 Volt. Idealer Eingang für Ton-Übernahmen von Hallen- oder Studioanlagen.
(21) *Zubehör-Eingang* (ACCessory – Input) – wie der Linieneingang mit dem mittleren Regler einstellbar – für kleinere Eingangsspannungen gedacht (0,04 bis 10 Volt). Beim Anschluß des Sennheiser-Vorverstärkers KAT 15-2 oder des NAGRA BS wird daraus ein dritter Mikro-Eingang.
(22) *Mischpult-Eingang* – hochpegeliger Eingang für Mischpulte, nicht regelbar!
(23) *Schneller Rücklauf* – bei abgeschwenkter Andruckrolle
   Schneller Vorlauf – bei angedrückter Andruckrolle (nur in der PLAYBACK ⛌ Position)

(24) *Aussteuer-Automatik*; wurde gegenüber der der NAGRA III wesentlich verbessert. Abgesehen davon, daß jede Automatik dumm ist und nicht weiß, was der Tonmeister will – diese technisch elegante Aussteuerhilfe hat, bei kurzer Ansprechzeit, ein Langzeitgedächtnis, das den als richtig erkannten Pegel eine Weile beibehält und damit das Schwanken des akustischen Hintergrundes vermeidet.

Der selbst angelnde Tonmeister kann diese Automatik auch bei Spielfilm-Dialogen ausnahmsweise benutzen – vorausgesetzt, die Umgebung verhält sich ruhig (sie würde sich sonst – bei längeren Sprechpausen – unpassend hochmogeln).

Achtung: Bei der NAGRA IV sind auf der zweiten Stellung des Schalters (24) *beide* Mikrokanäle automatisiert, die NAGRA 4.2 regelt – wahlweise – nur *einen* Kanal (was der Praxis besser entspricht, besonders bei verschieden bestückten Mikro-Eingängen).

(25) *Kopfhörer-Anschluß*, die Lautstärke ist mit
(26) regelbar. Einmal eingestellte Lautstärke unverändert lassen – nur so sind – nach einiger Übung – Pegelspitzen auch akustisch erkennbar!

(27) *Anzeige-Instrument* für verschiedene Funktionen. Der Schalter (29) bestimmt, *was* angezeigt wird.

(28) *Filter-Wahlschalter*

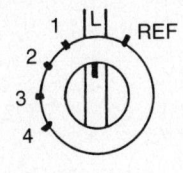

NAGRA IV

L   (Linear), Normalstellung, gerader Frequenzgang.

1–4 Hier werden, zunehmend von 1 bis 4, die extremen Tiefen vermindert und damit Hallanteile, Körperschall, Wind, Resonanzen und Mikro-Baßanhebungen abgeschnitten.

REF Bei Aufnahme wird der Referenz-Piepser mit festem Pegel (–8 dB) aufgezeichnet.

NAGRA 4.2

FLAT Normalstellung
6 Filterstellungen erlauben optimale Anpassung an akustische Mißlichkeiten.

LFA Low Frequency Attenuation (Tiefen-Absenkung)

HP High Pass (Tiefen-Abschneidung)
Die 2er Stellungen bedeuten stärkere Filterung, sehr wirksam ist die Kombination HP 1 + LFA 1.

Hier gibt es wesentliche Unterschiede zwischen NAGRA IV u. 4.2:
Bei allen Filterungen ist zu beachten, daß sie natürlich auch den Nutzton verbiegen, das Klangbild flach oder spitz machen können. Mit guten Kopfhörern sollten alle Filterstellungen ausprobiert werden, um bei Raumresonanzen, Genuschel oder hohem Störpegel das optimale Gegenmittel zu finden.

Auf keinen Fall sollte man aber bei O-Tonaufnahmen der Mischung vorgreifen, indem man Töne verschönert oder zu stark filtert – im Zweifelsfall auf der L-(oder FLAT-)Stellung bleiben, das Studio-Mischpult hat mehr Möglichkeiten!

(29) *Anzeige-Wahlschalter*

STELLUNG	Anzeige
LEVEL	Aussteuer-Pegel, Normalstellung
BATT. RESERVE	Anders als bei den meisten Tongeräten wird die noch vorhandene *Reserve* angezeigt, bewegt sich der Zeiger aus der O-Stellung heraus, so ist man noch nicht am Ende. Frische Batterien sollten den Zeiger etwa auf die Mitte der Skala bringen.
VOLT/CELL	Nur bei Akku-Betrieb interessant, der mittlere Skalenbogen zeigt die Spannung pro Zelle an. (Alkali-Zellen sollten nicht unter 1 Volt entladen werden!)
COMPRES-SION	Angezeigt werden die Bemühungen der Aussteuerautomatik, den Pegel zu dämpfen. Zeigerbewegung aus der linken O-Stellung heraus bedeutet Kompression, das rechte Skalenende entspricht 30 dB Dämpfung. Wichtig ist das Wissen um die Kompression bei automatischen Aufnahmen sehr lauter Ereignisse: Hohe Dämpfung bedeutet Verzerrung!
PILOT PLAYBACK	Bei eingebautem QSLI-Synchronisator wird bei Wiedergabe die aufgezeichnete Pilotspannung angezeigt (normal: 1–2 Volt).
SYNCHRO/SL	Der Phasenunterschied zwischen aufgezeichneter und von außen zugeführter Pilotfrequenz wird (bei eingebautem QSLI) angezeigt. Das heißt, bei Synchron-Umspielungen oder Playbacks wird – auf der PLAYBACK-Stellung des

	Hauptschalters – der Zeiger schwanken. Erst beim Schalten auf SYNCHRO tritt der Regelmechanismus des Synchronisators in Aktion, der Zeiger muß ruhig in der Mitte stehen. (Tut er das nicht, oder bleibt er schon in der PLAYBACK-Stellung zitternd in der Mitte, so war die Kamera zu langsam oder zu schnell, Handregelung ist nötig!)
PILOT FREQ.	Nur NAGRAS mit eingebautem Pilotfrequenzmesser QFM zeigen auf dieser Stellung die Abweichung von der Norm-Frequenz an und geben damit Aufschluß über die Geschwindigkeit der Kamera. (Abweichungen von mehr als 2–3 % können beim Umspielen oder Playback-Betrieb von den Synchronisatoren QSLI und SLO nicht mehr verdaut werden!)

(30, 33) *Mikro-Regler*

Die Regler-Skalen sind in Phon-Werten geeicht: bei einem 1000-Hz-Ton und normal empfindlichem Mikrofon zeigt die Reglermarkierung (bei Vollaussteuerung) den Phonwert an.

Achtung: Ab etwa Reglerstellung 80 wird das Rauschen durchschnittlicher Mikros stärker als das Verstärker- und Bandrauschen. Es hat keinen Zweck, bei Winz-Pegeln den Mikroregler weiter aufzudrehen – der Nutzpegel würde zwar höher, ebenso aber der Feind der Dynamik: das Rauschen!

(31) *Leitungs-Regler*

Regler für das an der ACC-Buchse angeschlossene Zubehör, ebenso für die LINE-INPUT-Bananenbuchse.

Bei Live-Übertragungen erhält dieser Regler besondere Bedeutung: in der PLAYBACK-Stellung der Nagra (Vor-/Hinterbandschalter auf DIRECT) werden angeschlossene Mikros direkt auf die Ausgangsleitung zum Studio (Post) gegeben – über den Regler (31) kann *dazu* ein vorher aufgezeichnetes Tonereignis eingemischt werden.

(32) *Referenz-Piepser* (nur bei NAGRA 4.2)

Wie auf der REF-Stellung der NAGRA IV wird ein −8-dB-Ton erzeugt und aufgezeichnet – als Referenzpegel für die Weiterverarbeitung.

Der Ton der NAGRA 4.2 klingt «schmutziger», er hat einen hohen Gehalt an hochfrequenten Oberwellen und gestattet Kopfjustagen auch im Urwald: Verliert dieser Ton bei Vor-/Nachbandkontrolle nicht an Präsenz, so stimmen der Kopf und die

elektronischen Innereien – es empfiehlt sich, diesen Test regelmäßig durchzuführen.
(34) *Gehäuseverschluß*-Schrauben
(35) *Lautsprecher*
(36) Anschluß für: *Netzteil* ATN
                Ladegerät PAR
                Synchronisator SLO
(37) *Leitungsausgang* für Umspielung u. Studio-Betrieb
(38) *Masse-Anschlüsse* zur Erdung der NAGRA
(39) *Pilot- und Clapper Eingang, Quarz-Pilot Ausgang*
    (im Bild: Brückenstecker für Quarzbetrieb)
Nicht im Bild: Versteckt hinter dem Tragegriff neben der MIXER-Buchse links befindet sich der Lautstärkeregler für den eingebauten Lautsprecher.

Zusätzliche Tips zur NAGRA IV u. 4.2

Zur Stromversorgung

Im wesentlichen gilt das für die NAGRA III Gesagte. Auch die 4er Modelle sind von Trockenbatterien, Akkus (aufladbar mit Netzteil ATN über Ladegerät PAR) und von Netz zu betreiben.
    Einige marktübliche 1,5-V-Zellen sind etwas zu kurz geraten: man muß durch zwischengelegte Münzen im Batteriefach für guten Kontakt sorgen. (Zum Batteriedeckel hin durch eingelegten Schaumstoff o. ä. isolieren, Kurzschlußgefahr!)

Pilotsignal-Test bei Wiedergabe

Wie bei der NAGRA III – also auch ohne eingebaute Spezial-Gags – ist es möglich, bei Wiedergabe das Vorhandensein eines aufgezeichneten Piloten zu überprüfen.
Einadriges Kabel vom Pilotausgang zu einem Mikro-Eingang führen – im Kopfhörer ist dann der Nutzton (regelbar mit dem Line-Regler, Mitte) *und* als Brumm der Pilotton hörbar (geregelt mit dem Mikroregler).

Hauptschalter auf PLAYBACK

Vor-/Nachband auf DIRECT

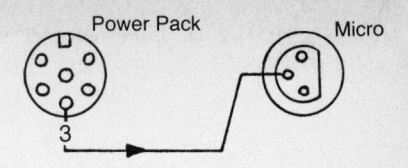

Kondensator-Mikrofone am dynamischen Mikroeingang

Kondensatormikros wie das Sennheiser MKH 405, 815 etc. können über das Batteriespeiseteil MZA 15-2 am Eingang einer für dynamische Mikros bestückten NAGRA angeschlossen werden.

Da aber die Ausgangsspannung von Kondensatormikrofonen ca. 20 dB *höher* ist als die der dynamischen Mikros, führt das bei höheren Schallpegeln zu *Verzerrungen* (Herunterregeln nützt nichts – die Verzerrungen finden *vor* dem Pegelregler statt).

Hier muß in die Mikrofonleitung ein *Dämpfungsglied* eingefügt werden. Es senkt den Pegel um die besagten 20 dB, besteht im einfachsten Falle nur aus zwei Widerständen und kann, mit kleinem Lötkolben und ruhiger Hand, in einen Stecker eingebaut werden:

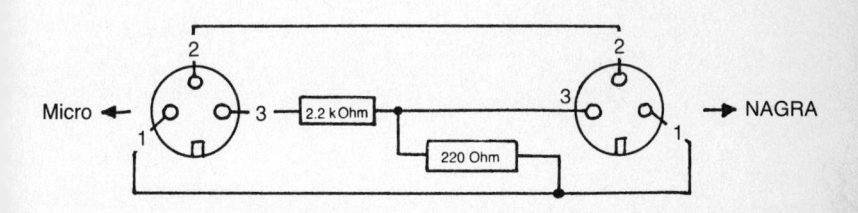

Das Wissen um

die Buchsenbelegung der NAGRA IV u. 4.2

kann – bei gebrochenen oder fehlenden Kabeln – nützlich sein. Zusammen mit einem nicht zu großen Lötkolben oder, im Notfall, mit hineingesteckten Drähten und genügend Lassoband läßt sich meist improvisieren.

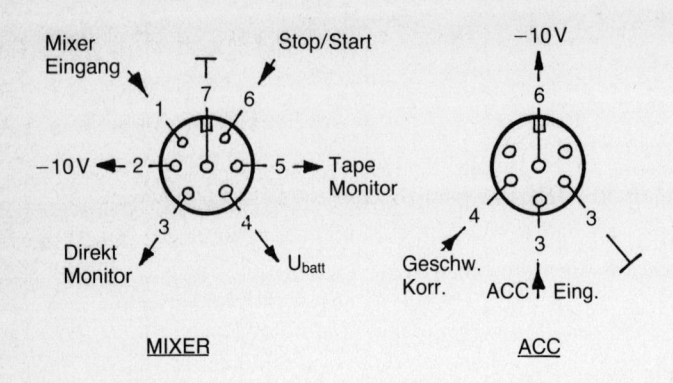

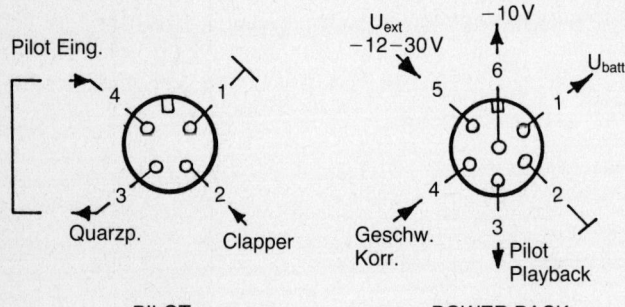

MIXER

- 1 — Mixer Eingang
- 2 — $-10V$
- 3 — Direkt Monitor
- 4 — U_{batt}
- 5 — Tape Monitor
- 6 — Stop/Start
- 7

ACC

- 3 — ACC Eing.
- 4 — Geschw. Korr.
- 6 — $-10V$

PILOT

- 1
- 2 — Clapper
- 3 — Quarzp.
- 4 — Pilot Eing.

POWER PACK

- 1 — U_{batt}
- 2
- 3 — Pilot Playback
- 4 — Geschw. Korr.
- 5 — U_{ext} $-12-30V$
- 6 — $-10V$

Erklärung:
Clapper – +4 bis 10 Volt für Startmarke
Quarzp. – Masse, Pluspol (!)
– Ausgang des Quarzpiloten

U_{batt} – Batterie an Zusatzgeräte
U_{ext} – Externe Speisespannung
Stop/Start – Stop durch Erdung

Technische Daten, Blockschaltbild

Sind drei Werte angegeben, so bedeutet:
1. Minimalwert
2. Maximalwert
3. typ. Wert

Aufnahme und Wiedergabe
- Frequenzgang bei Wiedergabe eines Bezugsbandes oder Über-alles-Frequenzgang mit Scotch 203, ausgesteuert auf −20 dB

  bei 38 cm/s (15″/s) — 3. 30–20 000 Hz (± 2 dB)

  bei 19,05 cm/s (7,5″/s) — 3. 30–15 000 Hz (± 2 dB)

  bei 9,525 cm/s (3,75″/s) — 3. 30–10 000 Hz (± 3 dB)

- Ungefähre Lebensdauer der Batterien Eveready US 950 bei zwei Stunden Betrieb je 24 Stunden — 18 Stunden
- Dito bei ununterbrochenem Betrieb — 8,5 Stunden
- Dito mit Batterien Eveready US E 95 — 32 Stunden
- Tonhöhenschwankungen nach DIN 45 507 bei 38,1 cm/s
  1. ± 0,02 %
  2. ± 0,05 %
  3. ± 0,05 %
- Dito bei 19,05 cm/s
  1. ± 0,05 %
  2. ± 0,08 %
  3. ± 0,07 %

Eingänge
Werte für eine NAGRA IV, ausgerüstet mit zwei Vorverstärkern QPSE-200-XOYO
- Zahl der eingebauten Mikrofonvorverstärker — 2
- Eingangspegel für ein 200-Ω-Mikrofon — 0,2–43 mV
- Eingangspegel für den unsymmetrischen 100-Ω-Leitungseingang
  1. 0,36–120 V
  2. 0,38–120 V
  3. 0,37–120 V
- Eingangsstrom für den unsymmetrischen «Acc»-Eingang
  1. 3,6–1200 µA
  2. 3,8–1200 µA
  3. 3,7–1200 µA
- Spannungsbedarf am 9-kΩ-Mixereingang für 200 mMx auf Band — 560 mV
- Eingangsspannung auf 5-kΩ-Piloteingang der NAGRA IV L — 0,5–25 V

Ausgänge
- Ausgangsspannung am Leitungsausgang, mit 600 Ω belastet und bei 0 dB am Galvanometer — 3. 4,4 V
- Ausgangsspannung am Mixereingang, mit 100 kΩ belastet und Nennaussteuerung — 560 mV

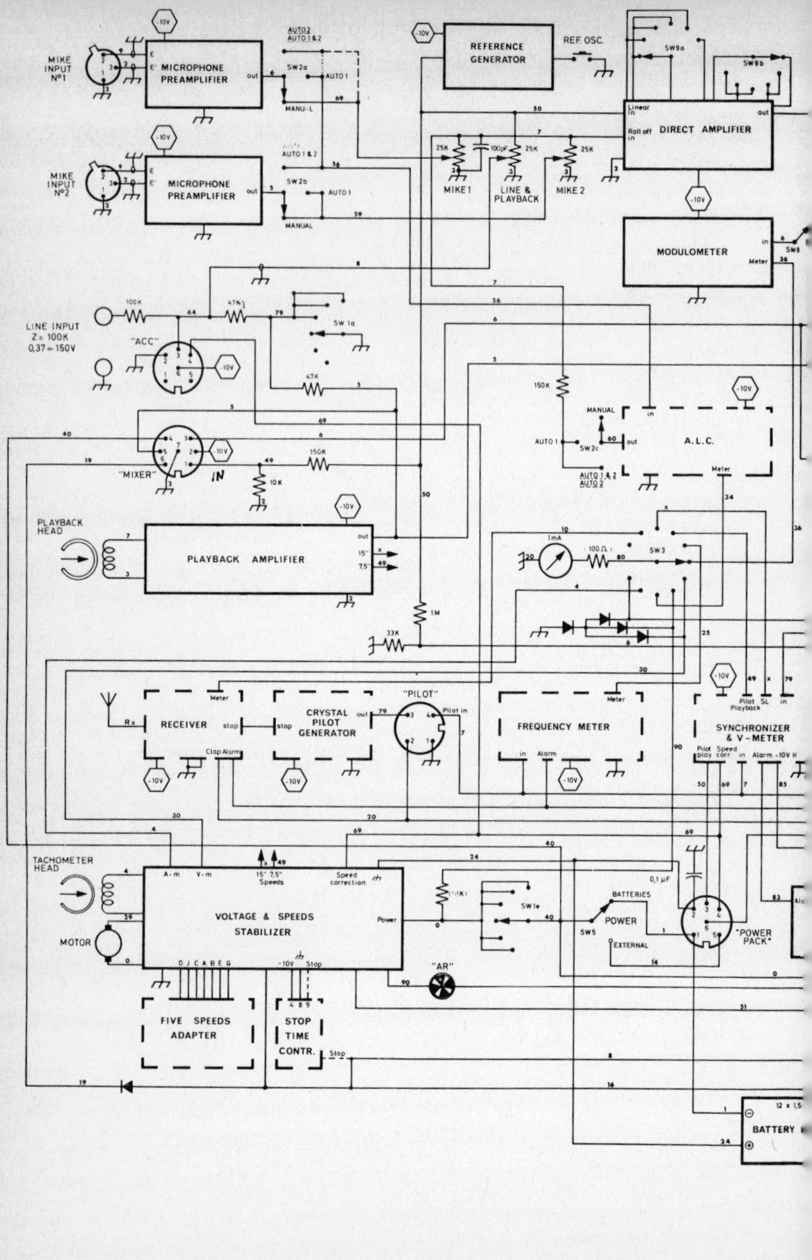
MIKE INPUT N°1
MICROPHONE PREAMPLIFIER
MIKE INPUT N°2
MICROPHONE PREAMPLIFIER
SW 2a
SW 2b
AUTO 2
AUTO 1 & 2
AUTO 1
MANUAL
REFERENCE GENERATOR
REF. OSC.
SW9a
SW9b
DIRECT AMPLIFIER
Linear in
Roll off in
MIKE 1
LINE & PLAYBACK
MIKE 2
MODULOMETER
SW8
LINE INPUT
Z= 100K
0,37 ÷ 150V
"ACC"
SW 1a
"MIXER"
IN
A.L.C.
SW 2c
PLAYBACK HEAD
PLAYBACK AMPLIFIER
SW 3
RECEIVER
CRYSTAL PILOT GENERATOR
"PILOT"
FREQUENCY METER
SYNCHRONIZER & V-METER
Pilot Playback
Pilot play
Speed corr
TACHOMETER HEAD
MOTOR
VOLTAGE & SPEEDS STABILIZER
15" 7,5" Speeds
Speed correction
Power
SW 1e
SW5
POWER
BATTERIES
EXTERNAL
"POWER PACK"
"AR"
FIVE SPEEDS ADAPTER
STOP TIME CONTR.
BATTERY
12 x 1,5

SYNOPTIC DIAGRAM — NAGRA 4-2

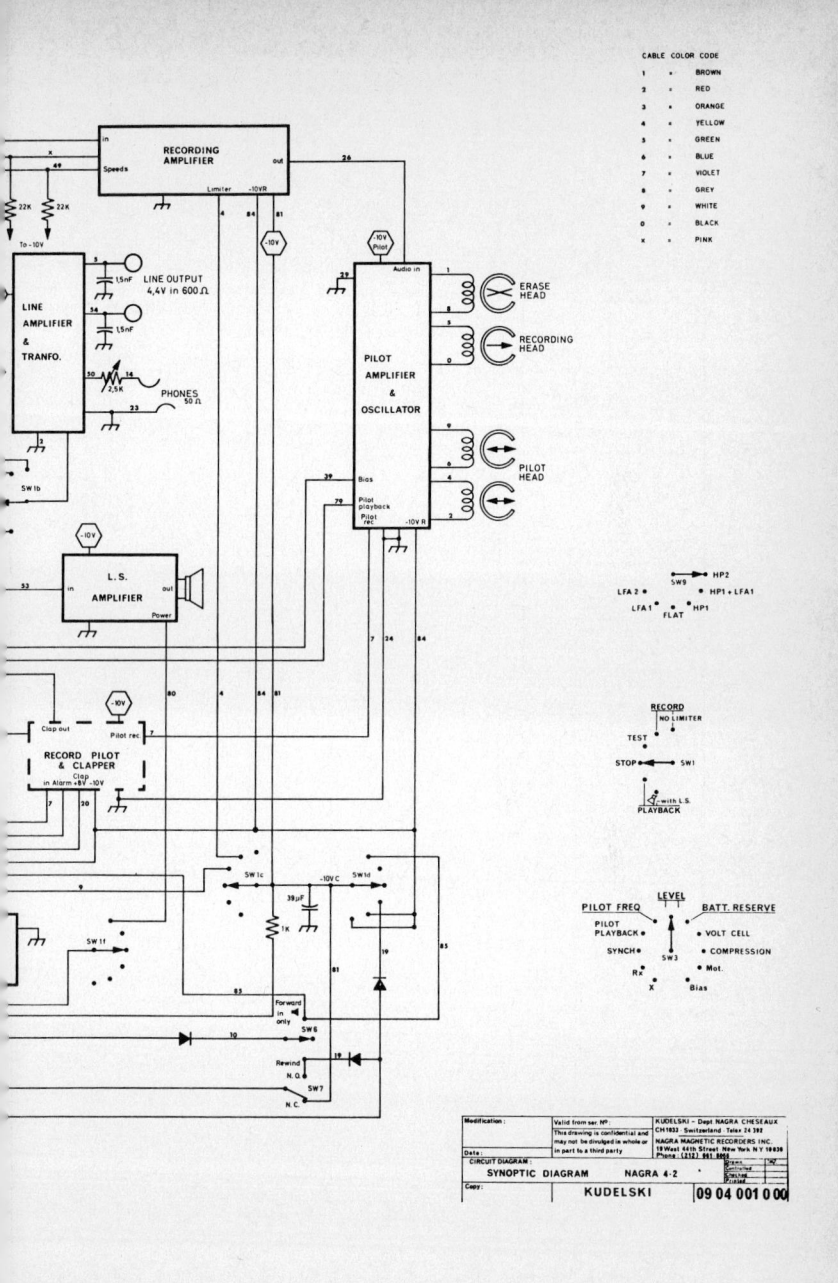

CABLE COLOR CODE

1	=	BROWN
2	=	RED
3	=	ORANGE
4	=	YELLOW
5	=	GREEN
6	=	BLUE
7	=	VIOLET
8	=	GREY
9	=	WHITE
0	=	BLACK
x	=	PINK

RECORDING AMPLIFIER — in, Speeds, out, Limiter, -10VR

LINE AMPLIFIER & TRANFO. — LINE OUTPUT 4,4V in 600 Ω, 1,5nF, 2,5K, PHONES 50 Ω, SW1b

PILOT AMPLIFIER & OSCILLATOR — Audio in, Bias, Pilot playback, Pilot rec, -10V R
- ERASE HEAD
- RECORDING HEAD
- PILOT HEAD

L.S. AMPLIFIER — out, Power

RECORD PILOT & CLAPPER — Clap out, Pilot rec, Clap in Alarm +8V -10V

SW1c, SW1d, 39µF, 1K, SW1f, SW6 (Forward in only), SW7 (Rewind N.O. / N.C.)

SW9
- LFA2
- LFA1 — FLAT — HP1
- HP1 + LFA1
- HP2

RECORD
- NO LIMITER
- TEST
- STOP ← SW1
- PLAYBACK (with L.S.)

PILOT FREQ — **LEVEL** — **BATT. RESERVE**
- PILOT PLAYBACK • VOLT CELL
- SYNCH • SW3 • COMPRESSION
- Rx • • Mot.
- X • Bias

Modification:	Valid from ser. N°:	KUDELSKI - Dept NAGRA CHESEAUX CH1033 - Switzerland - Telex 24 302
	This drawing is confidential and may not be divulged in whole or in part to a third party	NAGRA MAGNETIC RECORDERS INC. 19 West 44th Street New York N.Y 10036 Phone (212) 661-8066
Date:		
CIRCUIT DIAGRAM: SYNOPTIC DIAGRAM NAGRA 4-2		
Copy:	KUDELSKI	09 04 001 0 00

- Ausgangsspannung des wiedergegebenen Pilotsignals mit QSLI (NAGRA IV L) 1 V
- Dito ohne QSLI (NAGRA IV L) 350 mV

Eingebauter Lausprecher
- Elektrische Leistung zur Speisung des eingebauten Lautsprechers (Speisung der NAGRA mit Netzteil ATN) 1,6 W

Aussteuerungsmesser (Modulometer)
- Integrationszeit für −1 dB
    1. 1,5 ms
    2. 3,3 ms
    3. –
- Ablesbarer Skalenbereich −30 bis +5 dB

Temperatur, Betriebslage usw.
- Betriebstemperaturbereich bei Benutzung von Spezialriemen und Fremdstromversorgung −55° bis +71° C
- Dito, aber mit Normalriemen und Mangan-Trockenbatterien −20° bis +71° C

NAGRA IS

Im Vergleich zur NAGRA IV ist die NAGRA IS etwas kleiner und preiswerter. Sie kann trotzdem vollprofessionell eingesetzt und auch mit einem Neopilot-System ausgestattet werden.

Die NAGRA IS wird als Vollspurgerät mit und ohne Pilot und Quarz angeboten. Vollspurgerät ohne Pilot: NAGRA IS-DT (ab DM 8000,–), Vollspurgerät mit Pilot und Quarz: NAGRA IS-L (ab DM 9000,–).

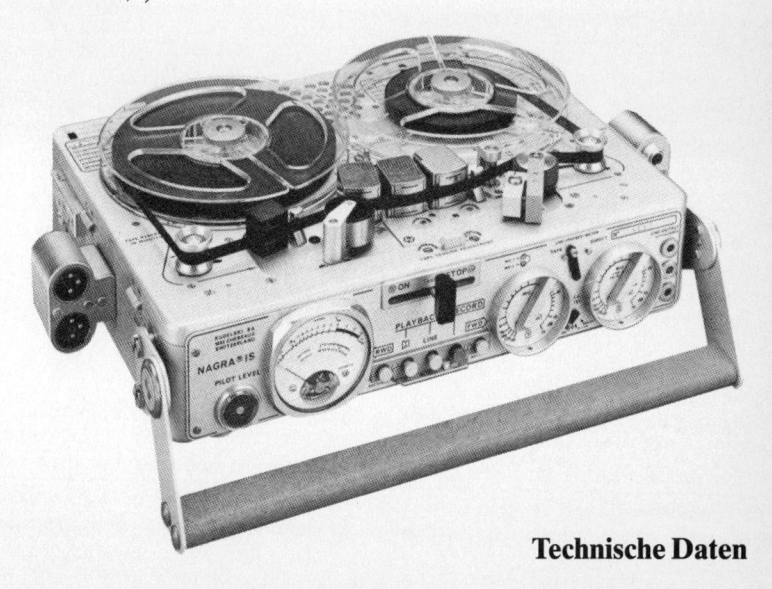

Technische Daten

(Typische Werte auf Referenzpegel 0 dB = 320 nWb/m bezogen)
Eingang für dynamisches Mikrofon 200 Ω, Empfindlichkeit 0,2 mV, Eingang für Kondensator-Mikrofon (T +12 V), Empfindlichkeit 1 mV, Leitungseingang asymmetrisch

Impedanz 100 kΩ; 218 mV
Leitungsausgang symmetrisch
4,4 V ⩾ 600 Ω
Lautsprecher-Verstärker 250 mW, Leistungen über Band: Frequenzgang bei −20 dB: 50 Hz – 15 kHz ± 2 dB Störspannungsabstand, ASA A bewertet, NAB-Norm und Band 3M 208: besser als 63 dB; CCIR- und PER-525-Band: besser als 62 dB
Klirrfaktor bei 1 kHz, $h_3 < 1,5\%$
Genauigkeit der Bandgeschwindigkeit: 19,05 cm/s ± 0,1 %
Tonhöhenschwankungen, Spitze-Spitze-Wert nach DIN 45507 bewertet: ± 0,12 %
Batterien Typ D (R20); mit normalen Batterien ununterbrochene Aufnahmedauer 10 Std.; bei 2stündigem Betrieb je 24 Std. Aufnahmedauer 18 Stunden. Zulässige Betriebstemperatur:
−20 bis +70 °C
Gewicht mit Batterien und Band: 4,5 kg
Drei-Motoren-Laufwerk mit tachometrischem Stabilisator zur Steuerung des Kapstanmotors und elektronischen Bandzugsensoren zur Regelung der Spulenmotoren.
Sehr schnelles Umspulen, Blockierung der Spulen im Stillstand, mit Entkupplung für den Bandschnitt, Hinterband-Aufnahmekontrolle.
Zwei Eingänge für 200 Ω dynamische Mikrofone oder Kondensator-Mikrofone mit Phantom −12 V, +12 V, +48 V oder T +12 V Stromversorgung.
Hochohmiger Leitungseingang, Sprachfilter. Pegelanzeiger, der wahlweise als Modulometer, Super-VU-Meter oder PV-Meter betrieben werden kann. Die NAGRA IS kann als Reportage- und Misch-Verstärker eingesetzt werden.

Zubehör

OIRAS	Automatischer Empfindlichkeitsregler am Mikrofon-Eingang (1)
ATI	Netzspeisung, kombiniert mit Ladegerät, 110–240 V, mit Ausgang des Pilot-Signals
IACC	Wasserdichtes Akkumulatoren-Magazin
IESL	Synchronisator, der die Bandgeschwindigkeit in bezug auf das Referenzsignal reguliert

NAGRA E

Die NAGRA E ist in drei Versionen lieferbar, mit Neopilot für Film und Fernsehen heißt sie NAGRA E-L.

Die NAGRA E ist ein tragbares Mono-Vollspur-Tonbandgerät (Bandbreite 6,35 mm) für Film, Funk und Fernsehen.
1 Geschwindigkeit: 19 cm/s, NAB- oder CCIR-Norm. 1 Mikrofoneingang, umschaltbar auf dynamisch, Tonader oder symmetrische Linie. 1 Spannungs- oder Strom-Linieneingang, der auch als 2. Mikrofoneingang benützt werden kann. Symmetrischer Ausgang 4,4 V (1,55 V möglich).

Aufnahme- und Wiedergabekopf getrennt. Eingebauter Kontroll-Lautsprecher, umschaltbar auf Vor- oder Hinterband.

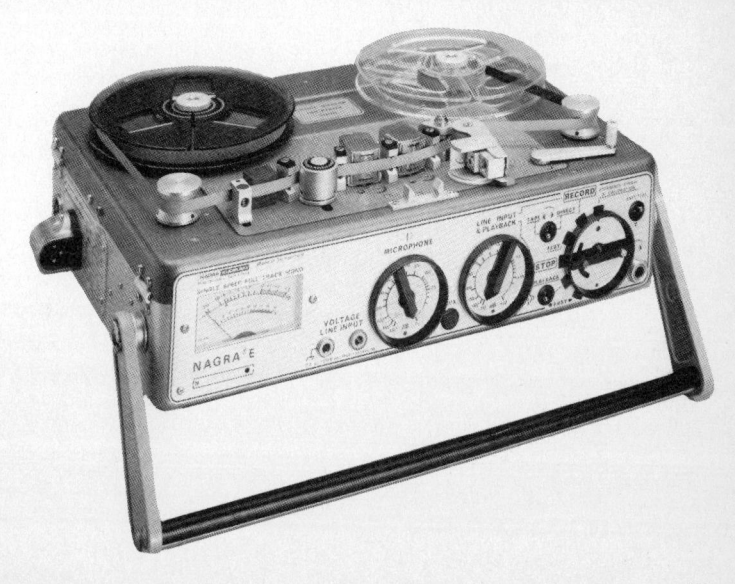

Referenzgenerator, Modulometer. Eingebaute Eichmöglichkeit.

Die NAGRA E ist besonders stabil und einfach in der Bedienung und Wartung. Mit Hilfe des einfachen Schaltaufbaus, der markierten Halbleiter und des beiliegenden Schaltplans, der Testpunkte und -spannungen anzeigt, ist es mühelos einstellbar und kann sogar im Freien gewartet werden. Der Galvanomter ist mit den beiliegenden Meßfühlern als Voltmeter einsetzbar. Für eine eventuelle dringende Reparatur liegen im Innern des Gerätes neben dem Batteriefach einige Ersatz-Halbleiter.

Das meiste Zubehör des NAGRA 4.2-Gerätes kann auch für die NAGRA E verwendet werden.

NAGRA SN

Ein sehr kleines, leichtes und vollprofessionell einsetzbares Tonbandgerät mit zwei Geschwindigkeiten (9,5 cm/s und 19 cm/s, Vollspur und Halbspur mit 4,75 und 2,38 cm/s) und der Möglichkeit der synchronen Filmaufnahme. Das Tonbandgerät arbeitet mit Spulen und schmalem Tonband (3,81 mm, das gleiche Format wie in den Tonbandkassetten). Bandrückspulung mit Handkurbel. Ein Abhörlautsprecher ist nicht eingebaut (Preis ab ca. DM 5500,–).

Technische Daten

Mikrofon-Eingang. Quellenimpedanz ≥ 200 Ω, SNN 3 bis 80 µA, SNS 1,7 bis 45 µA

Leitungseingang, fester Pegel 160 mV für nominale Aussteuerung. Quellenimpedanz ≤ 500 Ω

Wiedergabe-Ausgangsspannung 630 mV bei 1 kHz und nominaler Aussteuerung

Leistungen über Band, SNN mit 9,5 cm/s und SNS mit 2,38 cm/s:

Frequenz ab Leitungseingang, SNN 60 Hz – 17 kHz ± 2 dB, SNS 80 Hz – 6 kHz ± 3 dB (Wiedergabe-Entzerrung SNN 50 µs und 3180 µs, SNS 240 µs und 50 µs)

Geräuschspannungsabstand bei nominalem Pegel (250 nWb/m), ASA A bewertet, SNN > 64 dB, SNS > 52 dB

Klirrfaktor bei 400 Hz und nominalem Pegel, dritte Harmonische, SNN 1 %, SNS 1,5 %

Löschdämpfung 70 dB

Tonhöhenschwankungen, Effektivwert bewertet nach DIN 45507, SNN 0,1 %, SNS 0,2 %

Aufnahmedauer mit 18-µ-Band, SNN 26 min., SNS 1 Std. 40 min. pro Spur; mit 12,5-µ-Band, SNN 38 min., SNS 2 Std. 30 min. pro Spur.

Interne Stromversorgung durch zwei 1,5-V-Batterien oder Akkumulatoren, Aufnahmedauer > 5 ½ Std. ununterbrochen

Externe Stromversorgung durch ASN

Strombedarf bei Aufnahme 125 mA

Zulässige Betriebstemperatur −40 °C bis +70 °C

Abmessungen 147 × 100 × 26 mm

Gewicht mit Band und Batterien 574 g

Zubehör

NAGRASTATIC-Kondensator-Mikrofon, mit Kugelcharakteristik

Externer Vorverstärker für Leitung oder Kondensator-Mikrofon, mit Impedanzwandler SMP, Potentiometer, Modulometer und Filter

Leitungseingang 100 kΩ für SMR

Quartzgesteuerter Pilotsignal-Generator, mit Start-Stopp-Buchse

Frequenz-Teiler zur Synchronisierung mit einer mit Pilotsignal-Generator ausgerüsteten Kamera

Synchronisator und Frequenzvervielfacher für das Überspielen von

Ton und Pilotsignal ab NAGRA SN auf ein anderes Tonbandgerät oder auf Magnetfilm, mit Nachentzerrer, Verstärker 4,4 V und Geschwindigkeitsregler
  Autonomer Reportage-Monitor und Verstärker
  Kombiniertes Netzspeisegerät und Akkumulator-Ladegerät
  Netzgerät für den LPS, mit Pilot-Signal-Ausgang
  Start-Stopp-Schalter
  Doppelte Tragetasche für SN und Zubehör

Stellaxox SP 7
(wird nicht mehr gebaut, trotzdem noch verbreitet)

ist sicher das leichteste und handlichste professionelle Tongerät, bei dem – trotz seiner Winzigkeit – keine elektrischen Kompromisse geschlossen worden sind (Ausnahme: Mini-NAGRA). Sie bietet grundsätzlich alles, was auch größere und schwerere Maschinen aufweisen:

- 2 Mikro-, 2 Linien- u. 2 (feste) Mixer-Eingänge
- Studio-Ausgang
- automatische Aussteuerung
- bildsynchrone Tonaufnahme nach verschiedenen Systemen
- 4 Bandgeschwindigkeiten
- einsteckbarer Quarz-Pilot
- Startmarkierung
- filterbare Mikrokanäle f. dynamische u. Kond.-Mikros
- Möglichkeit des synchronen Umspielens u. Playback mit externem Synchronisator

Natürlich erfordert diese präzise Klein-Bauweise eine entsprechend liebevolle Behandlung, die Mechanik ist komplex und – bei Schockbehandlung oder extremen Umweltbedingungen – empfindlicher als die der vergleichsweise panzerähnlichen NAGRA.

Eine andere Folge der Miniaturisation ist die geringere Betriebszeit der eingebauten Batterien und die erschwerte Bedienbarkeit der – notgedrungen – winzigen Regler.

Unterschied zu anderen professionellen Maschinen

Elektrisch gesehen ist die Stellavox eine Besonderheit: sie verfügt über zwei getrennte Aufnahme- und Wiedergabekanäle und kann – wahlweise – mit verschiedenen Kopfträgern bestückt werden.

Damit ist sie also für Zweikanal- und Stereoaufnahmen geeignet – vorausgesetzt, man hat das richtige *Grundgerät* und den richtigen *Kopfträger*. Hier wird die Sache etwas unübersichtlich – der jeweilige Verwendungszweck bestimmt das Grundmodell, die Art des Kopfträgers und das Synchronisiersystem (auch dabei gibt es bei der Stellavox eine Alternative, mehr davon später).

Die Grundmodelle

Stellavox bietet zwei Grundmodell-Varianten an, beide sind zweikanalig ausgelegt und bis auf die im folgenden erläuterten Unterschiede identisch.
1. Die *Stellavox SP 7* ist eine echte Stereo-Version, kompatibel für Stereo *und* Mono. Beide Aufnahme- und Wiedergabekanäle sind getrennt bis zum Kopfträger geführt, für jeden Kanal wird also der Pegel auf den Modulometern individuell angezeigt (s. Abb.).

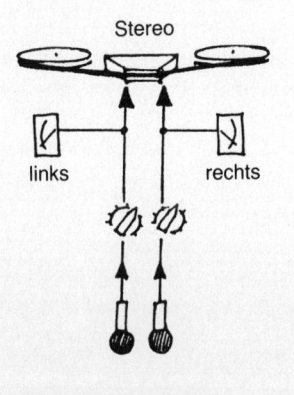

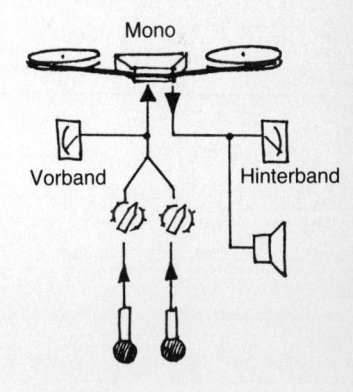

STELLAVOX SP 7   STELLAVOX SP 7/ MONO B

2. Die Stellavox MONO B ist eine reine Mono-Version. Beide Kanäle werden nach den Mikroreglern zusammengeführt (gemischt) und erreichen als Monosignal den Kopfträger.

Da in diesem Fall die beiden Modulometer dasselbe anzeigen würden – nämlich die Summe beider Kanäle –, läßt man das linke Instrument das Vorbandsignal, das andere den Nachbandpegel anzeigen und hat dadurch eine optische Hinterbandkontrolle.

Die Kopfträger

Kombiniert werden die beiden Grundmodelle – je nach Verwendungszweck – mit verschiedenen Kopfträgern, die leicht ausgewechselt werden können. (So gibt es z. B. einen Mono-Kopf für das Stereo-Grundmodell: er führt einfach beide Kanäle zusammen.) Die nächste Seite bringt eine Übersicht über die diversen Kombinationsmöglichkeiten, ihre Vor- und Nachteile und Anwendungsgebiete. Vorher aber noch ein Wort zu einer Stellavox-Exklusivität, der

Mittenspur

Bei der Stereo-Version der SP 7 (und *nur* da) steht zwischen den beiden Tonspuren eine dritte, schmalere Spur zur Verfügung. Als man merkte, daß bei Stereo-Betrieb eine herkömmliche Neo-Pilotspur (wie bei der NAGRA) technisch nicht zu realisieren war, erfand man die *Synchrotone-Spur* und machte damit aus der Not eine für manche Fälle nützliche Tugend.

Diese Mittenspur ist – anders als die Neo-Pilotspur – longitudinal aufmagnetisiert und kann damit einen Frequenzbereich von 40–12 000 Hz verarbeiten. Das bedeutet nicht gerade Hi-Fi, gestattet aber die Aufzeichnung von zusätzlichem Kommentar, Zeitmarkierungen, Kodierungen oder Geräuschen.

Die damit aufgezeichneten *Pilot*aufnahmen sind jedoch *nicht kompatibel* mit dem altbewährten Neo-Pilotsystem! Das Umspielen von bildsynchronen Stereo-Aufnahmen muß über den speziellen Stellavox-Synchronizer ARU oder über den Adapter ASO und NAGRA-Synchronizer SLO erfolgen.

Die Mono-Kopfträger sind ausnahmslos mit Neo-Pilotköpfen bestückt – dabei gibt es also keine System-Unverträglichkeiten.

GRUNDGERÄT	AUFNAHMEART	KOPF	BEMERKUNGEN
SP7 (APM, links, rechts)	STEREO	STEREO & SYNCHROTONE-SPUR	Stereo- oder Zweikanalaufnahme. Über Zusatzverstärker APM Kommentar, Kodierungen oder Geräusche auf der dritten Spur (Synchrotone- oder Mittenspur, begrenzte Tonqualität)
SP7 (links, rechts)	STEREO	STEREO & SYNCHROTONE-SPUR	wie oben, jedoch mit Pilotaufnahme auf der Synchrotone-Spur. ACHTUNG: Synchrotone-Pilot ist nicht kompatibel mit herkömmlichen Neo-Pilot Umspielanlagen!
SP7 (Spur 1, Spur 2)	MONO	MONO – VOLLSPUR & NEO-PILOT	Mono-Zweispuraufnahme. Beide Spuren werden erst beim Umspielen gemischt = erleichtert die Aufnahme von zwei Tonquellen. Synchrotone-Pilot oder Kommentar auf 3. Spur.
SP7 (Mikro 1, Mikro 2)	MONO	MONO – VOLLSPUR & NEO-PILOT	Bei Aufnahme zweier Tonquellen werden beide Kanäle im Kopfträger zusammengeführt – Mono. NACHTEIL: Bei Verwendung nur eines Mikros leichte Untersteuerung des Bandes → erhöhtes Rauschen. normaler NEO-PILOT
SP7 MONO »B« (Vorband, Hinterband)	MONO	MONO – VOLLSPUR & NEO-PILOT	Optimale Lösung für Film-Monobetrieb. Rechtes Modulometer zeigt Hinterband-Signal. Voll kompatibel mit herkömmlichen Systemen, NEO-PILOT.

Stellavox – Zubehör

Kopfträger, steckbare Einheiten, erhältlich für:

MONO-Vollspur mit (SHD/MPN) und ohne (SHD/M) Neopilot
STEREO-Zweispur mit (SHD/SPS) und ohne (SHD/S) Mittenspur

Die Kopfträger sind – mit Ausnahme einiger umschaltbarer Modelle – für jeweils *eine* Bandgeschwindigkeit vorgesehen.

Quarzpilot-Modul, steckbar (SXQ 123)

es versorgt die Stellavox mit quarzgenauem Pilotsignal, verstärkt die Pilotspannung bei Wiedergabe und liefert einen 1000-Hz-Piepser für die Startmarkierung (clapper) und den Referenz-Ton (OdB).

Netzgerät APS

speist die Stellavox aus dem Netz, lädt die eingebauten Akkus und liefert einen Netzpiloten.

Antriebsverlängerung ABR

aufsetzbare Spulenarme gestatten die Verwendung von großen 30-cm-Spulen – vorteilhaft für Konzertmitschnitte.

Mikro-Vorverstärker APA

für dynamische Mikros bei unzureichenden Pegeln.

Mikro-Vorverstärker APM

zum Anschluß eines dynamischen Mikros an die Mittenspur (Kommentaraufnahmen etc).

Stellavox Synchronizer ARU

zum bildsynchronen Umspielen oder Playback-Aufnahmen

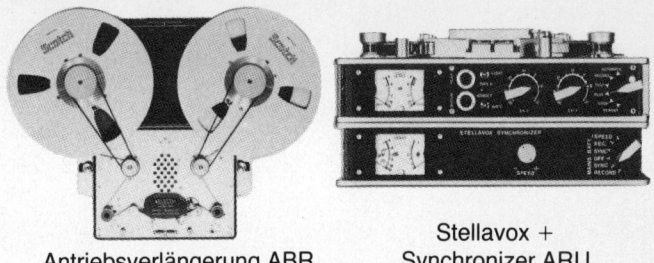

Antriebsverlängerung ABR

Stellavox +
Synchronizer ARU

Funktionsbeschreibung und praxisnahe Bedienungshinweise

(Die Zahlen entsprechen denen der Abbildung)

(1) *Doppel-Modulometer* – Spitzenanzeiger, Batteriekontrolle
  Stereo-Version: Anzeige beider Kanäle
  Mono-B-Version: linkes Instrument zeigt Vorband,
  rechtes Instrument zeigt Nachbandsignal.
  Achtung: Der Anzeigebereich (bis −20 dB) ist minimal – kleine Pegel werden nicht angezeigt, was zu übernervöser Regelung verführen kann. Der Versuch, die Nadel *immer* auf der Skala zu halten, kann sich nachteilig auswirken durch verminderte Dynamik und unmotiviertes Schwanken des Hintergrundpegels.
(2) *Pilot-Indikator*, sollte bei laufender Kamera mindestens bis zum ersten Punkt ausschlagen.
(3) *Motorstrom-Indikator*, zeigt – bei Ausschlag mindestens zum ersten Punkt – die richtige Motorgeschwindigkeit an.
(4) *Batterie-Kontrolle*, Zeiger des rechten Modulometers sollte auf dem «BATT»-Segment stehen.
(5) *Vor-/Nachband-Schalter:* TAPE – Nachbandsignal
  Direct – Vorbandsignal
  (im Kopfhörer)
(6) *Modulometer-Beleuchtung*, bei Batteriebetrieb nur sparsam benutzen!
(7) *Pegelregler* für die Mikro- bzw. Linien-Eingänge.

STELLAVOX SP 7

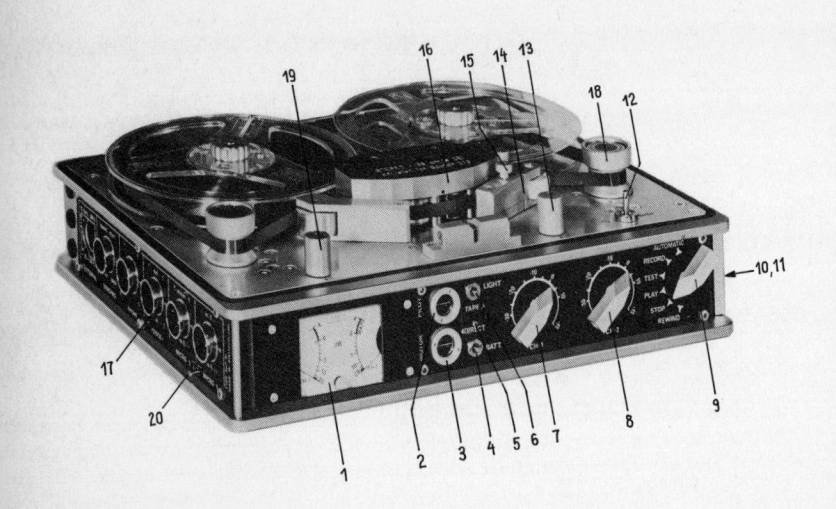

106

Achtung: nicht benutzte Regler schließen (Rauschen)! Bei automatischer Aussteuerung sollten die Regler auf eine dem Pegel in etwa entsprechende Stellung gebracht werden – sie bestimmen, anders als bei der NAGRA, die Ansprechschwelle der Automatik! Auf Stellung PLAY des Hauptschalters steuert der linke Ch-1-Regler den Wiedergabepegel (Schalter 5 auf DIRECT).

(9) *Hauptschalter*, steuert alle mechanischen und elektrischen Funktionen.
STOP – Gerät ausgeschaltet.
REWIND – Beide Umlenkhebel werden geöffnet, schneller Rücklauf
PLAY – Wiedergabe
TEST – Motor aus, Verstärker eingeschaltet
RECORD – Aufnahme, manuelle Aussteuerung
AUTOMATIC – Aufnahme mit automatischer Aussteuerung, siehe auch unter 7.
In den Stellungen PLAY bis AUTOMATIC werden die Umlenkhebel vom Motor geschlossen. Um sie zu öffnen (Bandwechsel), genügt es, den Hauptschalter für ca. 2 sec auf REWIND zu schalten. *Nie von Hand öffnen!*

(10) *Bandgeschwindigkeits-Umschalter*, schaltbar auf 9,5, 19, 38 und 76 cm/sec.
Achtung: Dieser Schalter beeinflußt nur den Motor. Die Umschaltung der elektronischen Innereien (Entzerrung) auf die verschiedenen Geschwindigkeiten wird durch den jeweiligen Kopfträger vorgenommen!

(11) *«Z»-Anschlußbuchse* für externe, stufenlose Geschwindigkeitsregelung (spez. Umspielungen, Trick).

(12) ~ *Schneller Vorlauf*
▷▷ Bei eingebautem SXQ 123 wird ein *Referenzton* mit 0 dB aufgezeichnet.

(13) *Lautsprecher-Regler*, schaltet den Lautsprecher-Verstärker ein und regelt – leider *auch* in der *Record*-Stellung – die Lautstärke. Es kann also bei der Aufnahme zu unerwünschten Rückkopplungen oder Echo-Effekten kommen, wenn der eingebaute Lautsprecher «mitmacht».

(14) *Umlenkhebel*, trägt die Andruckrolle und wird vom Motor geöffnet und geschlossen.

(15) *Stand-by* – Hebel für Bandschnitt. Beim Ziehen des Hebels wird die Andruckrolle von der Tonwelle abgehoben und ermöglicht das Durchziehen des Bandes von Hand (Aufsuchen bestimmter Töne).

(16) *Kopfträger*, steckbare Einheiten, erhältlich für *Stereo* (mit oder ohne Synchrotone-Mittenspur) und *Mono*-Vollspur (mit oder ohne Neo-Pilot).

Bis auf vier umschaltbare Modelle sind alle Kopfträger für jeweils *nur eine* Bandgeschwindigkeit eingerichtet. Nach einmaliger Anpassung im Werk sind sie ohne Werkzeug leicht auszutauschen.

(17) *Buchsenfeld*
Anschlußmöglichkeiten:

MICRO 1 – Anschluß für Mono-Mikrofon 1 (linker Regler) oder, bei Stereo-Versionen, für Stereo-Mikro Symmetrische, niederohmige Eingänge

MICRO 2 – Anschluß für Mono-Mikro 2 und der nicht regelbare Eingang für Stereo-Mischpulte (Mixer-Pegel 1,55 V = 6 dB)

DIODE – Linien-Eingang für Pegel von 20 mV bis 8 V – passend also für Überspielungen von Amateurgeräten und Studioleitungen. Auch hier können zwei Signale getrennt verarbeitet werden (Regler 7 und 8).
Die Linienausgänge beider Kanäle liegen ebenfalls an dieser Buchse (niederohmig, 440 mV).

PHONE – Asymmetrische Ausgänge:
I u. II – Studioausgang, 6 dB, niederohmig
1 u. 2 – Kopfhörerausgang, 5–2000 Ohm
Beide Ausgänge sind über den Vor-/Nachbandschalter geführt.

SYN-CHRO – Ein- und Ausgang des Piloten (pilot), Geschwindigkeitsregelung bei Synchronumspielen und Playback (speed), Anschluß für Fernsteuerung (start)

EXTERNAL – Anschluß des Netzgerätes (12–20 V)
(Die eingebaute Batterie wird durch den Netzgerätstecker automatisch vom Gerät getrennt und aufgeladen).

– Clapper-Startmarkierung
– 2. Pilot-Eingang

Die Belegung der einzelnen Buchsen-Pins geht eindeutig aus dem Platinenaufdruck hervor, bei Kabelbrüchen oder Steckerschwierigkeiten wird man sich leicht helfen können.

(18) *Bandzugrolle*, mit Stroboskopkontrolle

(19) *Mikrofon-Wahlschalter*,
gestattet es, *beide* Mikro-Kanäle wahlweise für dynamische oder Kondensatormikrofone (tonadergespeist) zu benutzen.
Achtung beim Anschluß von dynamischen Mikros: sie können bei falscher Schalterstellung Schaden nehmen! Ein leises Knakken im Mikrofon verrät Spannung auf der Leitung – sofort auf ⌒ umschalten!
(20) *Sprache/Musik-Schalter* für Tiefenabsenkung bei schlimmen O-Tonsituationen (S-Stellung).

Spezielle Tips aus der Praxis

Zur Stromversorgung:

Das Mini-Batteriefach der Stellavox SP 7 faßt 12 Monozellen der kleinen Mignon-Type. Das bedeutet Platz- und Gewichtersparnis, jedoch auch sehr begrenzte Betriebsdauer. Bei ununterbrochenem Betrieb ergeben sich für

> normale, billige Batterien ca. 2 Betriebsstunden (!)
> teurere Hochleistungsbatterien ca. 4–6 Betriebsstunden
> Stellavox-Akkus
> (aufladbar, Ladezeit 18 Std.) ca. 3–5 Betriebsstunden

Bei unterbrochenem Betrieb (normale Dreharbeiten) verlängern sich die angegebenen Zeiten um ca. 1–2 Stunden.

Bei Dreharbeiten in Gebieten ohne Steckdosen und Batterieläden empfiehlt sich das größere, externe Batteriefach ATC mit 12 Monozellen der D-Größe (wie bei NAGRA) – es macht für ca. 50 Stunden netzunabhängig.

Geschwindigkeits-Wechsel:

Es ist durchaus möglich, bei einem Kopfträger für 19 cm/sec eine andere Bandgeschwindigkeit zu wählen. Die Aufnahme wird bei 9,5 cm/sec etwas dumpf, bei 38 cm/sec etwas spitz klingen – beides kann aber bei nicht zu kritischem Tonmaterial akzeptabel sein.

Zum eingebauten Lautsprecher:

Wie bei der NAGRA kann bei Wiedergabe der Lautsprecher verzerren, obwohl die Aufnahme selbst gut ist: die Lautsprecherleistung ist minimal und muß Hi-Fi-Freunde enttäuschen.

Zum Referenz-Ton:

Der 1000 Hz-Referenzton der Stellavox SP 7 wird mit vollem 0 dB-Pegel aufgezeichnet! Er unterscheidet sich damit wesentlich vom 8 dB Referenz-Piepser der NAGRA IV u. 4.2 – die Umspielung muß das wissen (Ansage).

Zur Mikrofon-Verstärkung:

Die Mikrofon-Vorverstärker der Stellavox sind Kompromißlösungen, ihre Verstärkung ist den Kondensatormikrofonen angemessen: bei Anschluß von dynamischen Mikros (deren Pegel ja ca. 20 dB niedriger sind) gerät man, selbst bei weit aufgerissenen Reglern, oft in Schwierigkeiten.

Das merken auch die Stellavox-Hersteller und bieten – als Zubehör – den Kabelvorverstärker APA an. Er wird von der Stellavox gespeist und bringt dynamische Mikro-Pegel auf seriöse Werte.

Technische Daten

Gemessen mit dem Tonband SCOTCH Dynarange 203, nach den DIN-Normen für professionelle Tonbandgeräte, bei einer Raumtemperatur von + 20° C.

STANDARD SP 7-GERÄT: 19,05 CM/S STEREO *

* andere Normen, wie z. B. Vollspur 38,1 cm/s oder Halbspur 9,5 cm/s mit passendem Kopfträger.

Gewicht des Gerätes	3,1 kg
mit Band und Batterien	3,5 kg
Abmessungen, über alles	$8 \times 21,5 \times 27$ cm^3
Max. Spulendurchmesser	13 cm (26,5 m. Zub.)
Geschwindigkeitsstabilität, bei 20° C	< 0,1 %
zwischen − 20° und + 70° C	< 1 %
Bandschlupf	< 0,1 %

Tonhöhenschwankungen, bewertet	< ± 0,12 %
Anlaufzeit	~ 0,1 s
Rückspulen, motorisch	~ 4 m/s
Vorlauf, motorisch	~ 1 m/s
Eingebaute Batterien (in dichtem Fach mit 6 Kontakten höchster Qualität)	12 Zellen oder Akkus mit der universellen Größe $\varnothing$ 13,5 bis 15 mm × 50 mm für 2 bis 6 Std. Betriebszeit
Externe Stromversorgung	12 bis 20 V =; circa 0,12 A
Frequenzgang der Verstärker	20 bis 20000 Hz ± 1 dB
Frequenzgang über Band	30 bis 15000 Hz ± 2 dB
Klirrfaktor, mit Aussteuerung 50 mMx/mm	< 2 %
Löschdämpfung, bei 1 kHz und 50 mMx/mm	> 70 dB
Geräuschspannungsabstand (bezogen auf 50 mMx/mm)	> 60 dB (stereo) > 65 dB (Vollspur)
Übersprechen über Band, bei 1 kHz	> 40 dB
Modulometer, doppel, Spitze-Spitze-Skala	> 0,01 s für −1 dB −20 bis + 4 dB
Kompressor, stereo, Einschwingzeit	< 0,01 s
Eingang 1 bis 40 mV: Klirrfaktor	~ 0,3 %
Eingebauter Lautsprecher, Durchmesser mit unabhängigem Leistungsverstärker	88 mm 1 Watt
Eingänge: − Micros 1 und 2	0,2 bis 75 mV sym.
mit «automatic»	1 bis 40 mV
− Mixer 1 und 2	1,55 V (fest) / 820 Kohm
− «diode» 1 und 2	440 mV (mit Pot. regelbar)
− «pilot»	1 V bis 1,5 V; Z > 10 Kohm
− «clapper»	positiver Impuls
Ausgänge: − Phone I und II (direkt)	1,55 V (max. 2,8 V) asym.
− Phone 1 und 2 (Hörer)	1,55 V / 5 bis 2000 Ohm
− «diode» 1 und 2	440 mV / 470 Ohm
− «pilot» (mit SXQ)	1 V bis 1,5 V

Dazu: + 9 V / start / speed / externe Stromversorgung und Ladung mit APS
Bestückung: 60 Si-Transistoren / 40 Si-Dioden / 4 BOGEN magnetische Köpfe
Gehäuse: Leichtmetall, verstärkt, sehr robust, keine herausstehenden Teile
Mechanische Teile: Leichtmetall bzw. Inox-Stahl, alles korrosionsfest
Batterie-Fach: sehr leicht zugänglich, dicht, mit professionellen Kontakten
Verschiedenes: Beleuchtung des Doppelmodulometers / Meßgeräte für die Kontrollen der Motor-Geschwindigkeit und des Pilot-Pegels / 9 hochgenaue geschlossene Kugellager / 12 selbstschmierende Gleitlager / Schalter für dynamische 200-Ohm-Mikrofone und für transistorisierte Kondensator-Mikrofone, Tonaderspeisung / rascher Vorlauf / «clapper», «beep» und 1000 Hz mit zusätzlichem steckbaren Modul / auf Wunsch: symmetrischer Linien-Ausgang durch eingebauten Transformator, 1,5 V/200 Ohm und 4,4 V/600 Ohm
− Technische Änderungen vorbehalten −
− Meßblatt jedem Sp 7-Gerät beigefügt −

Stellavox SP 8
Nachfolgemodell der Stellavox SP 7

Das Stellavox SP 8 liegt in Größe, Gewicht und Preis etwa zwischen der NAGRA SN und NAGRA IV bzw. 4.2. Es ist allerdings wegen der Modulbauweise universeller auszustatten und zu nutzen als die NAGRA IS. Die Modulbauweise erlaubt sehr individuelle Ausstattung entsprechend des Verwendungszweckes (ähnlich der NAGRA IV bzw. 4.2), wobei die Umstellung auch ohne Werkstatt schnell vorgenommen werden kann. Für die unterschiedlichen Aufzeichnungsnormen und Spurlagen stehen vorjustierte Tonkopfträger zur Verfügung. Bei entsprechender Ausstattung kann das Gerät von Mono auf Stereobetrieb umgeschaltet werden. Neben der klassischen Pilottonaufzeichnung ist Quarzbetrieb und die Aufzeichnung einer Zeitcodierung möglich. Drei Geschwindigkeiten: 9,5/19 und 38 cm/s. Bei diesem Nachfolgemodell ist Platz für drei Batteriezellen mehr, was zu einer längeren Betriebsdauer beiträgt (führte bei der SP 7 gelegentlich zu Ärger).

Neues Modell: Stellavox SP8/SU8, baugleich wie SP8, mit einigen technischen Erweiterungen wie Limmiter, Anschlußmöglichkeit für Kompandersysteme, wie z. B. Dolby usw.

TONBANDGERÄT STELLAVOX SP 8

TECHNISCHE DATEN

Messungen gemäss professionellen Normen, mit modernem Tonband durchgeführt. Raumtemperatur 20° C und Geschwindigkeit 19,05 cm/s.	Mono	Stereo	Einheit
Gewicht des Gerätes	3,6		kg
– mit Batterien, Tonband und Tragtasche	4,6		kg
Abmessungen über alles	8,3 x 21,5 x 27		cm³
Grösster Spulendurchmesser	13		cm
– mit ABR Zubehör	30		cm
Geschwindigkeits-Stabilität	±0,1		%
– zwischen –20° und +70° C	±1		%
Tonhöhenschwankungen	±0,07 DIN		%
Rasches Rückspulen, mot.	~45 (/180 m)		s
Stromverbrauch für Rückspulen	130		mA
Eingebaute Stromversorgung mit 15 Zellen, Akkus AAR (oder Aussenspeisung)	15 ÷ 25		V
Stromverbrauch (durchschnittlich)	90 ÷ 110		mA
Doppelmodulometer, beleuchtbar	~10 (–1 dB)		ms
Frequenzgang über Band ±2 dB	20–16'000	30–18'000	Hz
Klirrfaktor gesamt über Band bei 1 kHz, Aussteuerung 514 nWb/m	< 2	< 2	%
Übersprechen über Band bei 1 kHz		> 45	dB
Löschdämpfung bei 1 kHz	80	80	dB
Dynamik nach ASA A, bezogen auf 514 nWb/m	69	65	dB
– entsprechend DIN-Norm	62	60	dB
Fremdspannungsabstand 20 bis 20'000 Hz	62	60	dB

EINGÄNGE:

– Mikrofon 1 und 2	(sym) 200	Ohm
– Max. Empfindlichkeit	0,18	mV
Übersteuerungsfestigkeit	+7,5 dB re+6 dBm (+5 dB mit SOT 8)	dB
Jeder Mikrofoneingang besitzt einen 4-stufigen Umschalter für unterschiedliche Mikrofonarten	P48 und P12 T12 dyn. ±0	
– Abschwächer für jeden Mikrofoneingang	0/-10/-20/-30	dB
– Mischpult 1 und 2	1,55	V
– Pilot	0,5 ÷ 2	V
– Klappe	+10 ÷ +20	V
– Linien 1+2 regelbar (oder 2 zus. Mikrofone mit Zubehör ALP)	0,04 ÷ 12	V

TECHNISCHE DATEN

Messungen gemäss professionellen Normen, mit modernem Tonband durchgeführt. Raumtemperatur 20° C und Geschwindigkeit 19,05 cm/s.	Mono	Stereo	Einheit
AUSGÄNGE:			
(symm. mit SOT 8)		1,55 + 4,4	V
		200 + 600	Ohms
– Direkt I + II (unsymm.)	1,55 (max)	3,8	V
– Kopfhörer			
– Pilot mit Zusatzmodul	1 ÷ 1,5		V
wahlweise SXQ023			
SXQ123	50 ÷ 60		Hz
SQS Synchronizer			
– Bereich des Kompressors	0,18 ÷ 10 mV (40 mV)		mV
– Frequenzgang ±1 dB	20 ÷ 20'000		Hz
– Klirrfaktor: Eingang 20 mV	< 0,1		%
– Kopfhöreranschluss	mit einstellbarer Lautstärke		

Type	Zubehör und einsteckbare Module
RTC	ELEKTRONIK für reelle Zeitcodierung einschliesslich Unterbau.
RZK	UNTERBAU zur Aufnahme der RTC-Elektronik. Zubehörteil zum nachträglichen Anbau an Magnetbandgeräte SP 7 oder SP 8.
SHD	TONKOPFTRÄGER. Das System auswechselbarer, vorjustierter Tonkopfträger ermöglicht rasche Umstellung des Magnetbandgerätes für jede denkbare Spurlagenkonfiguration in Mono-, Stereo- und Pilottonausführung. Der Kopfträger fasst bis zu 4 Köpfe. Standardmässige Ausführungen in Mono-Vollspur = M, Mono-Vollspur mit Neopilot = MPN, Stereo = S und Stereo mit Synchroton = SPS. Die Kopfträger werden werkseitig auf die gewünschten Bandgeschwindigkeiten und -sorten nach CCIR oder NAB eingemessen.
SOT 8	AUSGANGSÜBERTRAGERSATZ. Nachrüstmodul für Magnetbandgerät SP 8 zur Trafosymmetrierung beider Ausgänge: 0 V .... 1,55 V÷6 dBm (200 Ohm) .... 4,4 V÷15 dBm (600 Ohm).
SXQ023	CLAPPER-OSZILLATOR UND PILOTVERSTÄRKER. Zur bildsynchronen Tonaufzeichnung kann dieses Modul auch nachträglich im SP 8 Magnetbandgerät eingesteckt werden. Es beinhaltet einen 1 kHz-Generator zur Startmarkierung kombiniert mit einem Pilottonverstärker für die Wiedergabe aufgezeichneter Pilottonsignale.
SXQ123	QUARZMODUL. Dieses Modul beinhaltet die Funktionen des SXQ 023 und ist zusätzlich mit einem auf 50/60 Hz umschaltbaren Quarzoszillator kombiniert.
SQS	SYNCHRONIZERMODUL. Es wird anstelle des SXQ 123 eingesteckt, wobei dessen Funktionen vom SQS übernommen werden. Hinzu kommt Synchronizerfunktion mit Anzeige der Pilottonpegel und Abweichungen auf den Messinstrumenten des SP 8 Magnetbandgerätes.

UHER 1200 Report Synchro
1000 Report Pilot

(wird nicht mehr gebaut, trotzdem weit verbreitet, Nachfolgemodell UHER 1200 Report Synchro)

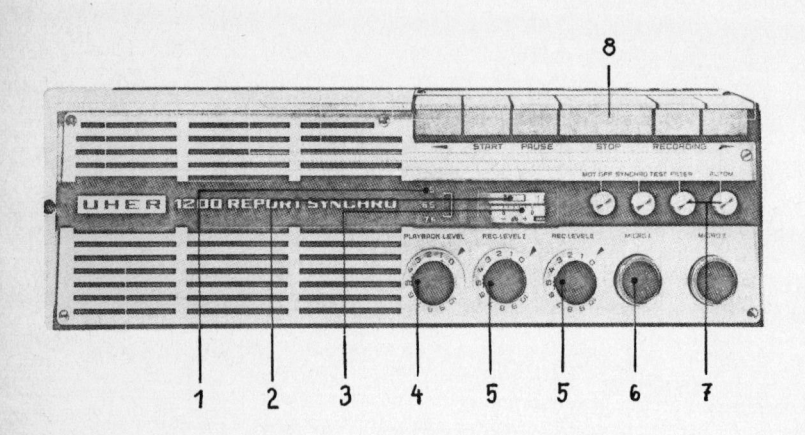

Die Behauptung, die Professionalität eines Gerätes hänge nur davon ab, wie oft man es hinfallen lassen könne, ohne es zu zerstören, ist etwas übertrieben. Die elektrischen Werte (Gleichlaufschwankungen, Geräuschabstand) sind als Kriterien nicht weniger wichtig.

So beurteilt sind die UHER 1200 Report Synchron und Pilot natürlich ein bißchen weniger professionell als z. B. die NAGRA, richtig eingesetzt und pfleglich behandelt aber sind beide Modelle für viele Tonarbeiten am richtigen Platz.

Das UHER Report Synchron ist das Nachfolgemodell des UHER Pilot. Gemeinsam ist beiden die *mechanische Ausstattung:*

- Ganzmetallgehäuse
- kleine Antriebs-Schwungmasse
- Motor mit Feldplatten-Elektronik
- Tastenbedienung
- Bandzugregelung und Zählwerk

und das *elektrische Gesamtkonzept*:
- Vor-/Nachband-Kontrolle

UHER 1200 Report Synchro

(wird nicht mehr gebaut, trotzdem noch weit verbreitet)

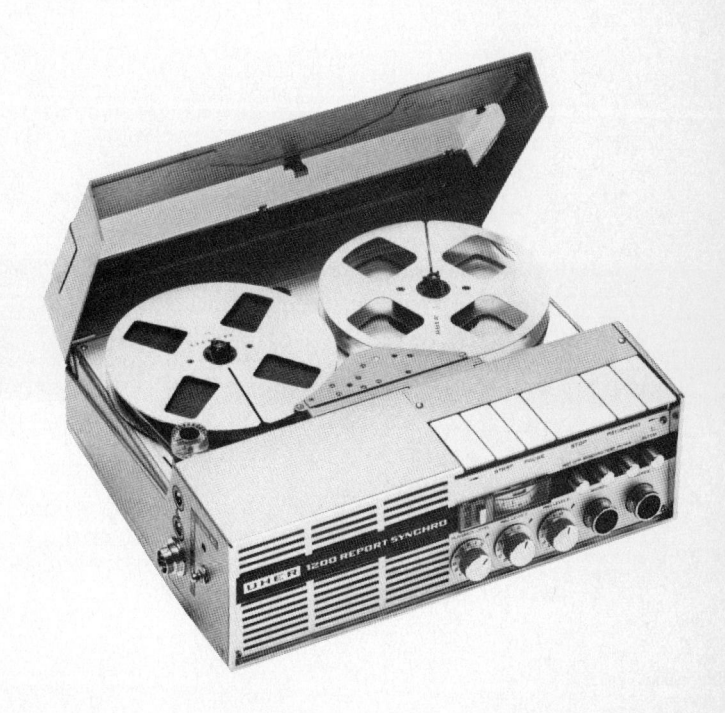

- Fernstart, Fernstopp
- Pegel-Spitzenanzeiger
- Bildsynchrone Tonaufzeichnung nach dem Neo-Pilot- System
- Tiefenfilter, Batterie- und Pilot-Testmöglichkeit
- 19 cm/sec Bandgeschwindigkeit

Bei der *Stromversorgung* hat man – bei beiden Modellen – die Wahl zwischen:
BATTERIE-BETRIEB – 5 Monozellen, leak-proof
AKKU-BETRIEB – Spezial-Akku Typ Z 211, 6 V/2,5 Ah
NETZ-BETRIEB – über Netzanschlußgerät Z 124 (sorgt gleichzeitig für die Ladung des Akkus)
AUTO-BATTERIE – über Spezialkabel K 716 (6 V)
K 717 (12 V)

Bildsynchrones Umspielen und *Playback-Betrieb* sind möglich mit dem *SYNCHRONIZER W 352*.

Ähnlich dem NAGRA SLO-Synchronizer sorgt er bei der Wiedergabe für synchronen Lauf der UHER durch die bewährte Rückwärtsregelung. Außerdem gestattet dieses nützliche Zubehör Handregelung der Geschwindigkeit, erzeugt Netz- und Quarzpilotsignale und kann mit Netz oder Batterien betrieben werden.

Das SYNCHRO-Modell hat gegenüber dem PILOT-Typ
- einen zusätzlichen Mikrofoneingang
- Pilotindikator zur ständigen Überwachung
- einen abschaltbaren Motor f. Test und Verstärkerbetrieb.

Funktion und Bedienung

Im folgenden wieder eine detaillierte Knöpfchen-Übersicht; Unterschiede zwischen Pilot- und *Synchro*-Modell sind jeweils vermerkt.

1. *Dreistelliges Bandzählwerk*
2. *Pilot-Indikator*
3. *Aussteuerunganzeige* (Spitzenanzeige!)
   Achtung: Begrenzter Ablesebereich! Der Versuch, die Nadel auf der Skala zu halten, verführt zu extremer Kompression!
   – Gleichzeitig Anzeige für Batterie- und Pilot-Test.
4. *Wiedergabe-Pegel*
   Abhörlautstärke bei Aufnahme
5. SYNCHRO – *Eingangsregler 1*
      in 0-Stellung: Kanal 1 abgeschaltet
      gezogen: Batterie-Test (Zeiger im Batt.-Bogen)
   PILOT – *Eingangsregler,*
      gezogen: Instrumenten-Beleuchtung

6. *Mikrofonbuchse*
   SYNCHRO – für dynamische, symmetrische Mikros *und* UHER Kondensatormikros (Phantomspeisung 4,5 V). *Nicht* für tonadergespeiste Kondensatormikros wie MKH 405 oder 815 verwendbar!
   PILOT – für dynamische Mikros, symmetrisch
7. *Tastenreihe,* unterschiedlich bei Synchro und Pilot:
   SYNCHRO: AUTOM – Automatische Aussteuerung beider Mikrokanäle. Vorsicht bei starkem Hintergrundgeräusch! Atmen!
   FILTER – Tiefenabsenkung unterhalb 150 Hz
   SYNCHRO – Pilotpegel wird angezeigt, normales Pilotsignal bringt den Zeiger auf 0 dB.
   MOT. OFF – Antrieb ist abgeschaltet, Testbetrieb
   PILOT: AUTOM – wie oben
   FILTER
   PILOT TEST – Pilotpegel wird angezeigt. Mit der Schraubenzieher-Einstellung zwischen den Reglern kann die Anzeige auf 0 dB gebracht werden.
   BATT. TEST – Gerät dabei starten, Zeiger muß im roten Bereich stehen.
8. *Funktions-Tasten*

Funktion	**Gedrückt:**
Aus	STOP
Test	START + RECORDING + PAUSE
Aufnahme	START + RECORDING
Wiedergabe	START
schneller Vorlauf	►
schneller Rücklauf	◄

   Die *Pausentaste* dient gleichzeitig als *Vor-/Nachbandschalter*!

UHER 1000 Report Pilot – Steckerakrobatik

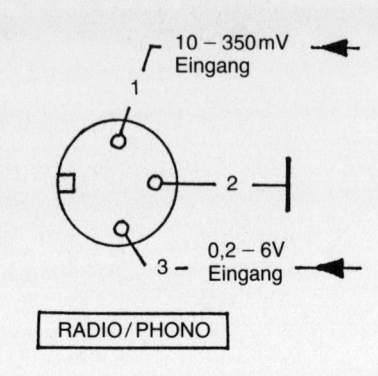

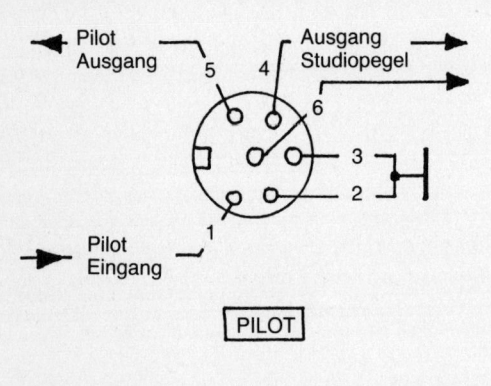

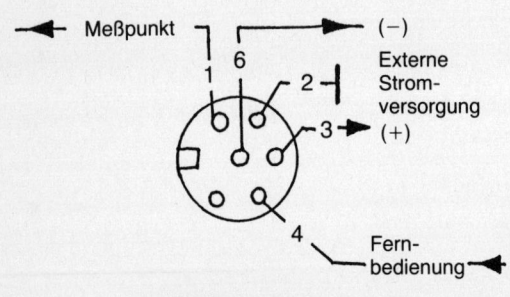

- 1 — 10 – 350 mV Eingang
- 2
- 3 — 0,2 – 6V Eingang

RADIO / PHONO

- 5 — Pilot Ausgang
- 4 — Ausgang Studiopegel
- 6 — Ausgang Studiopegel
- 3
- 2
- 1 — Pilot Eingang

PILOT

- 1 — Meßpunkt
- 6 — (−) Externe Stromversorgung
- 2 — Externe Stromversorgung
- 3 — (+)
- 4 — Fernbedienung

ZUSATZGERÄTE

Einen Schritt weiter in Richtung semi-professioneller und Amateurgeräte findet sich das

UHER 4000 AV Report Monitor und 4200 Report Monitor

Technische Daten

Spulentonbandgeräte Geräte Type	Spur-Lage		Übertragungsbereich Hz/kHz				Tonhöhenschwankungen nach DIN 45507 höchstens ±%			Geräuschspannungsabstand dB			Übersprechdämpfung dB		Löschdämpfung dB (1000 Hz, 19 cm/s)	Sinus Ausgangsleistung/ Musikleistung an 4 Ω
	2-Spur	4-Spur	19 cm/s	9.5 cm/s	4.7 cm/s	2.4 cm/s	19 cm/s	9.5 cm/s	4.7 cm/s	19 cm/s	9.5 cm/s	4.7 cm/s	stereo	mono		
4000 Report Monitor AV	●	–	20/25	20/16	25/13	25/6	0,15	0,2	0,25	≥ 66	≥ 64	≥ 57	–	≥ 60	≥ 80	0,8
4200 Report Monitor	●	–	20/25	20/16	25/13	25/6	0,15	0,2	0,25	≥ 66	≥ 64	≥ 57	≥ 45	≥ 60	≥ 80	2 x 0,8

Diese Geräte sind Kompromißlösungen, was Tonqualität, Kompatibilität und Preis angeht. Abgesehen von verminderter mechanischer und elektrischer Stabilität, gibt es wesentliche Unterschiede zu den bisher besprochenen Geräten:

1. **die Spurlage**
   Das UHER Report Monitor 4000 AV und Report Monitor 4200 sind Zweispur-Geräte. Verglichen mit der gemütlich-breiten Vollspur der professionellen Maschinen schneidet die Halbspur schlechter ab: die Dynamik ist verringert (das Rauschen liegt höher), und mechanische Bandunregelmäßigkeiten können eher zu Tonlöchern (drop outs) führen.

2. **fehlende Piloteinrichtung**
   Für bildsynchrone Tonaufnahmen kann das Pilotsignal auf der zweiten Spur des Gerätes aufgenommen werden (Zusatzeinrichtung erforderlich, je nach Filmkamera).

   Vor dem synchronen Umspielen auf Perfo-Material ist dann ein zusätzliches Umspielen auf Schmalband mit Neo-Pilot-System

(NAGRA) notwendig – das Zweispurverfahren ist nicht kompatibel mit dem gebräuchlichen Pilotsystem!

3. **Rauschabstand**

Während der bei 19 cm/sec aufgezeichnete Frequenzbereich in vielen Fällen genügt, sieht es mit dem Geräuschabstand (und damit mit der verfügbaren Dynamik) schon schlechter aus. Das Verstärker-Rauschen nähert sich im Pegel bedrohlich den Pianissimo-Stellen des Nutztons.

Atmo-überlagerte Dokumentartöne werden jedoch dadurch in den meisten Fällen nicht schlechter.

Zur Stromversorgung

Was die Speisung angeht, sind die Halbspur-Report-Modelle voll identisch mit dem PILOT- oder SYNCHRO-Modell. Das Zubehör für Batterie-, Akku-, Netz- oder Autobetrieb ist für alle Typen dasselbe (siehe unter UHER Report).

Im Vergleich zu den Vorgängermodellen der Firma UHER sind die neuen Geräte der Monitor-Serie mit drei Tonköpfen ausgestattet. Hinterbandkontrolle ist jetzt möglich. Die neuen größeren Aussteuerungskontrollinstrumente (Spitzenpegelanzeiger) erlauben ein präziseres Arbeiten. Das UHER 4000 Report Monitor AV verfügt über eine Mono-Halbspurtechnik mit der Möglichkeit, neben dem Nutzton eine Impulsspur aufzuzeichnen (hat nichts mit dem professionellen Pilotton zu tun, bei der Stereo-Ausführung können Impulse natürlich auch gleichzeitig aufgezeichnet werden – auf der zweiten Stereospur –, dabei sind technisch bedingt nur Mono-Aufnahmen möglich).

Kassetten-Tonbandgeräte

Vorweg eine Vorstellung des Kassetten-Systems:

Im Gegensatz zu den Spulen-(reel-to-reel)-Geräten läuft hier das Band in einer geschlossenen Kassette.

Die Köpfe, die Tonwelle und die Andruckrolle werden dem Band beim Einlegen der Kassette durch eine mehr oder weniger stabile Mechanik nahe gebracht – das Einlegen wird dadurch wesentlich erleichtert.

Erkauft wird diese Annehmlichkeit durch Tonqualitätskompromisse:

- **Tonhöhenschwankungen** treten auf als Folge von Fertigungstoleranzen der Kassette und des miniaturisierten Antriebssystems. Jede Änderung im Bandzug (klemmende Rollen) oder im Antrieb (unrunde Tonwelle) ergibt nervtötendes Jaulen und rauhe Töne – auf gut deutsch: Wowen und Fluttern.
- **verminderte Dynamik.** Die Tonspur auf dem Kassettenband verhält sich zur normalen Schnürsenkel-Vollspur wie ein Trampelpfad zur Autobahn: mit einer nur 0,6 mm breiten (Stereo-)Spur muß sich unser Ton begnügen, wenn die andere für das Pilotsignal benutzt wird.

Die darauf speicherbare Information ist entsprechend schwach und kämpft einen verzweifelten Kampf gegen das allgegenwärtige *Rauschen*. Gegen dieses physikalische Gesetz kann nur eine *Dolby*-Ein-

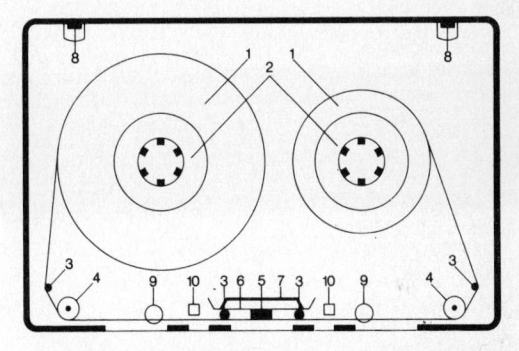

1 = Tonbandwickel, 2 = Wickelkerne aus Kunststoff, 3 = Bandführungsstifte, 4 = Bandführungsrollen, 5 = Andruckfilz, 6 = Andruckfeder, 7 = Abschirmblech, 8 = Kunststofflaschen (nach einem Herausbrechen wird im Gerät eine Aufnahmesperre ausgelöst), 9 = Aussparungen für die Tonwelle am Gerät, 10 = Aussparungen für die Cassettenführungsstifte am Gerät.

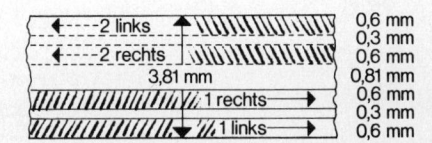

richtung etwas ausrichten, die durch lautstärkeabhängige Frequenzgangverbiegung bei Aufnahme *und* Wiedergabe das Rauschen dort unterdrückt, wo es hörbar werden könnte.

- **Frequenzgang.** Die Bandgeschwindigkeit der Tonkassette beträgt generell nur 4,75 cm/sec. Verglichen wiederum mit den gewohnten 19 cm/sec ist das herzlich langsam. Für die Aufzeichnung hoher Frequenzen wird der Platz knapp, und nur durch die speziell entwickelte, extrem schmale Kopfspalte läßt sich ein einigermaßen befriedigender Frequenzgang erzielen.
- **Drop outs.** Bei der extrem schmalen Tonspur von 0,6 mm und der niedrigen Bandgeschwindigkeit ist leicht einzusehen, daß ein winziges Schmutzpartikelchen auf dem Band oder vor dem Kopfspalt katastrophale Folgen hat. Ebenso wie ungleichmäßig laufendes oder zerknittertes Band führt das zu kurzzeitigem Verlust des innigen Band-Kopf-Kontaktes: Tonlöcher (drop-outs) sind die Folge.

Das alles ist kein Grund zur Resignation, wenn man darauf achtet,

- daß der *Einsatz* des Kassettengerätes richtig gewählt ist (es ist nicht das ideale O-Tongerät für 35-mm-Spielfilm!),
- daß das Gerät pfleglich behandelt und staubfrei gehalten wird,
- daß man möglichst gute (teurere) Kassetten benutzt.

Die Kassettenfrage

Hier sind die gebräuchlichsten Bandarten kurz charakterisiert, da die Kassetten- bzw. Bandsorten einen nicht unerheblichen Einfluß auf die Aufnahmequalität haben.

Fe-Kassetten

Diese meist mit Eisenoxid beschichteten einfachen Kassetten haben meist keine besondere Bezeichnung oder werden mit dem Zusatz «Low Noise» angeboten. Für hochwertige Aufnahmen sind sie weniger geeignet, da sie eine schlechtere Höhenaussteuerbarkeit, höheres Rauschen und einen stärkeren Klirrfaktor aufweisen.

Wesentlich besser in der Qualität sind die sogenannten *High-Dynamic-Bänder*. Die gute Höhenaussteuerbarkeit, der geringe Klirrfaktor und der breite Übertragungsbereich – der sich nur in der oberen Grenzfrequenz unwesentlich von Cr-Bändern unterscheidet. Das geringfügig höhere Rauschen ist kaum hörbar.

Für hochwertige Aufnahmen geeignet.

Cr-Kassetten (CrO_2 = Chromdioxid)

In der oberen Grenzfrequenz und im Bandrauschen etwas besser als die High-Dynamic-Bänder. Bei größeren Aussteuerungen kann (in Abhängigkeit von der verwendeten Bandtype/Hersteller) ein etwas höherer Klirrfaktor entstehen.

Für ein transparentes Klangbild bei guter Wiedergabequalität. Nachteil: Chromdioxid-Bänder sind härter – die Köpfe werden schneller abgeschliffen.

Reineisen-Kassetten (Metallpigment-Bänder)

Die Zusammensetzung des Metallpigments dieser Bänder ist zur Zeit noch nicht genormt, daraus ergeben sich qualitative Unterschiede, die aber hier, genauso wie bei den anderen Bändern, auch etwas mit dem individuellen «Hörgeschmack» zu tun haben. Mit dieser Bandart kann eine nicht unerhebliche Verbesserung der Höhen-Aussteuerbarkeit bei der Aufnahme erreicht werden.

Unabhängig von der Bandsorte sind grundsätzlich nur Marken-Kassetten C60 und C90 (Hinweis auf die Gesamtspieldauer in Minuten) zu empfehlen. Bei den C120-Kassetten treten bedingt durch die sehr geringe Banddicke gelegentlich Transportstörungen auf.

Zur Behandlung der Kompakt-Kassetten: Niemals auf Wärmequellen oder gar Heizkörper und in die Nähe von magnetischen Feldern (siehe auch Abschnitt über Tonbänder) legen. Durch die Wärme können sich die Kassetten verformen (mechanische Störungen), magnetische Einflüsse können zu Störgeräuschen oder zur Auslöschung der Aufnahmen führen.

Kassetten, die Sie gerade nicht gebrauchen, sollen immer in die Hüllen gesteckt werden, dadurch wird Verschmutzung und/oder Schlaufenbildung des Bandes verhindert.

UHER CR 160 AV

Die Uher-Werke München bauen zwei Versionen des tragbaren Kassettengerätes: Das Uher CR 1601 Monitor mit Hinterbandkontrolle und die mit einer nach DIN-Norm (nicht der professionelle Pilotton nach DIN 15575) ausgelegten Anschlußbuchse zur Dia- oder Schmalfilmvertonung (eingebauter Impulskopf).

Technische Daten

Spurlage:	2/4 Spur Stereo nach DIN 45516
Tonträger:	Compact Cassette C 60/90/120 nach DIN 45516
Bandgeschwindigkeit:	4,76 cm/s
Geschwindigkeitsabweichung:	max. ± 1,5 %
Tonhöhenschwankungen:	± 0,2 %
Frequenzbereich:	30 Hz bis 16 kHz (Cr, FeCr, Fe)
HF-Vormagnetisierungsfrequenz:	100 kHz
Geräuschspannungsabstand:	(DIN 45500) (CCIR) Fe-Band: 55 dB Fe-Band: 53 dB – mit Dolby B NR* 64 dB – mit Dolby B NR* 62 dB – mit Dolby C NR* 71 dB – mit Dolby C NR* 72 dB CrO_2-Band: 57 dB CrO_2-Band: 55 dB – mit Dolby B NR* 66 dB – mit Dolby B NR* 65 dB – mit Dolby C NR* 73 dB – mit Dolby C NR* 75 dB FeCr-Band: 58 dB FeCr-Band: 57 dB – mit Dolby B NR* 67 dB – mit Dolby B NR* 67 dB – mit Dolby C NR* 74 dB – mit Dolby C NR* 75 dB
Löschdämpfung:	≥70 dB (für f = 1 kHz)
Übersprechdämpfung für f = 1 kHz:	Rückspur ≥70 dB Stereo ≥45 dB
Umspulzeit:	60 s für Cassette C 60 (Netzbetrieb) 140 s für Cassette C 60 (Akkubetrieb)

Eingänge:	Line input (Cinchbuchsen) 30 mV – 1,1 V/100 kOhm Mikrofon 0,35 mV – 20 mV/ 2 kOhm Radio 2,5 mV – 110 mV/ 12 kOhm Phono 180 mV – 8 V/760 kOhm
Ausgänge:	Line output (Cinchbuchsen) 775 mV/680 Ohm Radio 775 mV/680 Ohm Monitor 775 mV/5,6 kOhm Kopfhörer 2 × 4,5 V/47 Ohm Lautsprecher extern 2 × 4 W Sinus/4 Ohm intern 2 × 3 W Sinus 1 × 10 W Sinus
Stromversorgung:	6 Babyzellen DIN 40865 IEC R 14 (Alkaline – Mangan) Spezialakkumulator (NC) Z 217 (2,1 Ah) Fahrzeugbatterie 12 V Netzteil Z 131 110/220/240 V, 50–60 Hz Betriebsspannungsbereich 7,0–18 V
Antriebsart:	Gleichstrommotor, elektronisch geregelt, zwei gegenläufige Schwungmassen
Abmessungen (B×H×T)	23,5×5,9×18,5 cm
Gewicht:	2,7 kg (ohne Stromversorgung)

Alle Daten werden entsprechend den durch die deutschen Normen (DIN) festgelegten Meßvorschriften angegeben mit den entsprechenden IEC-Leerbandteilen.

SONY-Kassettenrecorder TC-D 5 M oder TC-D 5 Pro

Der SONY-Kassettenrecorder TC-D 5 ist ein relativ kleines Kassetten-Tonbandgerät mit guten technischen Qualitäten. Bei der TC-D 5 Pro-Ausführung sind die Mikrofoneingänge symmetrisch mit Cannon-Buchsen ausgeführt.
(Preis ab ca. DM 1300,–)

Portables HiFi-Cassettendeck	TC-D 5 M
Betriebsart	4-Spur Stereo
Antriebsart	servogesteuerter DC-Motor
Anzahl der Köpfe	2
Geschwindigkeit	4,75 cm/sec.
Umspulgeschwindigkeit	ca. 150 sec. für C-60
Gleichlaufschwankungen (wow and flutter)	± 0,17% DIN
Frequenzgänge bei ± 3 dB: Band Typ I Band Typ IV	30–14.000 Hz 30–17.000 Hz
Signalrauschabstand mit Metallic-Band: ohne Dolby mit Dolby (+5 dB bei 1 kHz, +10 dB bei über 5 kHz)	58 dB 69 dB
Klirrfaktor	1,0%
Lösch- und Vormagnetisierungsfrequenz	85 kHz
EINGÄNGE	
Mic Eingangsspannung/Impedanz	2 (6,3-mm-Klinkenbuchse) 0,25 mV/niederohmig
Line	Cinch
Eingangsspannung/Impedanz	77,5 mV/47 kOhm
AUSGÄNGE	
Line	Cinch
Ausgangsspannung/Impedanz	0,435 V/47 kOhm
Kopfhörer	1 (Klinkenbuchse 6,3 mm) 8 Ohm
Sonstiges	1 Monitor-Lautsprecher 200 mW max., DC-in 6 V
ALLGEMEINE DATEN	
Spannungsversorgung	2 x Batterien R 20, externe Spannung 6 V DC, Netzteil AC-122, Autobatteriekabel DCC-127 A
Abmessungen (B x H x T) in mm	ca. 237 x 48 x 168
Gewicht	ca. 1,7 kg
Mitgeliefertes Zubehör	Verbindungskabel

Walkman

Viele Elektronik-Gerätehersteller liefern kleine, kompakte Kassetten-Aufnahme- und Wiedergabegeräte. Die nur mit einer Wiedergabestufe ausgerüsteten Modelle erfreuen sich einer besonderen Beliebtheit als «Walkmänner». Viele besitzen aber auch eine Aufnahmestufe und sind von ihrer erzielbaren Ton-Qualität nicht nur als Diktiergeräte, sondern durchaus auch für die Aufnahme von Originaltönen (Sprache, Geräusche usw.) geeignet. Dies natürlich nicht mit dem meist eingebauten Mikrofon, das sollte wirklich nur in Notsituationen und bei der Verwendung als Diktiergerät benutzt werden. Auch die meist eingebaute und oft nicht abschaltbare Aussteuerautomatik setzt der Tonqualität Grenzen, allerdings kann sie u. U. auch sehr praktisch sein. Besonders beim Einsatz innerhalb eines «Einpersonenaufnahmeteams» für Bild und Ton. Findige Bastler, aber auch einige Firmen, bauen in ausgesuchte und hochqualitative Kassettenrecorder Impulsköpfe ein – bis hin zum Tonkopf für das professionelle DIN-Pilottonverfahren.

Ein auch im Profibereich sehr beliebter Walkman ist der Sony WM-D6 C, mit ausgezeichneter Tonqualität, Dolby B und C, variabler Wiedergabegeschwindigkeit ($\pm 4\%$), LED-Aussteuerungs-Anzeige und quarzkontrollierter Antriebsmechanik. Sonderausstattungen für Synchronaufnahmen bieten die Firmen Gebuhr und Gruppe 3 & Amsel Cineton an.

Walkman®	**WM-D 6 C**
RECORDERTEIL	
Aufnahme-/Wiedergabesystem	Aufnahme/Wiedergabe 4-Spur, 2-Kanal-Stereo
Cassetten-Art	Compact-Cassette
Geschwindigkeit	4,75 cm/sec.
Köpfe	2
Frequenzgang	40–15.000 Hz ± 3 dB (Chrome)
Gleichlaufschwankungen	± 0,14% (DIN)
Eingänge	Mikrofon 0,25 mV/ niederohmig Line 77,5 mV (47 kOhm) je 3,5-mm-Stereoklinke
Ausgänge	Line out 250 mV/ niederohmig Kopfhörer je 3,5-mm-Stereoklinke
Dolby B	ja
Dolby C	ja
VERSTÄRKERTEIL	
Ausgangsleistung	2 x 30 mWatt
ALLGEMEINE DATEN	
Spannungsversorgung	DC-in 6 V, 4 x Batterien R6
Abmessungen (B x H x T) in mm	181 x 40 x 95
Gewicht	640 g mit Batt.
Mitgeliefertes Zubehör	Stereo-Kopfhörer, Tragetasche und Trageriemen, Audio-Anschlußkabel

Preis: ca. DM 750,–

Synchrones

Allgemeines

Am Schneidetisch müssen Bild- und Tonstreifen in schöner Synchronität vorliegen, denn schon eine Verschiebung von 40 msec (das entspricht einem Bild) wird vom geübten Ohr schmerzlich registriert.

Eilige Aktualitätenfilmer können, mit speziellen Kameras, den Ton bei der Aufnahme auf eine Magnetrandspur des Films mitaufzeichnen. Bild und Ton befinden sich also auf *einem* Träger und sind damit *zwangssynchron*. Diese *Einbandmethode* ist sicherlich die einfachste, jedoch nicht die beste Lösung. Der durch die Kameratechnologie bedingte Bild-Ton-Versatz(-Abstand) auf dem Filmstreifen erschwert das Schneiden, auch ist die Tonqualität nicht besonders befriedigend.

Allgemein wird daher die *Zweiband-Methode* bevorzugt, bei der Bild und Ton auf getrennten Trägern aufgezeichnet werden.

In den Urzeiten des Tonfilms wurde der Ton mit der «Tonkamera» als Lichtton auf normalen 35-mm-Film aufgezeichnet, Bild- und Tonkamera waren mechanisch gekoppelt oder per Synchronmotor gleichgeschaltet.

Analog dazu kann man heute den Ton auf perforiertem Tonband (Perfo, Cord) aufzeichnen – während der Aufnahme werden das Magnettongerät und die Kamera vom Netz synchron gehalten. Diese Methode sichert exakte Synchronität und gute Tonqualität, erfordert aber schwere Perfo-Geräte und eine Steckdose in der Nähe.

Da man außerdem die wertvolle Originalaufnahme sowieso erst umspielen möchte, bevor sie am Schneidetisch zerschnipselt wird, und da man mit «normalen» Tonbandgeräten flexibler und netzunabhängig arbeiten kann, benutzt man allgemein

Das Pilotton-Verfahren

Bei dieser Methode wird der Ton auf ein ¼ Zoll breites Normal-Tonband (Schmalband, Schnürsenkel) aufgezeichnet. Kamera und Tonbandgerät laufen bei der Aufnahme (höchstwahrscheinlich) völlig asynchron – erst später, bei der für die Weiterverarbeitung notwendigen Umspielung auf Perfo-Band, wird die Synchronität zwischen Bild- und Tonstreifen wiederhergestellt.

Das ermöglicht der *Pilot-Ton*. Er wird vom Pilottongenerator der Kamera erzeugt und ist ein Wechselstrom, dessen Frequenz von der Laufgeschwindigkeit der Kamera bestimmt wird.

Die Pilotfrequenz beträgt bei richtiger Kamerageschwindigkeit (24 oder 25 Bilder/sec) genau 50 Hz – die Frequenz unseres Lichtnetzes also. In den USA und Kanada sind es 60 Hz für Lichtnetz und Pilotfrequenz. Weicht die Kamera von der Sollgeschwindigkeit ab, so ändert sich auch die Pilotfrequenz in schöner Einmütigkeit. Sie wird jetzt, zusammen mit dem Ton, auf dem Schmalband aufgezeichnet (das Pilotsignal sitzt auf einer schmalen Mittenspur und ist so aufmagnetisiert, daß der Tonkanal nichts davon merkt).

> Außer dem Ton trägt also das Schmalband gleichzeitig die Information über die Geschwindigkeit der Kamera zum Zeitpunkt der Aufnahme – man könnte von einer magnetischen Perforation sprechen.

Nach der Aufnahme muß nun der Ton auf den perforierten Träger (Perfo) umgespielt werden, dieser Tonstreifen soll dann mit dem inzwischen entwickelten Bildstreifen synchron sein. Für diese Umspielung gibt es – wie so oft – zwei Möglichkeiten.

Beide sind in der Graphik auf der nächsten Seite dargestellt und sollen den gesamten Prozeß anhand eines schlimmen Beispiels erläutern: die Kamera läuft um 2 % zu langsam, die aufgenommene Szene dauert 60 sec.

Methode A

Der vom Schmalband kommende Pilotton (49 Hz) – die Kamera lief ja zu langsam! – wird in ein Synchronisiergerät geschickt. Hier wird er verglichen mit einem vom Netz gewonnenen Pilotton (Netzpilot, 50 Hz). Die Geschwindigkeit der wiedergebenden Tonmaschine wird nun automatisch *so* geregelt, daß beide Pilottöne gleich sind. Das heißt in unserem Fall: die Schmalbandmaschine wird um 2 % schneller laufen, damit aus dem aufgezeichneten 40-Hz-Ton ein 50-Hz-Ton wird (Mickymaus-Effekt!).

Der Ton wird dabei überspielt auf einen Perfo-Magnettonspieler, der mit Sollgeschwindigkeit (Netz) läuft.

Durch die Geschwindigkeitserhöhung beim Abspielen beträgt die Szenenlänge jetzt nur noch 58,8 sec (2 % weniger) – der Perfotonstreifen ist damit genausolang wie der Bildfilm, der ja (wegen der zu langsamen Kamera) am Schneidetisch auch nur 58,8 sec bringt. Die Synchronität ist also hergestellt! Diese *Rückwärtsregelung* ist die eleganteste Lösung, besonders bei Benutzung der NAGRA IV und der Stellavox Sp7 – beide können, mit entsprechenden Einbauten, zwei Pilottöne vergleichen und ihre Geschwindigkeit danach einrichten.

Methode B

Hier läuft die Schmalband-Wiedergabe mit normaler Geschwindigkeit ab; der Pilotton wird abgenommen und schlicht verstärkt, so daß er in der Lage ist, den Synchronmotor des angeschlossenen Perfo-Gerätes zu treiben. Dieser Motor, normalerweise vom 50-Hz-Lichtnetz gespeist, wird in unserem Fall frequenzmäßig unterernährt – er ist bei 49 Hz um die bewußten 2 % zu langsam: die *Perfomaschine läuft* also *mit der gleichen Geschwindigkeit wie die Kamera* bei der Aufnahme, und unser Perfostreifen hat dieselbe Länge wie das Bild!

Beiden Verfahren ist gemeinsam, daß Geschwindigkeitsschwankungen des aufnehmenden Tonbandgerätes *auch* genauestens ausgeglichen werden.

Da sich nun während der ganzen Synchron-Prozedur der unschuldige Ton nach der mehr oder weniger schwankenden Kamera richten muß, könnte man befürchten, daß die Tonhöhe merkbar darunter leidet: das tut sie aber innerhalb der normalen und von der Technik kompensierbaren Grenzen von ± 3–4 % nicht!

Oft ist das Pilotkabel zwischen Kamera und Tongerät lästig und verhindert einen flexiblen Einsatz. Es kann wegfallen, wenn:

DAS Pilot-Ton System

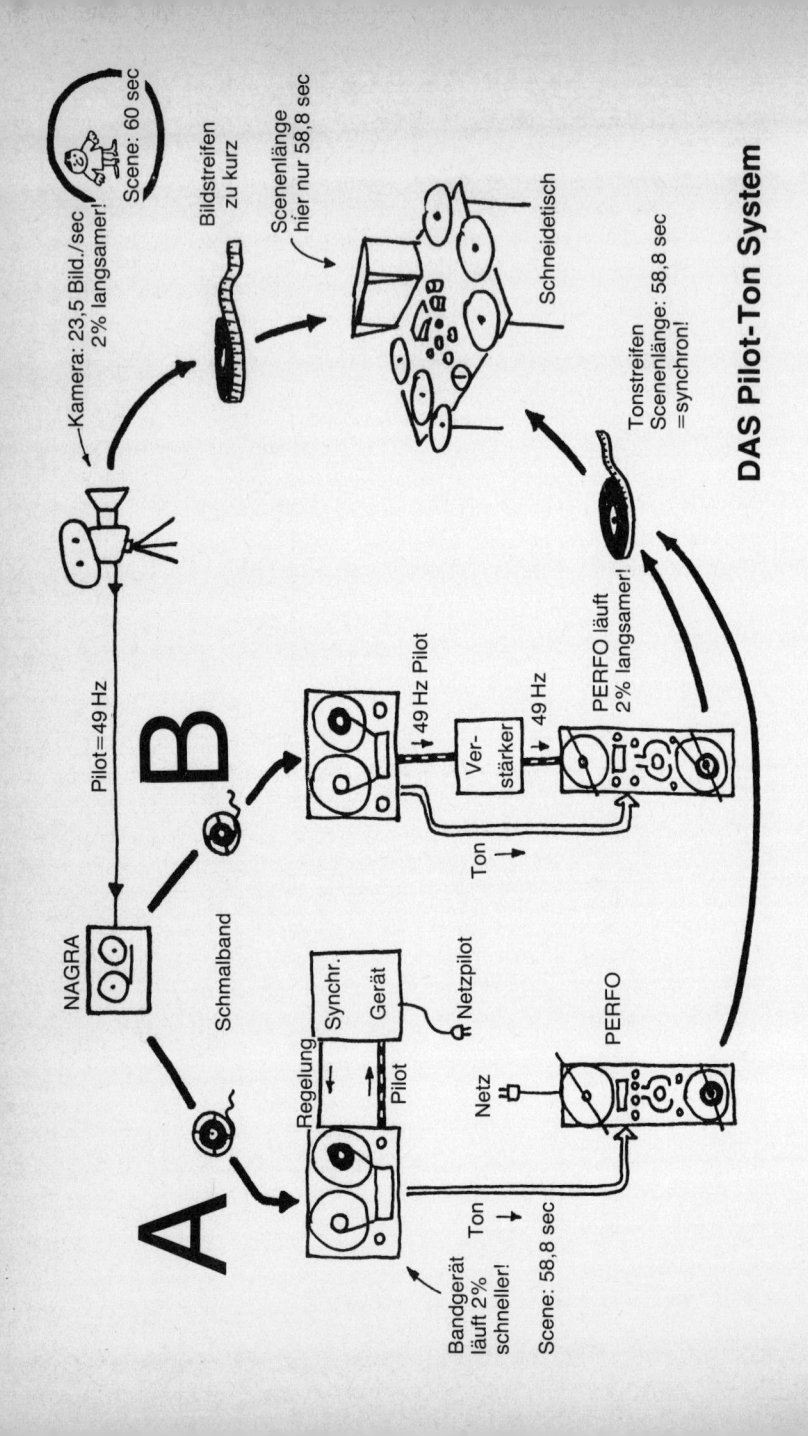

Scene: 60 sec

Kamera: 23,5 Bild./sec
2% langsamer!

Bildstreifen zu kurz

Scenenlänge hier nur 58,8 sec

Schneidetisch

Tonstreifen
Scenenlänge: 58,8 sec
= synchron!

Pilot = 49 Hz

B

↓ 49 Hz Pilot → Verstärker → 49 Hz

PERFO läuft 2% langsamer!

Ton →

NAGRA

Schmalband

Synchr. Gerät — Netzpilot

Regelung ↓↑ Pilot

A

Netz

PERFO

Bandgerät läuft 2% schneller!

Scene: 58,8 sec

Ton →

a) der Pilotton drahtlos übertragen wird (z. B. mit dem Sennheiser Pilotsender/-empfänger SK 1010-8 und EK1010-8). *Vorsicht:* Empfangsschwierigkeiten können Pilotton-Löcher zur Folge haben!
b) die Kamera von einem netzgespeisten Synchronmotor getrieben wird. Der Pilotton kann dann auch irgendeiner Steckdose entnommen werden (Netzpilot); entweder über ein Transformator-Zwischenstück oder aus den Netzgeräten der NAGRA und Stellavox.
c) ein Quarz im Spiel ist (siehe unten)

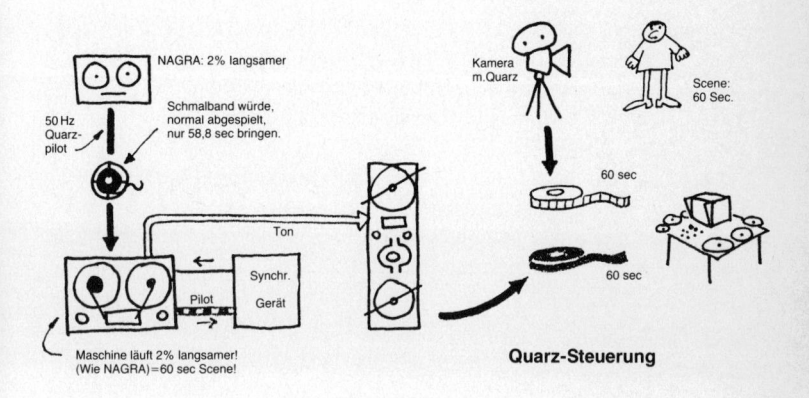

Quarz-Steuerung

Der Quarz und die Synchronität

Ein Quarz, von allerhand Elektronik in Bewegung gehalten, schwingt mit hoher Genauigkeit. Diese Schwingungen kann man verstärken und damit z. B. einen Kameramotor treiben. Den Motor eines Schmalband-Tongerätes damit zu steuern wäre jedoch wenig sinnvoll: die Geschwindigkeit des unperforierten Bandes läßt sich wegen des «Schlupfes» zwischen Tonwelle und Gummirolle vom Quarz nicht beeindrucken – sie kann trotzdem «weglaufen».

Hat man eine quarzgesteuerte Kamera, so kann man im Tonbandgerät selbst eine quarzgenaue Pilotfrequenz erzeugen und aufzeichnen. Wie das Beispiel in der Graphik (vorige Seite) beweist, werden dann bei der üblichen Umspielung die Unregelmäßigkeiten des Tongerätes wieder kompensiert. Diese Möglichkeit des «selbstgemachten» Quarz-Pilottons haben:

NAGRA IV mit Quarzoszillator QGX } zusätzlich eingebaut
Stellavox Sp7 u. 8 SXQ 123 Modul

Beide Geräte zeichnen in der Stellung «Record» automatisch den Quarzpilotton auf (Schauzeichen!), wenn an der Pilotbuchse kein Kamerasignal angeschlossen ist. Die Quarzsteuerung ist natürlich von besonderem Vorteil, wenn mehrere Kameras gleichzeitig laufen – *ein* Pilotton für *alle!*

Startmarkierungen

Die schönsten synchronen Bild- und Tonstreifen nützen nichts, wenn sie am Schneidetisch nicht synchron *zueinander* liegen. Sie müssen also – beim *Anlegen* – erst gleichgeschaltet werden. Wenn man nicht zeitraubenderweise auf Geräusche oder Lippenbewegung anlegen will, muß man eine *Startmarkierung* haben, die eindeutig die Lage der Bild- und Tonstreifen zueinander festlegt. Das älteste und zuverlässigste Mittel dazu ist

Die Klappe

Die Szenenmarkierung – im Bild sichtbar und im Ton angesagt – hilft beim Auffinden der Streifen. Der Knall im Ton und das Zusammenschlagen der Klappenschenkel im Bild bieten einen eindeutigen Synchronpunkt. Ein akzeptabler Klappenersatz ist das Ansagen der Szene und ein im Bild deutlich sichtbares Antippen des Mikrofons, auch Händeklatschen hilft. Bei Reportagen und chaotischen Dokumentationen wird das Klappeschlagen oft nicht möglich sein; hier kann die Technik helfen:

Die elektrische Klappe

Professionelle Kameras schalten beim Anlaufen ein Birnchen am Bildfenster ein – 6 Bilder (Arri) werden dadurch überbelichtet (verblitzt) und markieren den Bildstart. Gleichzeitig wird eine Spannung über das Pilotkabel an das Tongerät geliefert, das daraufhin ein Pfeifsignal auf dem Tonkanal aufzeichnet. Man hat damit ein eindeutiges Synchronzeichen – und einen unerfreulichen Nebeneffekt: bei durchlaufendem Ton, wie es ja bei Dokumentationen häufig vorkommt, würde die anlaufende Kamera jedesmal einen Piepser produzieren, der schwerlich wieder zu entfernen ist. Die elektrische Pfeifklappe ist daher meist abschaltbar. Daneben gibt es noch die drahtlose

Funk-Klappe

die, mit einem kameraseitigen Kodiergerät, auch noch die Szenenmarkierung übertragen kann. Die dafür ausgerüstete NAGRA IV kann, auf das elektrische Klappen- oder Kodiersignal hin, den Quarzpilotton unterdrücken. Diese Pilottonpausen werden dann bei der Umspielung über den NAGRA-Synchronisator in Pfeifsignale auf der Perfo-Randspur umgewandelt und erreichen so den Schneidetisch, ohne den Ton zu stören.

Hat man bei der Aufnahme auf keinerlei Startmarkierung geachtet, so ist die Situation immer noch zu retten:

Die Kamera schaltet den Pilotton erst nach den verblitzten Bildern auf die Pilotleitung. Bei der Umspielung kann eine Randspur des Perfos automatisch mit einem Signalton belegt werden, wann immer ein Pilotton vorliegt. Stoppt man jetzt am Schneidetisch den Bildstreifen auf dem letzten verblitzten Bild und läßt den Ton bis zum Randspursignal vorlaufen, ist man wieder synchron.

Playback

Bei Playback-Aufnahmen wird der Ton (Musik zumeist) *vorher* im Studio und unter günstigsten Bedingungen aufgenommen. Bei der Bildaufnahme mimen die Schauspieler bzw. Interpreten nur noch nach diesem «eingespielten» Ton.

Um beides am Schneidetisch wieder synchron zu haben, bieten sich grundsätzlich zwei Möglichkeiten an:

1. *Zwei* Tongeräte sind im Spiel. Der Ton wird vom ersten wiedergegeben, vom zweiten, zusammen mit dem Pilotton, wieder aufgezeichnet – das entspricht einer normalen Bild/Ton-Aufnahme, die Synchronität ist durch die übliche Umspielung gesichert. Zusätzliche Dialoge und Geräusche können bei dieser Methode während der Bildaufnahme noch zugemischt werden.

2. *Ein* Tongerät (für Wiedergabe) und die Kamera sind synchronisiert. Im Studio ist diese Methode mit netzsynchroner Kamera und Perfo-Abspielgerät kein Problem. In Wald und Flur, mit Schmalbandgeräten, hilft man sich so:

Die NAGRA IV z. B. kann mit dem Synchronisierteil QSLI ausgerüstet werden. Dieses technische Wunder kann zwei Pilottöne vergleichen: den vom Band kommenden und einen von außen zugeführten.

Automatisch wird die Wiedergabegeschwindigkeit so eingerichtet, daß beide Pilotfrequenzen gleich sind. Das ist genau *der* Trick, der beim normalen Umspielen (Methode A) benutzt wird. Bei der netzunabhängigen Playback-Aufnahme funktioniert er gleichermaßen elegant:

Das Playbackband aus dem Studio wurde schon mit einem 50-Hz-Netzpiloten versehen, bei der Bildaufnahme wird nun der Kamerapilot mit diesem schon aufgezeichneten Piloten verglichen (während der Musikwiedergabe). Läuft nun die Kamera – wie in unserem Beispiel – zu langsam, so zwingt die niedrige Pilotfrequenz von der Kamera die NAGRA, so langsam zu laufen, daß die aufgezeichneten 50 Hz auch entsprechend weniger werden – (umgekehrter Micky-Maus-Effekt). So paßt sich die Playback-Geschwindigkeit jederzeit den Kameraschwankungen an: der Bildfilm ist später am Schneidetisch synchron mit der umgespielten Studio-Aufnahme.

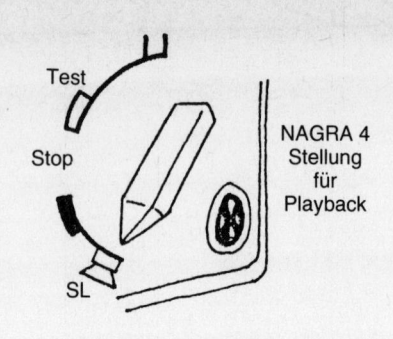

Das Pilot-Schauzeichen der NAGRA wird in diesem Fall nur dann «weiß» zeigen, wenn *beide* Piloten da sind.

Der Gipfel der Playback-Bequemlichkeit ist natürlich die Kombination dieser Methode mit der Quarzsteuerung. Die quarzgetriebene Kamera braucht kein Pilotkabel – die NAGRA vergleicht den Pilotton vom Studioband mit ihrem «hausgemachten» 50-Hz-Quarzsignal. Hier ein Beispiel einer Playback-Aufnahme mit QSLI-NAGRA, die Kamera läuft hier um 2 % zu langsam, die Songlänge beträgt 60 s.

Play-Back-Aufnahme

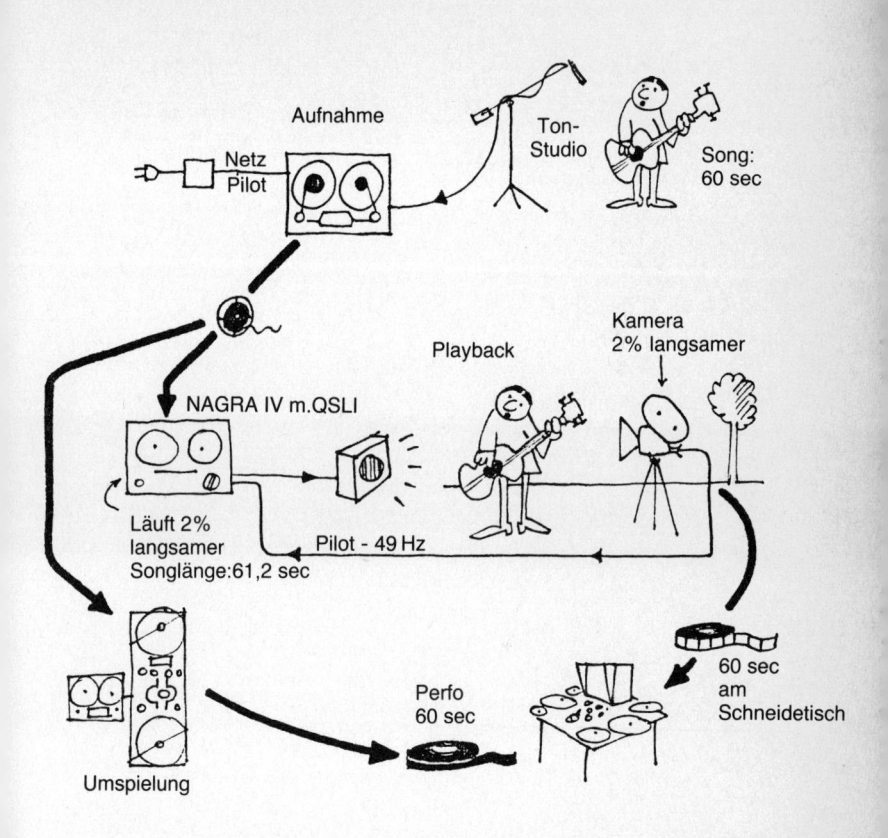

Aufnahme — Ton-Studio — Song: 60 sec
Netz Pilot
NAGRA IV m.QSLI — Playback — Kamera 2% langsamer
Läuft 2% langsamer
Songlänge: 61,2 sec
Pilot - 49 Hz
Umspielung — Perfo 60 sec — 60 sec am Schneidetisch

Die Aufnahmepraxis

Dieser Abschnitt bemüht sich, praktische Hinweise für den ambulanten Tonmeister zu geben. Vieles wird auch für Studio-Aufnahmen gelten, hauptsächlich aber wird die Arbeit an Dokumentar- und Spielfilmproduktionen unter Nicht-Studio-Bedingungen behandelt.

Das Aussteuern

Was dem Kameramann die Blende, ist dem Tonmann der Pegelregler: hier wie da wird die Menge der aufgenommenen Information bestimmt. Die Analogie läßt sich weitertreiben: das Kontrastverhältnis beim Bild entspricht der Ton-Dynamik – Überbelichtung und Tonübersteuerung verzerren gleichermaßen, gewollt oder ungewollt, die Realität. Unterbelichtung führt zu flauen Bildern, zu niedrige Tonpegel zu verrauschten Tönen – hier und da kann wichtige Information «versaufen».

Aussteuerung ist aus mindestens zwei Gründen nötig:
1. Die Dynamik muß sich innerhalb der *technisch* bedingten Grenzen halten, diese aber optimal ausnutzen.
2. Die subjektiv empfundene *Lautheit* muß bestimmt oder angeglichen werden (z. B. bei der Mischung).

Der höchste, technisch noch vertretbare Pegel wird bestimmt durch den Punkt, an dem das «überfütterte» Gerät anfängt zu verzerren. Magnettongeräte sind da besonders heikel – ihre Aussteuerungsgrenze muß unbedingt respektiert werden. Sie ist markiert durch den 0-dB-Punkt des Aussteuerungsmessers. Nur bei übermüdeten Tonmeistern, die keine Zeit zur Probe hatten, darf eine *kurze*, hohe Spitze diese Grenze gelegentlich mal überschreiten.

Nach unten hin begrenzen allgegenwärtige Störspannungen die mögliche Dynamik, das «Nutzsignal» muß höher liegen als dieser akustische Sumpf, um überhaupt gehört zu werden. In erster Linie bestehen diese Störspannungen aus dem *Rauschen*. Es wird von jedem Mikro, Verstärker und Magnettongerät erzeugt und ist sozusagen das Getrappel von unzähligen, ungeordnet herumrennenden Elektronen.

Diejenigen Anteile des Störpegels, die das Ohr besonders schmerzlich empfindet, werden gemessen und ergeben – je nach Qualität des Gerätes – eine mehr oder weniger hohe *Geräuschspannung*. Das unhandliche Wort Geräuschspannungsabstand bezeichnet nun den Unterschied zwischen diesem Geräuschpegel und dem Vollaussteuerungspunkt. Je größer er ist (er wird in dB angegeben), desto besser ist das Gerät, schlicht gesagt: desto weniger rauscht es.

Professionelle Magnettongeräte bringen es dabei leicht auf 60 dB, das heißt: 60 dB unter dem 0-dB-Vollaussteuerungspunkt sitzt das Rauschen und bedroht kleine Pegel. Immerhin bedeuten aber 60 dB ein Lautstärkeverhältnis von 1:1000 – innerhalb dieses Dynamikbereiches also ist alles erlaubt; ob es gefällt, ist eine Frage der Hörphysiologie und der Hörgewohnheiten (siehe später).

Aus diesen technischen Überlegungen ergibt sich für die *Praxis:*
1. **Die 0-dB-Marke ist beim Aussteuern unbedingt zu respektieren**, sie sollte nie oder nur ganz kurzzeitig überschritten werden!
2. Es ist genauso wichtig, kleine Pegel anzuheben, um sicher über dem Rauschen zu liegen.

Bei Originalton-Aufnahmen oder beim Umspielen handelt es sich ja um Ton-Rohmaterial, dessen Lautstärke erst bei der Mischung festgelegt wird – hier gilt:
Alles so hoch wie möglich aussteuern, d. h. maximal komprimieren! (Kompression bedeutet die künstliche Einengung der natürlichen Dynamik – laute Stellen werden vermindert, leise Passagen angehoben.)

Der obige Merksatz fordert also, möglichst hohe Pegel von *allen* Tonereignissen aufzuzeichnen. Damit hat jedes Nutzsignal einen maximalen Abstand zum Rauschen – und das hat, wie die Graphik unten beweist, vorteilhafte Konsequenzen.

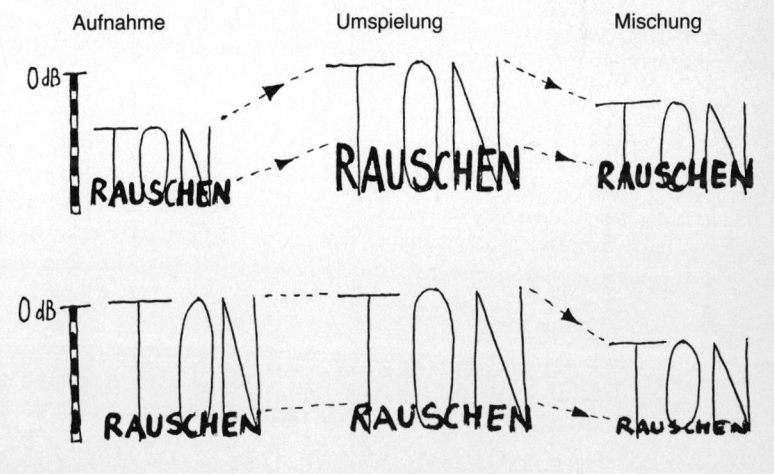

Im ersten Beispiel wurde bei der Aufnahme ein leiser Ton niedrig ausgesteuert, damit hatte er einen relativ kleinen Abstand zum Rauschen. Bei der Umspielung wurde das Ganze (natürlich inklusive Rauschen) angehoben: der Rauschabstand veränderte sich dabei nicht, auch nicht bei der Mischung, in der der Pegel wieder gesenkt wurde. Der bei der Aufnahme festgelegte schlechte (kleine) Geräuschabstand bleibt also erhalten und stört.

Merke: Jede nachträgliche Verstärkung nutzt auch dem Rauschen!

Im zweiten Beispiel wurde schon bei der Aufnahme der leise Ton voll ausgesteuert. Er hat damit einen viel größeren «Sicherheitsabstand» zum Rauschen. Die Umspielung ändert daran nicht viel, und bei der Pegelsenkung in der Mischung erhält man nun denselben guten (großen) Geräuschabstand und ein minimales Rauschen, denn:

Merke: Jede nachträgliche Pegelsenkung vermindert auch das Rauschen!

In der Praxis stößt man bei dem Versuch, alles voll auszusteuern, auf gewisse Grenzen:

1. Bei schnell wechselnden, sehr dynamischen Dialogen wird man nicht jedes Wort hoch aussteuern können. (Damit ist etwa der Bereich von -10 bis $0\,dB$ gemeint.) *So* schnell kann man kaum Knöpfchen drehen, und außerdem würden die Umweltgeräusche entsprechend mitschwanken. Hier komprimiert man also – wenn überhaupt – nur sehr behutsam.
2. *Sehr* kleine Pegel (Atmos oder leise Geräusche) sind einfach nicht auf Vollaussteuerung zu bringen, hier rauscht das Mikrofon selbst schon zu stark, so daß ein Hochdrehen des Reglers auch mehr Rauschen produziert. (Diese kritische Grenze, bei der das Aufdrehen nicht mehr lohnt, ist z. B. bei der NAGRA IV auf Reglerstellung 80 erreicht.)

Während also das Tonrohmaterial aus technischen Gründen meist voll ausgesteuert werden kann (es wird ja noch mal überarbeitet), gelten bei der Herstellung des fertigen Tonprodukts noch andere Kriterien – die des Endverbrauchers, des Hörers. Die *subjektiv empfundene Lautheit* muß zum Bild bzw. zum Inhalt passen. (Ausgenommen sind dabei künstlerisch motivierte Pegelveränderungen, die dem Ton eine zusätzliche, inhaltliche Dimension geben; z. B. unnatürlich laute Geräusche.)

Die jeweilige Lautstärke hat dramaturgische Konsequenzen: aufeinanderfolgende Filmszenen können durch optimale Pegelwahl voneinander abgesetzt oder miteinander verbunden werden, laute Stellen können durch geschicktes Aussteuern noch lauter erscheinen, wenn die vorangegangenen Tonereignisse etwas zurückgenommen werden etc.

Das alles muß sich natürlich innerhalb gewisser Dynamik-Grenzen abspielen – außer den schon erwähnten technischen Beschränkungen kommt bei Tonfertigprodukten noch eine wesentliche Frage hinzu: *Wo wird gehört?*
Denn: *Die Dynamik sollte dem Übertragungsmedium entsprechen.*
Ein Fernsehempfänger in einer Neubauwohnung soll das Problem deutlich machen. Häuserwände dämpfen den Schall um etwa 40 dB – schlicht gesagt, sie schlucken 40 Phon. Der Straßenlärm, ca. 70 Phon stark, kommt also noch mit 30 Phon ins Wohnzimmer.

Der Fernseher müßte nun – bei leisen Passagen – mindestens 30 Phon erzeugen, um überhaupt gehört zu werden.

Wenn man davon ausgeht, daß zumutbare Umweltgeräusche 30 Phon betragen dürfen, so sollte andererseits der schlafende Nachbar auch nicht mehr als 30 Phon vom Fernseher hören – d. h., laute Passagen dürfen 70 Phon im Wohnzimmer nicht überschreiten, wenn der Fernsehzuschauer nicht dauernd Knöpfchen drehen soll.

Fazit:

Die mögliche Dynamik ist *einerseits* durch die geforderte «Hörbarkeit» (trotz Umweltgeräusch), *andererseits* durch störende Lautheit eingeengt – in unserem Beispiel auf weniger als 40 dB.

Dabei trifft eine Nachmittagssendung auf erheblich mehr Umweltgeräusche (Küche, Kinder, Autos) als ein Studiofilm um 23 Uhr – die optimale Dynamik beim Fernsehen dürfte also von 20 dB (nachmittags, Kindersendung) bis 40 dB (spätabends) liegen.

Im schallisolierten Kino (ohne Lacher und Huster im Parkett) kann sich die Dynamik theoretisch bis zu den technisch realisierbaren 50 dB austoben (bei Lichtton).

Eine weitere Notwendigkeit für gefühlvolles Aussteuern ergibt sich beim *Mischen* mehrerer Tonquellen. Ein spezielles Kapitel wird hoffentlich näher darauf eingehen.

Technische Hilfsmittel beim Aussteuern

Aussteuerungsmesser

Das Messen des Tonpegels ist mindestens so problematisch wie das Feststellen der richtigen Beleuchtungsstärke. Einerseits soll das Pegel-Meßgerät Übersteuerung verhindern helfen, also die für die Technik gefährlichen Pegel erkennen – andererseits soll es Schallereignisse dem subjektiven Hörempfinden entsprechend anzeigen.

Ohr und Technik aber haben ganz unterschiedliche Ansichten über die Lautheit einer akustischen Angelegenheit – man muß also wieder mal Kompromisse schließen.

Höchst problematisch ist z. B. das Anzeigen von kurzen, hohen Programmspitzen, wie sie bei Sprache auftreten. Die Technik, die durch solche kurzen Impulse schon übersteuert werden könnte, braucht also eigentlich eine fast trägheitslose *Spitzenanzeige*. Das Ohr jedoch empfindet kurze Spitzen nicht als besonders laut, würde sich also von einer hohen Anzeige des Pegelmessers betrogen fühlen. Außerdem wäre der Tonmeister, der dem stetigen schnellen Gezappel des Zeigers folgen müßte, nervlich überfordert. Man benutzt trotzdem

Spitzenspannungsanzeiger

die dem Ohr soweit entgegenkommen, daß sie nur Programmspitzen von etwas längerer Zeitdauer bemerken und anzeigen. Nur Spitzen von über 30 ms Dauer ergeben einen Vollausschlag – das ist sicher genug, um merkbare Übersteuerungen zu vermeiden, und erfreut das Auge durch die etwas trägere Anzeige.

Trotzdem hat man den Eindruck, daß z. B. Sprache leiser klingt, als sie auf dem Spitzenanzeiger aussieht – das Ohr bildet nämlich gern den Mittelwert aus dem angebotenen Schallmaterial und läßt sich von kurzen hohen Pegeln weniger beeindrucken. Die Marktlage erkennend, bauten die Amerikaner daraufhin den

V.U.-Anzeiger

(V.U. = volume unit = Lautheits-Einheit). Dieses sehr träge Pegelinstrument bildet – ähnlich dem Ohr – einen Mittelwert. Seine Anzeige entspricht dem Lautheitseindruck besser und sorgt – bei gleicher Aussteuerung – dafür, daß der Werbetext eines TV-Commercials lauter empfunden wird als die umrahmende Musik. Sprache wird bei Verwendung von V.U.-Messern nämlich bevorzugt behandelt, gefährliche Spitzen werden nicht bemerkt.

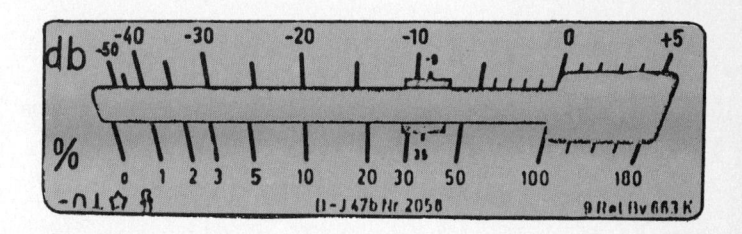

Die Abbildung oben zeigt ein Lichtzeiger-Spitzenspannungsmesser, wie er in allen deutschen Tonstudios anzutreffen ist.

Die Pegelanzeiger der NAGRA und der Stellavox sind ebenfalls schnell reagierende Spitzenanzeiger, unterscheiden sich jedoch von der Studioversion in einem wesentlichen Punkt:

Während die Skala des Lichtzeigers von −50 dB bis +5 dB reicht, geben die kleinen Instrumente bei ca. −20 dB auf. Dieser relativ kurze Bereich verführt dazu, leise Stellen anzuheben und laute Passagen ruckartig zu senken, um den Zeiger auf der Skala zu halten. Das läuft auf eine *Kompression*, eine Dynamikverengung, hinaus (die ja allerdings bei O-Ton-Rohaufnahmen nicht stört – im Gegenteil).

Das V.U.-Instrument hat aus demselben Grund einen kurzen Skalenbogen: steuert man danach aus, wird alles «schön laut».

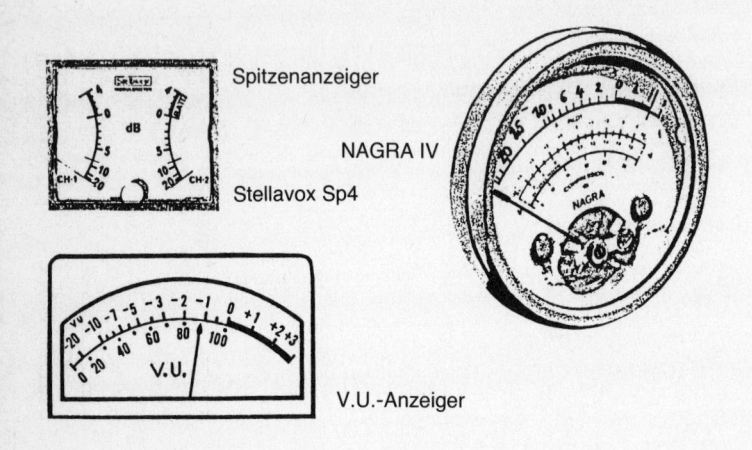

Spitzenanzeiger

NAGRA IV

Stellavox Sp4

V.U.-Anzeiger

Die Existenz zweier verschiedener Anzeigesysteme wie Spitzen- und V.U.-Pegelmesser mag verwirren – nach genügend Praxis aber kann man mit beiden Instrumenten – richtig eingesetzt – gute Resultate erzielen.

Benutzt man jedoch in *einer* Übertragungskette (z. B. beim Umspielen von NAGRA auf V.U.-Gerät) *beide* Anzeigesysteme, gerät man in die Bredouille. Man wird, je nach Tonmaterial, auf beiden Instrumenten verschieden hohe Pegel ablesen. In dieser peinlichen Situation hilft man sich folgendermaßen:

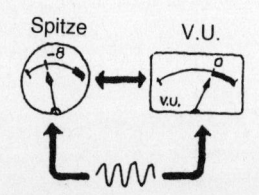

Spitze   V.U.

Wie üblich werden beide Instrumente mit einem Sinus-Meßton geeicht, *nicht* aber – wie normalerweise – auf gleichen Pegel gebracht. Man stellt die Verstärkung so ein, daß das V.-U.-Instrument *8 dB mehr* anzeigt als der Spitzenanzeiger. (Beim Meßton, wohlgemerkt!)

Durch diesen *Vorlauf* macht man die V.-U.-Anzeige empfindlicher, vermeidet dadurch abweichende Anzeigen und Übersteuerungen.

Der Meßton der NAGRA IV (Schalterstellung: REF) hat aus diesem Grund einen konstanten Pegel von −8 dB! Derselbe Ton muß bei angeschlossenen V.-U.-Messern auf 0 dB eingepegelt werden – das garantiert dann den richtigen Vorlauf und perfekte Überspielung.

Im übrigen gilt:

Aussteuerungsinstrumente helfen in erster Linie, technisch unvorteilhafte Pegel zu vermeiden – das beste Instrument zur Beurteilung der Lautheit ist das ausgeschlafene Ohr!

Begrenzer und Kompressoren

Aussteuer-Automatiken sind, wie alle Apparate, hilfreich, aber von begrenzter Intelligenz. Sogenannte Regelverstärker können z. B. von einem bestimmten maximalen Wert an den Pegel konstant halten. Sie begrenzen ihn also, heißen demzufolge *Begrenzer* und reagieren wesentlich schneller als ein nervöser Tonmeister. Schnelle Ansprechzeiten und einstellbare Abklingzeiten sorgen für eine einigermaßen ausgewogene Regelung – trotzdem können bei hohen (stark begrenzten) Pegeln aus technischen Gründen Verzerrungen auftreten. Der Begrenzer sollte also nur hohe, kurze Programmspitzen abfangen (das Ohr reagiert auf Verzerrungen erst nach 10 ms).

Bei der NAGRA IV tritt ein Begrenzer still und wirkungsvoll ab +4 dB in Aktion und dämpft alles, was höher ist, um 6 dB. Regelverstärker, die nicht nur große Signale normalisieren, sondern auch niedrige Signale anheben – die Dynamik also *komprimieren* –, sind *Kompressoren*. Je nach Einstellung egalisieren sie die angebotenen Pegel mehr oder weniger und machen sie im Extremfall gleich hoch (Dynamik = Null). Es ist klar, daß diese Art der Aussteuerung nur begrenzt anwendbar ist, denn:

– nur Werbespots, Kurzwellensendungen und Sportreportagen kommen ohne Dynamik aus.

– störende Geräuschpegel werden von der stupiden Automatik ebenfalls «hochgeholt».
– auf plötzliche, für die Automatik unerwartete hohe Pegeleinbrüche reagieren manche Kompressoren mit «Verschluckern».

Eine gewisse Daseinsberechtigung haben Kompressoren als Aussteuerautomatiken in verzweifelten Fällen (keine Hand frei!). Die ausgefeilte Automatik der NAGRA IV tut sich hier besonders hervor: Sie richtet sich nach der letzten lauten Stelle und wartet taktvoll eine Weile, bis sie sich erneut einpegelt. Trotzdem sollte man, bevor man die Aussteuerung einer Automatik überläßt, bedenken, daß die Technik – bei aller Perfektion – nicht wissen kann, worauf es ankommt.

Zusammenfassung für die Praxis

- Bei O-Ton-Rohaufnahmen möglichst hoch aussteuern!
- Bei dynamischen Dialogen gefühlvoll und *langsam* aussteuern!
- Plötzliche Pegelspitzen einkalkulieren! (Drehplan lesen!)
- Bedenken, daß das linke Ende der NAGRA-Skala z. B. noch lange nicht «nichts» bedeutet!
- Ein zu kleiner Pegel kann später (schlimmstenfalls auf Kosten des Rauschabstands) hochgeholt werden – eine Übersteuerung (Verzerrung) ist irreparabel!
- Atmos und leise Geräusche sind oft nicht auf Vollausschlag zu bringen – das Mikro rauscht auch!
- Nicht auf den eingebauten Begrenzer verlassen, er kann auch verzerren!
- Aussteuerungsautomatiken nur in verzweifelten Fällen benutzen; möglichst nur bei geringer Original-Dynamik und bei niedrigem Störgeräuschpegel.
- Aussteuerungsmesser können unterschiedliche Pegel anzeigen – bei Zusammenschaltung vorher mit Meßton eichen!
- Beim Festlegen der Lautstärke eines Ton-Fertigprodukts auf die formale Funktion der Lautheit achten und
- die Dynamik dem Medium (Film, Fernsehen) und evtl. der Sendezeit anpassen.

Die Ausrüstung

Wenn nicht gerade eine ganz spezielle, genau kalkulierbare Dreharbeit ansteht, sollte die Ausrüstung des Tonmeisters *allen* Eventualitäten gerecht werden: bereit sein ist alles! Mit den Tonutensilien der folgenden Liste wird man fast allen Dokumentar- und Spielfilmsituationen ins Auge blicken können.

Tonbandgerät wie NAGRA, Stellavox usw. mit
- vollen Batterien
- geladenem Akku
- gereinigten Köpfen
- Leerspule
- Netzteil für externe Stromversorgung und Netzpilot. (Stellavox-Batterien halten nicht lange.)

Mikrofone
- 1 oder 2 *dynamische* Mikros wie Sennheiser MD 421 oder Beyer M 88, Nierencharakteristik, mit:
- Windschutz
- Mikrohalterung
- 1 oder 2 *Kondensatormikros* wie Sennheiser MKH 406 (Niere) oder 416 (Superniere) mit:
- Windschutz
- Mikrohalterung (elastisch)

und, je nach Anschluß- und Speisungsmöglichkeiten des verwendeten Tongerätes:
- Vorverstärker KAT 15-2 für NAGRAs III + IV
- Vorverstärker KAT 25 für NAGRA III
- Batterieadapter MZA 15 (MZA 6-2)
- Dämpfungsglied 20 dB (Kond.-Mikro auf dyn. NAGRA-Eingang)
- Roll-off-Filter MZF 15
- Vorverstärker KAT 11 (mit alter Richtkanone 804)

Richtmikrofone wie Sennheiser MKH 805, MKH 816 mit:
- Windschutz (Schaumstoff oder Korb – beides kombinierbar!)
- Federhalterung MZS 815 oder 816 (letztere nicht justierbar)
- Pistolengriff MZP 816

1 oder 2 *Lavaliermikros* wie Sennheiser MD 214, Beyer M 111 oder gute japanische Elektret-Versionen (schön klein) mit:
- Windschutz
- Clips oder Umhänge-Schnur
  Batterien der Elektret-Mikros prüfen! (Meßgerät)

1 oder 2 *Tischstative*
1 oder 2 *Bodenstative*
Mikrofon-Angel wie Sennheiser MZB 415 (mit Drehgelenk)
Tischklemme
Schwanenhals
Dichtungsmasse (Bostik o. ä.)
1 **Extra-Leerspule** für schnellen Bandwechsel
Reserve-Batterien
Elementares Werkzeug, Kopfreinigungsspray Video 90
Lassoband, **Tonberichtsbuch**
Kabel:
- 2 oder 3 Mikroanschlußkabel (Gerät – Mikro)
- 2 oder 3 Mikroverlängerungskabel (Mikro – Mikroanschl.-Kabel)
- 2 Pilotkabel (Reserve!)
- 1 Pilotverlängerungskabel

Kopfhörer wie Beyer DT 48
Zusätzliches Zubehör, falls nötig oder möglich:
- externer Quarzoszillator (zur Erzeugung des Quarzpiloten, falls nicht eingebaut)
- drahtloses Mikrofon
- drahtlose Pilottoneinrichtung (wie Sennheiser SK 1010-8/ EK 1010-8 oder Nachfolgemodelle)
- drahtlose Startmarkierung und Szenenmarkierung für Quarzbetrieb (NAGRA QRRT für NAGRA IV)
- Mixer (NAGRA, Stellavox-Mixer, Sennheiser M 101) zum Mischen mehrerer Mikros oder externer Tonquellen
- diverse Adapter (Auflösungen), wenn Ton-Fremdspeisungen zu erwarten sind (Saal-Anlagen, Studio-Leitungen). Meist verwendet: Groß-Tuchel (männl. u. weibl.), Bananenstecker.
- bei Reisen in unerschlossene Gebiete: Lötkolben, Reservestecker und -kabel
- noch mehr Lassoband

- bei Auslandsreisen wird die *Bandfrage* relevant: nicht überall sind 13-cm-Spulen Low-Noise-Langspielband zu haben. Vorsichtshalber geschätzten Verbrauch mitnehmen (Richtwert 1½–2 Rollen pro Tag).

Solchermaßen aufs beste vorbereitet, erreicht der Tonmann den Drehort.

Während Regie, Kamera und Licht um die optimale Realisation des Bildes ringen, beginnt unser Mann mit den

Drehvorbereitungen

Erfassen aller Ton-Aspekte der Drehsituation

Zuerst sollten die *akustischen* Eigenschaften des Drehorts geprüft werden. Dazu gehören die Fragen nach:

a) Halligkeit des Raumes
b) Störgeräusch
c) Wind

Sollte sich dabei erweisen, daß die Bedingungen für einen guten Ton nicht gegeben sind oder daß z. B. räumliche Beschränkungen den Einsatz optimaler Mittel unmöglich machen, ist jetzt noch Zeit, den Drehort zu verwerfen und dies bekanntzugeben (Regie, Kamera und Licht ringen immer noch).

Zu a) Der Grad der *Halligkeit* eines Raumes stellt sich meist schon optisch dar: große, glatte Flächen, viel Fenster, kahle Wände mit glatter Oberfläche signalisieren viel Hall. Weiches Mobiliar, Teppiche, Plüsch, Gardinen, viel Personen = trockener Raum. Lautes Sprechen gibt dann noch zusätzlichen Aufschluß über die Akustik (die ja meist verbesserbar ist – siehe später).

Zu b) Zum Feststellen des vorhandenen Störpegels ist es nötig, *hinzuhören* und dabei die Filterfunktion des Gehirns auszuschalten. Nur so wird man konstante, sonst nicht mehr wahrgenommene Geräusche wie Blätterrauschen, Klimaanlage, Kühlschrank, entfernte Brandung oder Straße richtig bewerten.

Zu c) Bei der Beurteilung des *Wind*geräusches hilft in Zweifelsfällen ein kurzer Test mit verschiedenen Mikro-Typen und Filterstellungen.

Der nächste Schritt zur Erfassung der Ton-Situation ist die Frage:

> *WER* sagt *WIE, WO, WAS*, und wie sieht das dazugehörige *Bild* aus?

Wer – ein oder mehrere Sprecher?
   Schauspielerorgan oder Laien-Stimmchen?
Wie – geflüstert oder gebrüllt?
Wo – wohin gewandt?
   in der Bewegung gesprochen oder statisch?

Was – in welchem Zusammenhang steht der Text mit anderen Szenen? (Anschluß-Probleme!)

Das dazugehörige *Bild* bestimmt die *Tonperspektive* und damit die Mikroposition:

Der Hall-Anteil des Tons muß der (imaginären) Entfernung Zuschauer–Schauspieler *und* dem gezeigten Raum entsprechen.

Es ist klar, daß der Ton in Bild 1 wesentlich mehr «Raum» enthalten – also halliger sein muß als der von Bild 2.

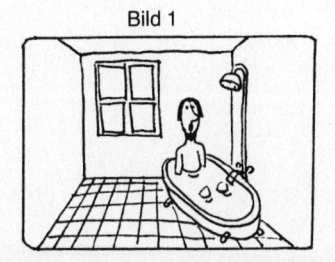

Bild 1   Bild 2

Darüber hinaus muß bei beiden Einstellungen die «Badezimmerakustik» erhalten bleiben. Die Totale verlangt hier also – soll sie tonlich real behandelt werden – einen größeren Mikroabstand als die Großaufnahme.

Die bisher gemachten Überlegungen geben schon wichtige Hinweise auf die Wahl der Mikros und auf deren Position. Noch ist aber keine endgültige Entscheidung zu treffen, bevor nicht

Kamerastandpunkt und *Bildausschnitt* festliegen.

Erst dann wird man an die Plazierung der Mikros und an das Ausrichten der Empfindlichkeitscharakteristiken (Nieren) gehen können. Auch das zu erwartende Kamerageräusch kann jetzt in die Planung einbezogen werden.

Als letztes ist zu bedenken, daß das *Licht* einen möglichen Störfaktor für den Ton darstellt.

Unglückliche Positionierung von Scheinwerfer und Mikro bzw. Angel produzieren den in Bild 3 gezeigten Effekt, der bei bewegtem Mikro besonders wirkungsvoll ausfällt.

(Abhilfe dafür und allgemeine Hinweise zur Mikroplazierung finden sich im übernächsten Kapitel.)

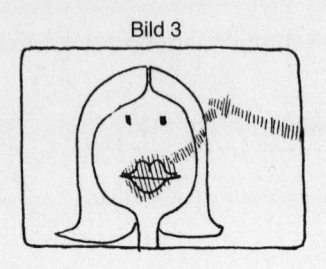

Bild 3

Mikrofonwahl

Bei der Mikrowahl kann man sich von drei gleichberechtigten Kriterien leiten lassen:

    a) Art der aufzunehmenden Schallquelle (Qualität)
    b) Akustische Umwelt
    c) Räumliche Bedingungen

Die Frage zu Punkt a) muß lauten: *Was* ist aufzunehmen, und welche *Tonqualität* wird verlangt?

Kondensatormikrofone bieten allgemein die beste Tonqualität, der Frequenzbereich ist umfassend, das Klangbild ist transparent und so präsent wie möglich. Der *Nahbesprechungseffekt*, der bei dynamischen Nierenmikros die Bässe beim nahen Besprechen überdimensional abbilden kann, ist bei Kondensatormikros vernachlässigbar gering.

Allerdings: sehr laute Schallquellen (Beatbands, Maschinenlärm, Pop-Brüller) können die empfindlichen Kondensatormikros übersteuern – Verzerrungen sind die Folge.

In einigen Fällen kann sich durch Probieren erweisen, daß bestimmte Musikinstrumente oder Sprecherstimmen mit dynamischen Mikros besser kommen, angenehmer oder sogar «echter» klingen.

Im allgemeinen wird man bei wenig bis mäßigem Störpegel und normal lauten Schallquellen – insbesondere beim Spielfilm – die maximale Tonqualität und damit das Kondensatormikro wählen.

Unter diesem Aspekt betrachtet, sind die guten dynamischen Mikros (wie das MD 421 oder das Beyer M 88) natürlich auf keinen Fall schlecht – nur wird bei direkter Gegenüberstellung (Spielfilm-Anschluß) eine etwas verminderte Transparenz des Klangbildes und ein geringer Höhenabfall hörbar. Damit ergibt sich die Notwendigkeit, bei Anschlußszenen dieselben Mikrofone einzusetzen, um den Toncharakter und den Raumeindruck gleich zu halten.

Dynamische *Lavalier*mikros haben neben ihren unbestreitbaren

Vorzügen eine geringere Übertragungsqualität als normale dynamische Mikros. Das wird den dokumentarischen Ton kaum stören, ansonsten ist Vorsicht geboten (Anschluß)!

Zu b) Ist die Störschallquelle örtlich begrenzt, so läßt sie sich vielleicht durch geschicktes Schwenken des Kondensator-*Richtmikros* 805 oder 816 ausblenden – dasselbe gilt natürlich auch für alle Nieren-Mikros: die Richtcharakteristik ist, richtig plaziert, eine gute Hilfe gegen unerwünschten Schall.

In ganz verzweifelt lauten Umgebungen hilft – nach der Devise: so nahe wie möglich ran – ein *Lavaliermikrofon*.

Bei diesen Überlegungen muß die Möglichkeit des *Filterns* bedacht werden. Hall, der sich ja hauptsächlich in den Tiefen und Mittellagen breitmacht, sowie ein großer Teil der üblichen Störgeräusche (Wind, Verkehr, Maschinen) lassen sich durch den Tiefen-roll-off-Filter mildern. Der für die Sprachverständlichkeit wichtige Teil der Stimme steht dann herausgelöst vom Störsumpf deutlicher im Vordergrund.

Aber Vorsicht:

Durch das Beschneiden der tiefen Frequenzen wird auch der «Nutzton» vergewaltigt – Stimmen klingen unnatürlich flach! Und aus einem durch starken Wind erzeugten dumpfen «Plopp» wird durch das Filtern bestenfalls ein flaches «Plopp». Der Filter nützt nur bei schwachem bis mäßigem Wind!

Zu c) Position und Anzahl der Sprecher sowie der Bildausschnitt bestimmen des weiteren die *Art* des verwendeten Mikros bzw. die *Menge* der nötigen Mikros.

Ist der Mikroabstand (bei Großaufnahmen oder nahen Einstellungen) relativ klein, so wird die Mikrowahl hauptsächlich von der Richtcharakteristik bestimmt werden: der tonlich interessierende Raum muß vom Mikro «gesehen» werden.

Man muß sich also fragen, ob die

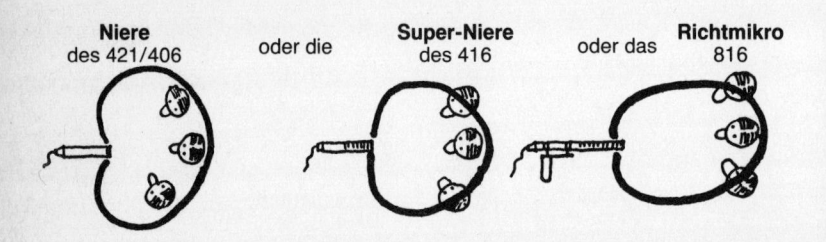

Niere des 421/406   oder die   **Super-Niere** des 416   oder das   **Richtmikro** 816

die Sprecher genügend «abdecken». Eine Diskussionsgruppe wird am besten mit einer Niere eingefangen, auch ein sich bewegender Sprecher wird nicht so leicht aus einer Niere hinauslaufen (ins Off hinein). Das passiert leicht bei Supernieren und dem Richtmikro, diese beiden müssen gezielt eingesetzt werden.

Bei unbehaglich großem Mikrofonabstand (Totale) hilft die «Tele»-Wirkung der Superniere und des Richtmikros – aber Vorsicht: beim munteren Herumschwenken können *verschiedene* akustische Hintergründe auftauchen!

Nicht unwichtig ist die Frage, wie man das Mikrofon seiner Wahl (wenn überhaupt) an sein Aufnahmegerät anschließen kann. Deshalb hier noch einmal:

Mikrofon-Anschluß-Akrobatik

Die diversen Anschlußmöglichkeiten werden dargestellt an den drei meist benutzten Geräten NAGRA III u. IV und der Stellavox SP 7.

Der Übersichtlichkeit wegen ist das Mikrofon-Angebot auf zwei Typen reduziert:

- der niederohmige, *dynamische* Mikrotyp, wie z. B. Sennheiser MD 421, Beyer M 88, Lavalier MD 214, M 111. Stellvertretend für diesen Typ zeigen die folgenden Diagramme das Sennheiser MD 421.
- der *Kondensator*-Typ mit Tonaderspeisung, wie z. B. Sennheiser MKH 406, 416, 805, 816. Stellvertretend für alle diese Mikros steht das MKH 406 im Diagramm.

Asymmetrische Kondensatormikros erfordern spezielle Vorverstärker oder Zwischenverstärker (s. Richtmikro 804 an NAGRA III).
Elektret-Kondensatormikrofone (wie Sony Lavalier ECM 16 oder ECM-50) gehören anschlußmäßig zur Gruppe der dynamischen Mikros.

Die NAGRA IV kann mit verschiedenen (innen steckbaren) Mikrofon-Vorverstärkern ausgerüstet werden, um sie universell verwendbar zu machen.

Die beiden meist benutzten Versionen sind:

1. Der *Standard 200* (QPSE 200), ein Verstärker für niederohmige dynamische Mikros. Er ist in Verstärkung und Frequenzgang dynamischen Mikros angepaßt, verarbeitet also direkt alle professionellen niederohmigen Mikros wie das MD 421 N, Beyer M 88, Lavalier MD 214 etc.

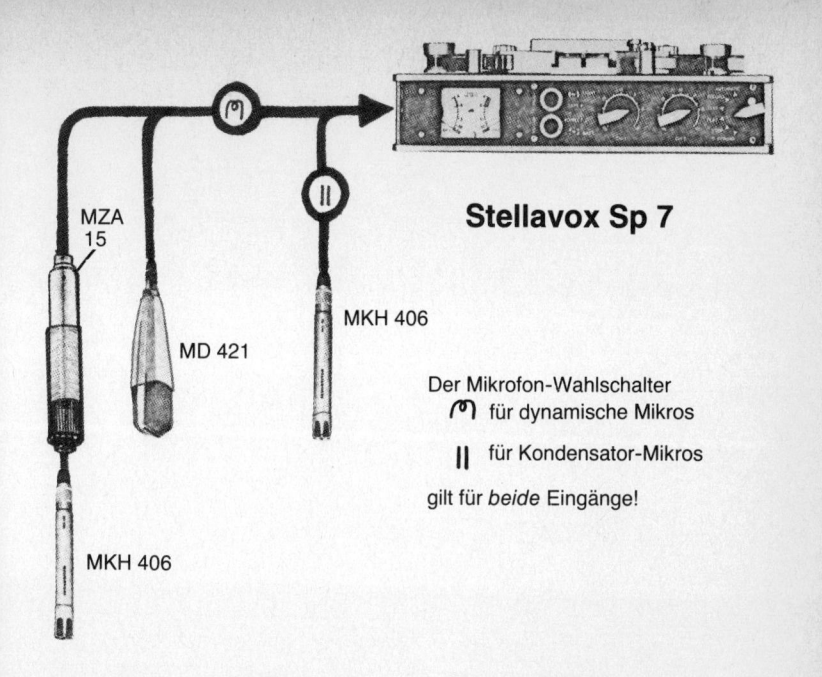

MZA 15

MKH 406

MD 421

MKH 406

Stellavox Sp 7

Der Mikrofon-Wahlschalter
ᶝ für dynamische Mikros

‖ für Kondensator-Mikros

gilt für *beide* Eingänge!

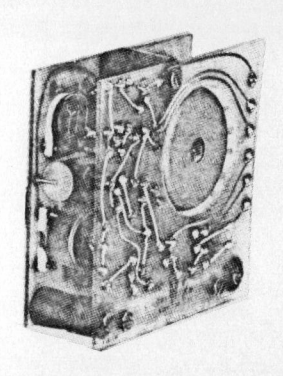

Will man an einem so bestückten Eingang *Kondensatormikros* verwenden, so muß man sie über einen Batterieadapter MZA 15 anschlußmäßig zu einem dynamischen Mikro machen. Das Kondensatormikro hat damit seine Stromversorgung und ist zufrieden – nicht aber der Vorverstärker, denn ein Kondensatormikro liefert einen um ca. 20 dB *höheren* Pegel und kann damit den

QPSE 200

Verstärker leicht «überfüttern». Es werden sich dann bei lauteren Passagen Verzerrungen bemerkbar machen, wenn man nicht – zwischen Batterieteil und Gerät – ein *Dämpfungsglied* einfügt. So etwas ist nicht käuflich – muß also selbst hergestellt werden und sollte den Pegel um 20 dB vermindern.

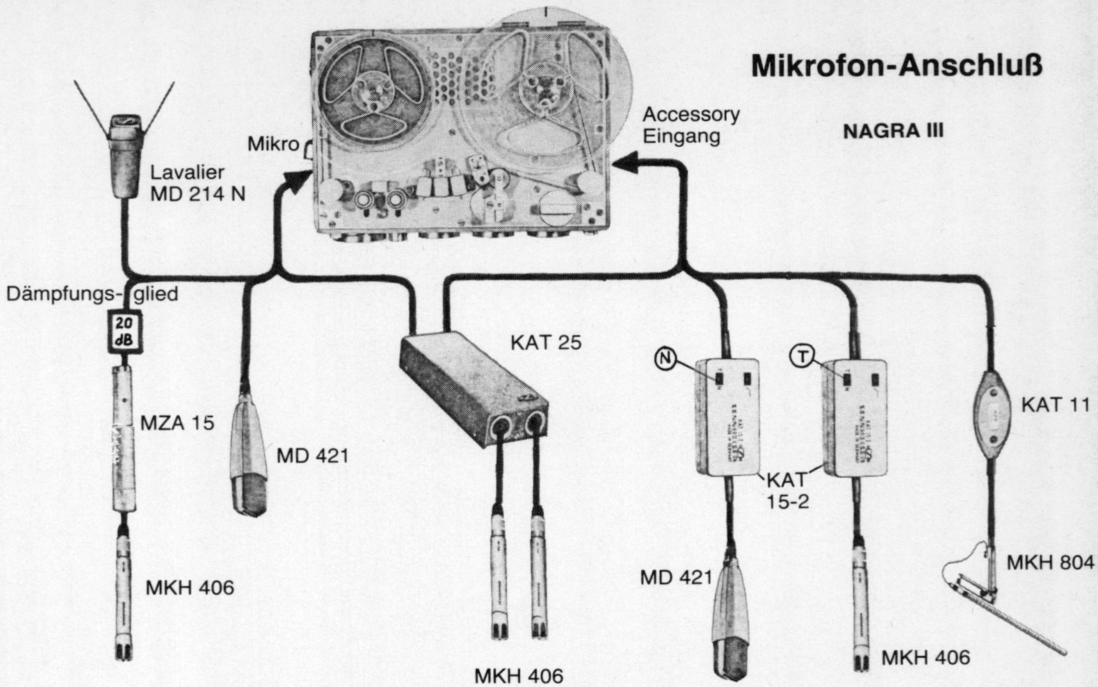
Mikrofon-Anschluß
NAGRA III
Accessory
Eingang
Mikro
Lavalier
MD 214 N
Dämpfungs-glied
20 dB
MZA 15
MKH 406
MD 421
KAT 25
MKH 406
N
T
KAT
15-2
MD 421
MKH 406
KAT 11
MKH 804

Mikrofon-Anschluß

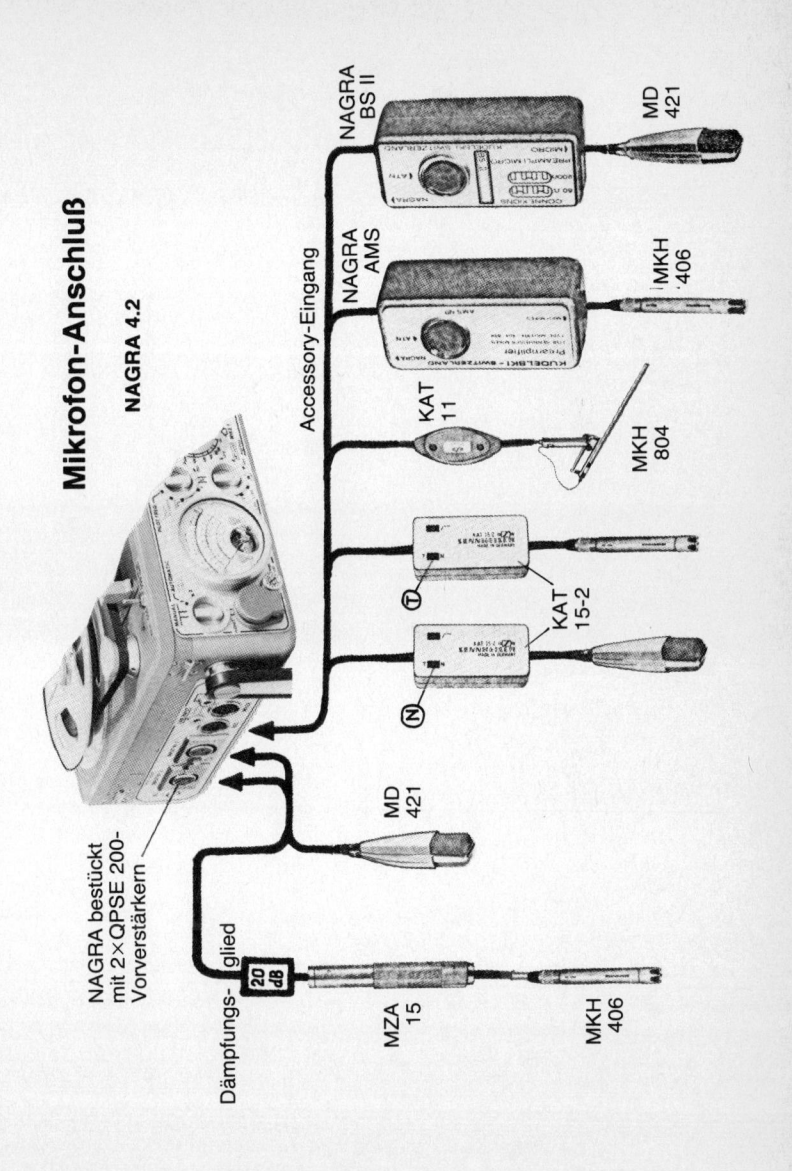

NAGRA 4.2

- NAGRA BS II — MD 421
- NAGRA AMS — MKH 406
- KAT 11 — MKH 804
- KAT 15-2 (T)
- KAT 15-2 (N)

Accessory-Eingang

NAGRA bestückt mit 2×QPSE 200-Vorverstärkern

Dämpfungsglied 20 dB — MZA 15 — MKH 406

MD 421

2. Der *Statisch 5* (QPM 3-5), ein Verstärker für tonadergespeiste Kondensatormikrofone. Die Sennheiser-Modelle MKH 406, 416, 805 und 816 z. B. sind damit *direkt* an die NAGRA anschließbar und erhalten von ihr ihre Speisespannung.

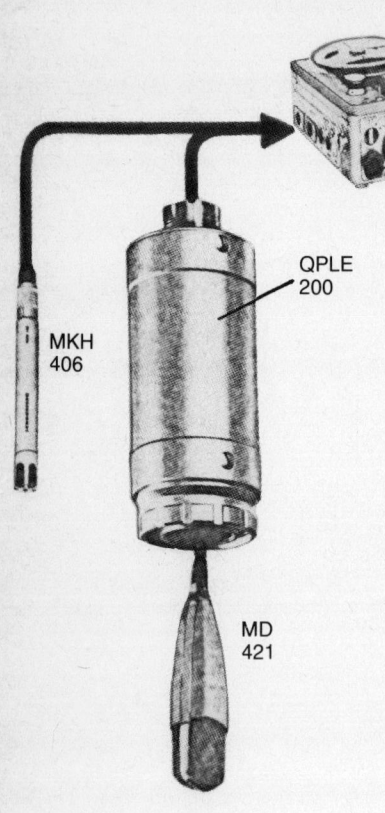

NAGRA IV bestückt mit Statisch-5-Verstärker

MKH 406

QPLE 200

MD 421

Will man an diesem Gerät *dynamische* Mikros verwenden, so ist dem Mikrofon der NAGRA-Verstärker QPLE 200 nachzuschalten – er macht das dynamische zu einem Kondensatormikro.

Die NAGRA IV wird oft mit je einem Standard- *und* Statisch-Vorverstärker bestückt – das gibt ihr im Einsatz maximale Flexibilität. Zusammen mit dem Sennheiser KAT 15-2 am 3. Eingang kann man 3 Mikros in jeder nur denkbaren Kombination anschließen und wird damit jeder Drehsituation gerecht.

Die Mikrofon-Position

Der Mikrofon-Standort ist der zwischen Ton und Kamera in erbittertem Ringen ausgehandelte Kompromiß zwischen idealer akustischer Plazierung und Unsichtbarkeit des Mikros – auch bei wild geschwenkter Kamera.

Beide Seiten müssen Einschränkungen in Kauf nehmen: das Mikro wird nicht immer an der tonlich besten Stelle stehen oder hängen können, die Bewegungsfreiheit der Kamera wird oft durch die eventuell sichtbare Tontechnik eingeengt.

Um die seit Erfindung des Tonfilms existierenden Kontroversen klein zu halten, gibt es die verschiedensten Arten und Hilfsmittel, ein Mikro günstig zu plazieren bzw. zu bewegen.

Zuerst eine Übersicht über die diversen Möglichkeiten der Mikro-Befestigung und -Aufstellung, des dazu verwendeten Zubehörs sowie einige Anwendungsbeispiele.

Allgemeines: Zwischen dem Mikrofon und dem jeweiligen «Träger» sitzt auf jeden Fall eine *Mikrofonhalterung*. Es gibt *starre* Natu-

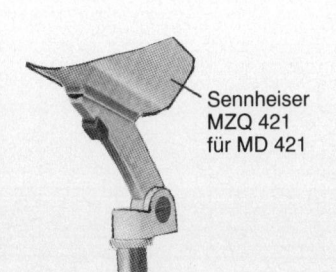

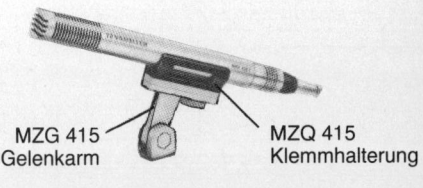

Sennheiser
MZQ 421
für MD 421

MZG 415
Gelenkarm

MZQ 415
Klemmhalterung

passend für MKH 406, 416 u. ä.

ren, die als *Klemmhalterung* oder *Aufsteckschuh* das Mikrofon festhalten. Sie besitzen ein ein- oder angebautes Gelenk und tragen am anderen Ende ein (hoffentlich passendes) Gewinde für Stativ oder Angel.

Diese Art der starren Befestigung hat einen entscheidenden Nachteil: als Körperschall übertragen sich Vibrationen, Polter- und Quietschgeräusche über die Halterung auf das Mikro und verunzieren den Ton (besonders bei den empfindsamen Kondensatormikrofonen).

Eine *elastische Aufhängung* oder *Federhalterung* verhindert das «Überlaufen» dieser Störfrequenzen und schützt das Mikro weitgehend vor nervösen Handgeräuschen des Angelhalters, vor Gepolter von Fußboden oder Tisch (Trittschall).

MZS 415

Beyer EA 24

Für die meistbenutzten Kondensatormikrofone gibt es hier die Sennheiser-Federhalterung MZS 415 (kombinierbar mit Gelenk MZG 415) und die Beyer-Aufhängung EA 24 (Spinne) für Angel oder Galgen.

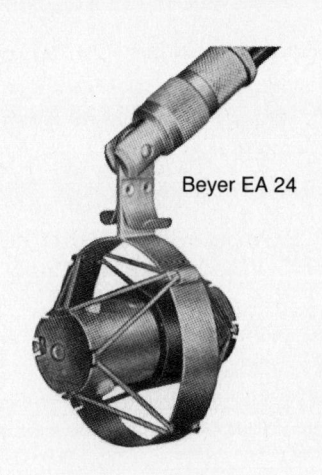

Das Tisch-Stativ

Phantasieloseste, aber oft optimale Art, ein Mikrofon aufzubauen. Bei Dokumentarton – im Bild sichtbar – auf jeden Fall eine zeitsparende, akzeptable Lösung. Beim Spielfilm können Blumenvasen, Telefone o. ä. das Ganze verstecken. Hier wie da gilt: Der Schauspieler darf seinen Platz nicht verlassen, das Mikro ist – entsprechend seiner Richtcharakteristik – peinlichst genau auszurichten.

Bei Diskussionsrunden können – je nach Abstand und akustischen Bedingungen – bis zu 5 Personen pro Mikrofon erfaßt werden.

Dem Tischstativ verwandt ist die universell einsetzbare *Tischklemme*. An Tischen, schiefen Rednerpulten und dergleichen ist sie eine große Hilfe; besonders wenn sie mit dem *Schwanenhals* (vulgär: Gänsegurgel) kombiniert ist. Er gestattet es, das Mikro in jeder beliebigen Richtung und Neigung zu fixieren.

Tischstative und -klemmen sind nicht auf Tische fixiert: in Schränken, hinter Möbelvorsprüngen und Gartenblumen versteckt, leisten sie gute Dienste. Der Einwand, das Mikro könne dann doch auch *ohne* jede Halterung versteckt werden, läßt außer acht, daß Körperschallprobleme auftauchen können. Störvibrationen können aber nur von der elastischen Aufhängung abgefangen werden – und diese wiederum möchte auf einem Stativ sitzen. Das schließt natürlich nicht aus, daß in körperschallfreier Umgebung oft

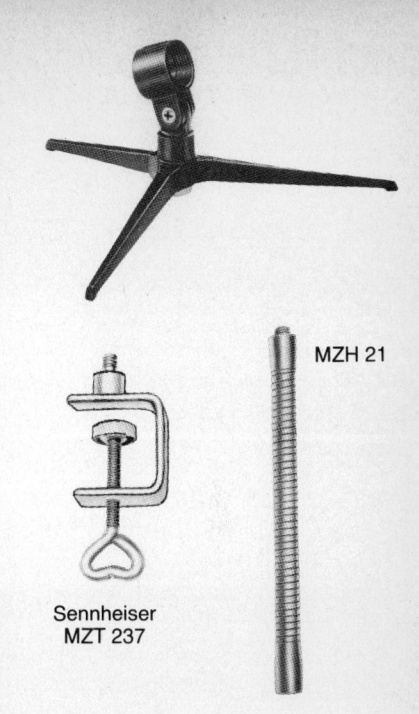

Sennheiser
MZT 237

MZH 21

Das nackte Mikrofon

versteckt werden kann oder muß. Bei irrwitzigen Totalen oder ungünstigen akustischen Bedingungen wird das Mikro dann ohne jede Halterung im toten Kamerawinkel versteckt.

Was die Befestigung und Ausrichtung angeht, so hilft in den meisten Fällen die plastische Klebemasse «Bostik», in die man das Mikro einbettet – und die überall klebt. **Achtung:** Mikro genau ausrichten! Resonanzen vermeiden!

Resonanzen sind unliebsame Verbiegungen des Frequenz-Spektrums und entstehen oft, wenn Mikrofone in hohlraumähnlichen Umgebungen unglücklich versteckt werden. In einer halboffenen Schublade z. B. wird das Mikrofon ein recht hohles, blechernes Klangbild produzieren: bestimmte Frequenzen fühlen sich in solchen Hohlräumen besonders wohl und verstärken sich ungebührlich.

Es ist also darauf zu achten, daß das unmittelbar ans Mikro angrenzende Schallfeld *frei* von *reflektierenden Flächen* ist! (*Eine* reflektierende Fläche allein stört nicht!)

Das solchermaßen fest versteckte Mikro ist meist nur für einen (unbewegten) Schauspieler geeignet. Für – ebenfalls örtlich genau fixierte – Diskussionsgruppen oder Theateraufzeichnungen empfiehlt sich oft – und besonders in Ermangelung eines Assistenten – eine andere Art des nackten Mikros:

Das *frei* von der Decke *hängende Mikro*

Gerade nach unten gerichtet (Bild rechts) erfaßt eine Niere unter günstigen Bedingungen bis zu 10 Sprecher mit relativ guter Qualität. Ein besseres Klangbild (und oft eine bessere Abdeckung) erreicht man mit einer *leicht geneigten* Aufhängung (Bild links).

Bei Theateraufführungen wird mit genügend hängenden Mikrofonen die gesamte Bühne tonlich abgedeckt. Proben sind dabei unerläßlich – Tonlöcher können zwischen den zu weit auseinandergehängten Mikros auftreten. (5 Mikrofone können für eine normale Theaterbühne ausreichen, eventuell von einer Richtkanone unterstützt.)

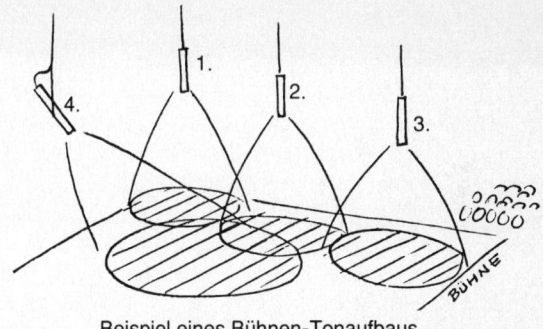

Beispiel eines Bühnen-Tonaufbaus

Ebenfalls hierher gehört das *Hand-Mikrofon*. Auch hier ist zu achten

a) auf genaues Ausrichten des Mikros. Exaktes und schnelles Schwenken (zwischen Reporter und Befragtem z. B.) ist nötig.

b) auf Körperschallübertragung. Möglichst körperschallunempfindliche Mikros benutzen (MD 421, MKH 415, 435). Gegen Geräuschübertragung über das Kabel hilft eine zusätzliche Handschlinge, s. Abb.

MZS 815

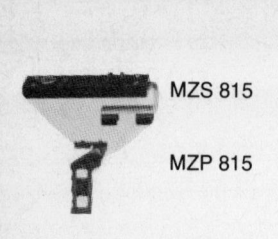

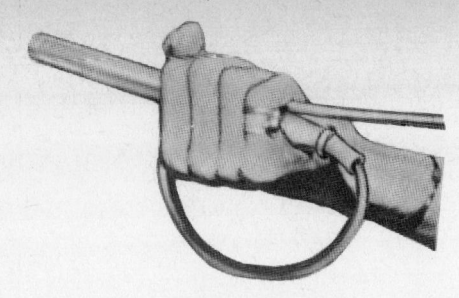

MZP 815

Handschlinge

Die Unsitte, das *Richtmikrofon* MKH 816 direkt mit der Hand zu führen, produziert – durch den innigen Mikro-Hand-Kontakt – unweigerlich Störgeräusche.

Besonders bei wildbewegtem Mikro sind Reibe- und Quietschgeräusche nicht zu vermeiden.

Ideal bewährt sich hier die *Federhalterung* MZS 815 von Sennheiser und der daran befestigte *Pistolengriff* MZP 815.

(Die Federhalterung wird auch an Angel und Stativ benutzt, der Pistolengriff macht das Schwenken auch mit dem kürzeren MKH 415 zur reinen Freude.)

Das Bodenstativ

Bei stehend sprechenden Zelebritäten und Bühnenkünstlern versteht es sich von selbst, der Einsatz ist unkritisch.

Trotzdem sollte man dabei folgende Punkte beachten:

a) das Stativmikro darf das Gesicht des Redners nicht verdecken. Also – evtl. nach Rücksprache mit der Kamera – Mikro etwa in Brusthöhe, auf den Mund gerichtet, montieren.

b) Besonders bei medienunerfahrenen Rednern ist einzukalkulieren, daß sie, wild gestikulierend, ins *Off* sprechen – Mikrofon also entsprechend ausrichten, keine Super-Niere verwenden!

c) Bei aktuellem Dokumentarton häufen sich auf Bühne oder Tribüne oft eine Unzahl von Mikros und Stativen der verschiedensten Aufnahmeteams. Hier besteht die Gefahr, daß sog. *Brummschleifen* entstehen oder fremde, elektrische *Störpotentiale* von anderen Kamera-Ton-Systemen in die eigene Leitung kommen, und zwar nicht selten über *sich berührende Stativbeine*!

Ausleger

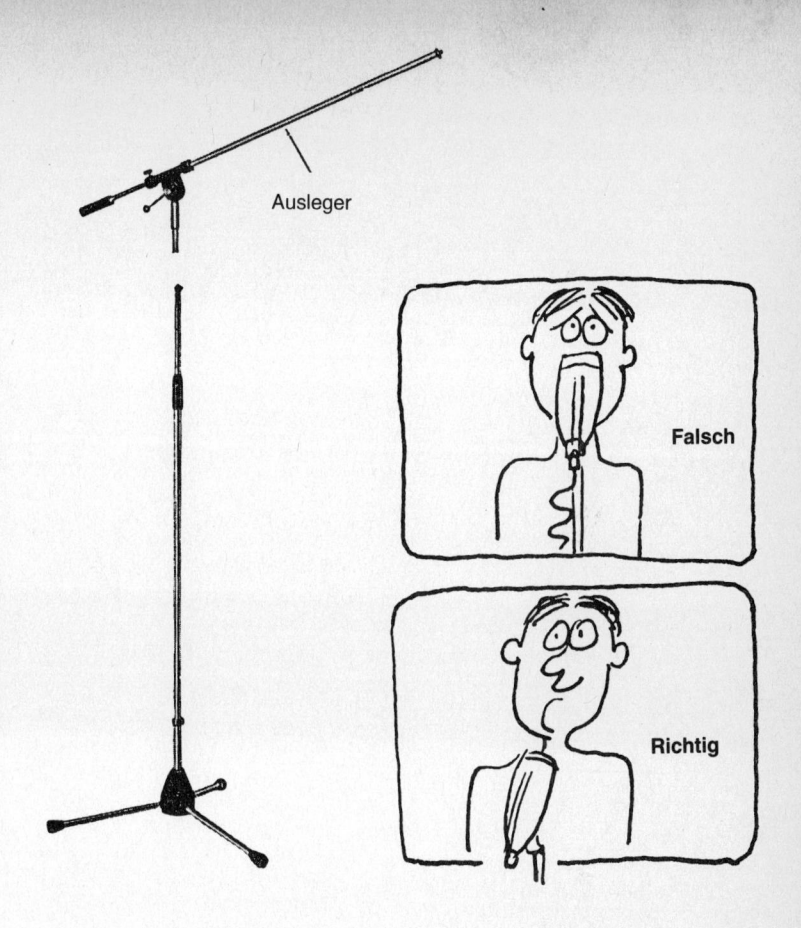

Falsch

Richtig

Alle Stativ-Metallteile sollten also säuberlich isoliert dastehen, jede Berührung des eigenen elektrischen Systems (und dazu gehört eben auch ein wackliges Stativbein) mit anderen Systemen ist eine *potentielle Störquelle* (notfalls isoliert Lassoband).

Unentbehrlich ist das Bodenstativ bei den meisten *Musikaufnahmen*. Um die einzelnen Sänger und Schallquellen maximal zu separieren, empfiehlt sich – nach der Devise: so nah wie möglich ran – ein zusätzlicher *Ausleger* oder die bewährte Gänsegurgel. Rechts ein Beispiel für exzessiven Stativgebrauch beim Schlagzeug.

Als im Bild *nicht sichtbarer* Mikroträger bewährt sich das Bodenstativ (meist halb ausgezogen) bei sitzenden Sprechern (Mikro in Kniehöhe) oder als O-Ton-Stützmikro in toten Kamerawinkeln.

Die Angel

Spielfilm-Ton ist ohne Angel undenkbar. Nur sie (und der artverwandte Studiogalgen) gestatten es, das Mikrofon jederzeit an jeden beliebigen Platz zu befördern. Über den Köpfen der Schauspieler schwebend, kann das Mikro die jeweils günstigste Position und Ausrichtung einnehmen, kann mit den Sprechern mitgehen und sich, zwecks Anpassung an die akustische Perspektive, nähern oder entfernen.

Natürlich ist das Instrument Angel nur so gut wie der Mensch, der sie hält und führt – im folgenden daher ein paar Informationen und Tips für die Praxis.

Die Angel ist eine teleskopartig verlängerbare (Fiberglas) oder zusammensteckbare (Alu)-Stange mit einem Stativgewinde am Ende (welches nach einer elastischen Aufhängung schreit). Ein hier befestigtes Mikro kann zusätzlich zu den Eigenbewegungen der Angel im Raum noch einen mehr oder weniger *vertikalen* 360°-Schwenk vollführen, wenn der Angelstab gedreht wird. Praktisch wird man davon bestenfalls 180° ausnutzen (oben ist ja die Decke), um das Mikro auf die jeweiligen Sprecher auszurichten. Die vorher eingestellte Neigung des Mikros bestimmt die Lage dieses im Raum beschriebenen Halbkreises.

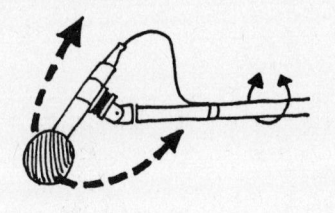

Im Beispiel A (2 Schauspieler) steht das Mikro *senkrecht* zur Angel, die Drehung läßt es von einem zum anderen Sprecher zeigen. Das Beispiel B verlangt nach einer gewissen *Neigung* des Mikros, um auch den dritten Schauspieler (bei gleichzeitigem Vorschieben der Angel) zu bedienen. Die optimale Ausrichtung ist also eine Frage des geschickten Drehens *und* Vor- und Zurückbewegens der Angel. (Wobei das Mikro auf den Mund des Sprechers zielen sollte – es darf also nicht direkt *über* dem Kopf schweben, sondern muß *davor* plaziert werden.)

Dem Studiogalgen nachempfunden ist eine Zusatzeinrichtung, die die Angel noch flexibler macht: die *Schwenkeinrichtung* der Sennheiser-Angel MZB 415.

Durch Drehen des Angelstabes läßt sich das Mikro jetzt um 360° in der Horizontalen (oder in jeder beliebigen Neigung) schwenken.

Die jeweilige Angel-*Länge* richtet sich nach den räumlichen Gegebenheiten des Drehorts und der zu erwartenden Szene. Ausgedehnte Überlegungen dazu sind nicht müßig, denn bei späteren Längenkorrekturen muß alles mühsam Zusammengebaute wieder auseinandergenommen werden.

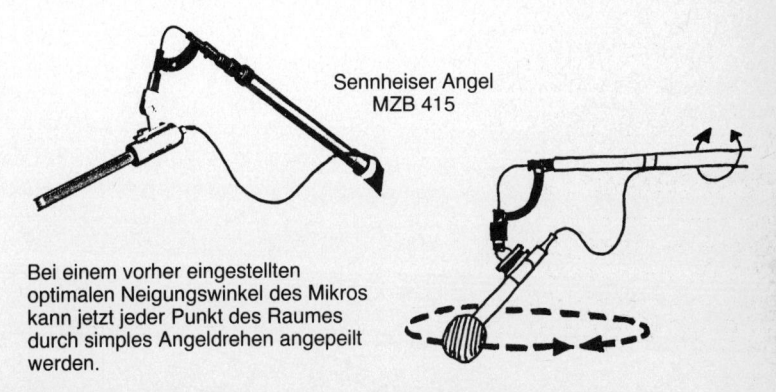

Sennheiser Angel
MZB 415

Bei einem vorher eingestellten optimalen Neigungswinkel des Mikros kann jetzt jeder Punkt des Raumes durch simples Angeldrehen angepeilt werden.

Das *Mikrofonkabel* sollte, nachdem es eine formschöne *Schlaufe* als Schwenkreserve gebildet hat, mit Lassoband so *fest wie möglich* am Angelstab fixiert werden – lockere Kabel schlagen gern an die Angel und erzeugen unpassende Knallereien.

Beachtenswerte Punkte zur Arbeit mit der Angel:
● Vor «bewegten» Szenen rechtzeitig alle «Fahrten» *proben*.
Dabei achten auf:
● *Angelschatten* (Angel möglichst entfernt von der Dekoration)
● *freies Bewegungsfeld* (rückwärts gehende Angler haben schon so manchen herumliegenden Belichtungsmesser zertreten)
● *obere Bildkante* (Mikro «eintippen», bis Kamera schreit)
● Angel möglichst *waagerecht* halten (sie erscheint so weniger oft im Bild).

Erhöhter Standpunkt!

● *Hand-Angel*-Geräusche vermeiden, Angel fest, aber nicht verkrampft halten, Reibegeräusche beim Drehen der Angel vermeiden.
● Bei schnellen Schwenks *Windschutz* verwenden! Pop-Gefahr!
● *Text* und *Bewegungsabläufe* genau im Kopf haben.
● *Kamera beobachten*, der Bildausschnitt bestimmt die akustische Perspektive und damit die Angel-Position. Die Stellung des Zoom-Hebels gibt Aufschluß über die Brennweite und damit über die obere Bildkante!

Kurz noch Bemerkenswertes zur Plazierung vom

Lavalier-Mikrofon

Der Einsatz als sichtbaresAnsteck- oder Umhängemikro ist unkritisch, die Mikrofonöffnung sollte ein möglichst *freies Schallfeld* «sehen» (in Richtung Mund).

Dasselbe gilt, wenn in verzweifelten O-Ton-Fällen das Lavaliermikro hinter Hemdkragen, unter Pullovern oder zwischen Brüsten versteckt wird: nach Möglichkeit sollte «Luft» an das System (das fast *immer* eine *Kugel*-Charakteristik aufweist).

Gewarnt werden muß vor der Versuchung, das Lavaliermikrofon – wegen seiner Kleinheit – als «nacktes» Mikro in der Dekoration aufzubauen. Sein Frequenzbereich ist von Hause aus *verbogen*, um die Verluste an hohen Frequenzen (beim Tragen am Körper) wieder wettzumachen.

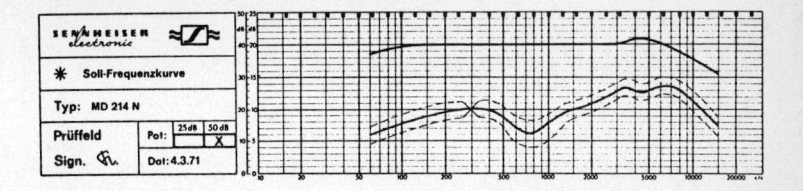

Obere Kurve: Frequenzgang als Umhänge-Mikrofon
Untere Kurve: Frequenzgang im freien Schallfeld
Seiner natürlichen Umgebung entfremdet, kann ein Lavaliermikro also – im freien Raum – ein zu spitzes Klangbild produzieren.

Allgemeines zur Mikro-Plazierung

oder *wohin* denn nun mit den so verschieden aufgeschraubten Mikrofonen?

Die *Ausrichtung* der Mikros im Raum und besonders ihre *Entfernung* zum Schauspieler können nur durch Erfahrung in der Praxis bestimmt werden. Erst der intime Umgang mit der Tontechnik unter verschiedenen Bedingungen gibt ein Gefühl für das «Hörfeld» der Mikrofone.

Während die Ausrichtung – entsprechend der Richtcharakteristik – möglichst *genau* auf die Schallquelle (Mund) erfolgen sollte, gibt es für die Entfernung Mikro–Sprecher keine Richtwerte. Nicht so sehr die *Lautstärke* des Schauspielers ist entscheidend, sondern vielmehr der *indirekte*, reflektierte *Schall* (Hall) und eventuelle Stör-Schallquellen.

Es muß also ein Punkt gefunden werden, an dem der Anteil des direkten Nutztons genügend groß ist gegenüber der vielfältigen akustischen Umweltverschmutzung. Das bedeutet beim Richtmikrofon eine Entfernung zum Sprecher von 50 cm bis 20 m – je nachdem.

Kampf dem Hall

Schon ein normales Wohnzimmer erlaubt in den wenigsten Fällen einen bequemen Mikrofonabstand – es ist zu hallig!

Der Hall erreicht das Mikro von *reflektierenden Flächen* aus, die in seinem «Hörfeld» liegen. Das ist schon ein Ansatz für die wirkungsvolle Bekämpfung dieses akustischen Störfaktors Nr. 1:

> Das Mikrofon (Niere) sollte auf *schallschluckende* Materialien gerichtet sein!

Das bedeutet: glatte Tische und blanke Fensterscheiben in Nähe oder Blickrichtung des Mikros sind ideale Hall-Lieferanten. Hier helfen weiche Tischdecken und vorgezogene Gardinen. (Wenn es den Regisseur nicht stört.)

Hat man z. B. die Wahl, Interviewpartner zu plazieren, so sind sie – tonlich – vor Vorhängen, Wandteppichen oder chaotischen Bücherwänden am besten aufgehoben. Das Mikrofon sieht außer der Schallquelle keine bedeutenden Reflexionen!

Da aber leider nicht jede Spielfilm-Dekoration aus Plüsch bestehen kann, muß man das Übel an der Wurzel bekämpfen.

> Die Entstehung und Ausbreitung des Halls im Raum muß mit schallschluckenden Stoffen verhindert werden!

Das bedeutet:

● Jede größere, reflektierende Fläche im Raum sollte mit Decken o. ä. *abgehängt* werden (das gilt für Wände, Parkett, glatte Schränke, Fenster etc.).

● Der Raum selbst kann *verkleinert* werden, z. B. mit Decken, die man zwischen Lampenstative spannt.

● Bei *hohen* Räumen mit reflektierenden Decken helfen (über *polecats* gelegte) Tuchbahnen (Schals) oder Decken. Der Raum wird so auch vertikal verkleinert, dem Hall wird seine Basis geraubt.

Der Kampf gegen den Hall erstreckt sich nicht nur auf bauliche Maßnahmen, auch die Wahl der *Mikrofon-Charakteristik* ist dabei von Bedeutung:

Eine Superniere oder ein Richtmikrofon werden in hallverseuchter Umgebung bessere Resultate liefern als eine Wald- und Wiesen-Niere. Der eingeengtere «Gesichtskreis» des MKH 416 oder 816 ignoriert einen Großteil des diffusen Schallfeldes. (Daß man dabei so weit wie möglich an die Schallquelle herangeht, versteht sich von selbst.)

Die hallmindernde Wirkung des *Trittschall-Filters* ist schon an anderer Stelle beschrieben worden. Da sie aber auch den Nutz-Ton beeinträchtigt, sollte sie nur die letzte Rettung in Katastrophenfällen sein.

Akustische und elektrische Störfaktoren und ihre Beseitigung

Ist das Hallproblem gelöst, so sollte – *vor* dem Drehen – noch anderen Störfaktoren ein Ohr geliehen werden.

Viele *akustische* Störschallquellen haben die fatale Eigenschaft, erst bei der Mischung hörbar zu werden: am Drehort achtet man oft nicht darauf, sie sind zurückhaltender, aber penetranter Natur. Dazu gehören:

- offene Fenster (gedämpfter, breiiger Lärm)
- laufender Eisschrank
    Kaffeemaschine
    Ventilator, Klimaanlage
- summende Leuchtstofflampen
- viele ColorTran- und Spektra-Konverter

  } permanentes und deshalb vom Gehirn ausgefiltertes Summen

usw. (elektr. Vorschaltgeräte für Spezial-Beleuchtungs-Geräte)

Diese Auswahl von oft nur unterbewußt wahrgenommenen Lärmkulissen kann sich besonders störend auswirken, wenn sie in *Anschluß-Szenen verschieden laut* hörbar werden! (Diese *Atmosprünge* müssen dann später in der Mischung mit einem barmherzigen Tonbrei zugedeckt werden.)

Es empfiehlt sich also, beim Drehen in geschlossenen Räumen öfter als nötig «Fenster zu!» zu brüllen und konzentriert auf Nebengeräusche zu achten.

Von gemeiner, weil abstrakterer Natur sind die *elektrischen* Störgeräusche. Sie machen sich die Tatsache zunutze, daß jeder elektrische Vorgang ein elektromagnetisches *Feld* um sich herum produziert. Dieses Feld kann wiederum in anderen Leitungen störende Impulse erzeugen und sich so unangenehm fortpflanzen (Induktion!)

In jedes Glied der Tonkette können sich auf diese Weise Knacken, Brummen und Prasseln einmogeln – auch abgeschirmte Leitungen haben genügend «Löcher».

Hier eine kleine Auswahl von immer wieder anzutreffenden elektrischen Umweltverschmutzungen und ihre Beseitigung:

- Einschaltknacken der Lampen, fetter Brumm → Mikrofonkabel liegt über längere Strecken (z. B. aufgewickelt als «Spule») in der Nähe von *Lichtkabeln*. Induktion! Separieren!

- Video-Impulse (Knattern) → Mikrokabel in der Nähe von Video-Leitungen, s. o.

- Brummen, allgemein → Mikro, NAGRA oder Kabel befinden sich in der Nähe eines 50-Hz-Streufeldes (Transformator o. ä.)

- Schaltknacken, allgemein → Durch Hausinstallation übertragen, oft unkontrollierbar, Induktion.

- Summen (schnarrend) → Leuchtstoffröhre, Streufeld – Vorsicht beim Angeln!

- E-Schweißgerät (lautes Knattern) → Hohe Ströme verseuchen elektrisch die Umwelt in weitem Umkreis. In sicherer Entfernung bleiben!

- Brummen oder Knattern bei laufender Kamera → Kameramotor (evtl. defekt) «spuckt» durch das Pilotkabel. Pilotkabel wechseln.

- Hochfrequenz-Einstrahlung → Operettenmusik oder Kinderstunde im Kopfhörer bedeuten Rundfunk-Einstrahlung, nicht selten hört man bei mehreren Mikros verschiedene Sender. Das deutet auf «empfangsfreudige» Mischpulte hin – normalerweise sind schlecht oder gar nicht abgeschirmte Mikroleitungen oder undichte KAT-Verstärker schuld.

Bei all diesen elektrischen Störgeräuschen empfehlen sich folgende *Gegenmaßnahmen*:

① Mikros, Leitungen und NAGRA von potentiellen Felderzeugern *separieren*!

② Mikrofonleitungen *wechseln* (Abschirmung schlecht?)
③ *kürzere* Mikroleitungen verwenden!
④ *Kondensatormikro* anstelle von dynamischen Mikros verwenden! (weniger anfällig gegen Streufelder)
⑤ Das ganze Tonsystem *erden*. Die Masse-Buchse der NAGRA wird mit Schuko-Erde, Wasserhahn oder Zentralheizung verbunden – was aber meist zu *erhöhtem* elektrischen Unrat führt.

Die Tonprobe

Nachdem die Mikrofone optimal plaziert sind und über die zu drehende Szene keine Unklarheiten mehr bestehen, empfiehlt sich eine Tonprobe,
- um die Technik zu überprüfen,
- als letzter Test auf 100% Erfassung aller Texte und Geräusche,
- um sich auf den zu erwartenden Pegel einzustellen.

Zum Überprüfen der Technik (man weiß nie!) gehört:

- *Bandvorrat* checken (genug für die nächste Einstellung?),
- *Batterie*-Reserve testen,
- ein Blick auf die *Tonköpfe* (Bandabrieb?),
- eine *Probeaufnahme* mit schnellem Wechsel von VOR- auf HINTERband-Kontrolle. Dabei darf *kein* Qualitätsunterschied hörbar sein. Normal ist ein *leicht* erhöhtes Rauschen in der Hinterband-Stellung (Bandrauschen).

Das *Einpegeln* auf die zu erwartenden Töne ist besonders wichtig. *Verzerrte* Satzanfänge (weil übersteuert) verunzieren den schönsten Dialog und sind irreparabel. Zu niedrig ausgesteuerte Texte fangen später mit unmotiviertem *Rauschen* an: man muß also vorher wissen, was auf den Ton zukommt.

Das ist leichter gesagt als geprobt. Die meisten Schauspieler, um eine Ton-Probe ihrer Fertigkeit gebeten, sprechen bereitwillig ihren Text – nur: selten in der späteren Lautstärke und Dynamik.

Vom eingepegelten Richtwert sind also – je nach Schauspielertemperament – Änderungen zu erwarten.

Dieses Einpegeln wird natürlich nur bei unbekannten akustischen Bedingungen und neuen Einstellungen bzw. Schauspielern nötig sein. Für die folgenden, ähnlichen Szenen merkt man sich die eingestellte dB-Zahl und variiert sie – je nach Mikro-Position und Dialogstimmung.

Jetzt ist auch die letzte Gelegenheit, nach Mikro- oder *Angelschatten* Ausschau zu halten. Kann man bei unbewegter Angel den Schatten noch auf einen dunklen Teil des Hintergrundes verlegen, so erfordert das bewegte Mikro schon einiges Probieren. Von Vorteil ist es, den Angelstab *mit dem Licht* und nicht zu nahe an der Dekoration zu führen. Wirft das Mikro selbst Schatten, so hilft nur ein anderes Licht (Empörung bei der Kamera) oder ein vergrößerter Mikroabstand.

Wichtig ist – und das gilt für alle Ton-Aktivitäten –, daß man sich nicht durch allgemeine Hektik oder wartende Team-Mitglieder davon abhalten läßt, durch ausreichendes Proben und Probieren für den bestmöglichen Ton zu sorgen.

Schließlich ist es ein TON-Film.

Spätestens jetzt ist auch eine

Pilot-Probe
fällig. In der Test-Stellung des Aufnahmegerätes muß bei kurz eingeschalteter Kamera die Pilot-Anzeige eindeutig und nicht flackernd reagieren. (Eine geringe zeitliche Verzögerung ist normal.) Auch der Quarz-Pilot entbindet nicht von einem Blick auf das Schauzeichen – es muß permanent «da»sein. Ist man auf die *Startmarkierung* durch den Piepser der quarzgesteuerten Kamera angewiesen, empfiehlt sich ein entsprechender Hörtest.

Dabei läßt sich auch gleich prüfen, ob die *Kassettenhülle* der BL-Kamera aufgesetzt ist. Dieses Mützchen verschluckt einen großen Teil der manchmal recht störenden Kassettengeräusche!

Zum Schluß noch einige Tips zum

Band-Einlegen.
Ein Alptraum beim Umspielen sind Stapel von unmarkierten Schmalbandrollen, verpackt in alten Bandkartons, die, wild bekritzelt von mehreren Tonmeistergenerationen, die Verwirrung noch steigern. Deshalb:

- Bandkarton markieren (Produktion, Titel, lfd. Nr.),
- evtl. Bandanfang mit Kurztitel und Nummer markieren,
- Ansage am Bandanfang (Titel, lfd. Bandnr.),
- Referenzpegel (−8 dB) aufzeichnen – die Umspielung freut sich.

«Ton läuft» – Die Aufnahme

Nachdem die Technik sich aufs beste vorbereitet hat und die Einstellung festliegt, ist das Drehen selbst nur noch eine Formsache. Für den Ton sieht der *chronologische Ablauf* einer Spielfilmszene so aus:

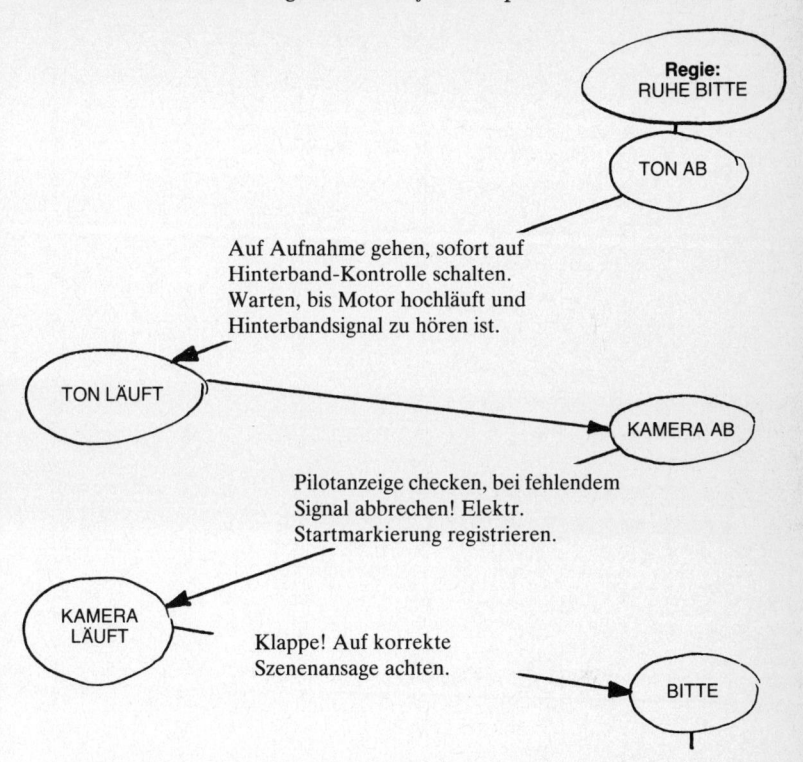

Regie: RUHE BITTE

TON AB

Auf Aufnahme gehen, sofort auf Hinterband-Kontrolle schalten. Warten, bis Motor hochläuft und Hinterbandsignal zu hören ist.

TON LÄUFT

KAMERA AB

Pilotanzeige checken, bei fehlendem Signal abbrechen! Elektr. Startmarkierung registrieren.

KAMERA LÄUFT

Klappe! Auf korrekte Szenenansage achten.

BITTE

Auf angemessene Pause zwischen dem «Bitte» und dem O-Tonanfang achten – hängt beim ersten Schauspielerwort das «Bitte» noch im Raum, rigoros *abbrechen*! Dasselbe gilt für alle akustischen Unsauberkeiten: rechtzeitiges Abbrechen der fehlerhaften Aufnahme spart Filmmaterial und späteren Ärger!

Mit der Aussteuerung des Tones befaßt sich ein spezielles Kapitel. Auf jeden Fall auf *Hinterband-Kontrolle* bleiben – nur so werden Bandfehler und Bandende entdeckt. Dabei bedenken, daß der *Direktschall*, den man gleichzeitig mit dem verzögerten Kopfhörersignal hört, oft den Eindruck eines zu hohen Hall-Anteils erweckt. Das scheint nur so!

In regelmäßigen Abständen die *Pilot-Anzeige* prüfen – Wackelkontakte entstehen auch während des Drehens.

Schauspieler und Aussteuerungsmesser gleichzeitig im Auge behalten; Pegelspitzen abfangen, *bevor* sie auftauchen! Bei Szenen-Ende mit dem Ausschalten warten bis *nach* dem

(AUS! DANKE)

(Überhängender Ton kann später nötig sein.)

Anschließend sofort den *Tonbericht* komplettieren bzw. zusätzliche Ansagen aufsprechen.

Nur auf inständiges Bitten des Regisseurs oder der Schauspieler *zurückfahren*, um das Aufgenommene wiederzugeben! Schon so mancher Tonmann ist danach an der falschen Stelle «eingestiegen» und hat Unwiederbringliches gelöscht. Eigene Qualitätskontrolle wird nicht oft nötig sein – man hat ja das Hinterband abgehört.

Jede Aufnahme, auch Abgebrochenes, Probedurchläufe etc. sollte man stehenlassen! Denn:

- am Schneidetisch braucht man sie vielleicht noch,
- man müßte zurückfahren (s. o.),
- Schmalband ist billig.

Die Ton-Arten

Der O-Ton

ist das *o*riginale, akustische Geschehen am Drehort. Er wird gleichzeitig und synchron zum Bild in so guter Qualität aufgezeichnet, daß er später (nach evtl. Korrekturen) direkt verwendet werden kann. O-Tonarbeit, wenn sie nicht gerade im geheizten Studio stattfindet, ist schwieriger als andere Vertonungsverfahren: Selten sind die Drehverhältnisse ideal für den Ton, Kompromisse zwischen Ton und Kamera/Licht müssen gemacht werden. Das Einrichten des Tons sowie das Abbrechen aus Tongründen kosten Zeit und *können* einen Spielfilm verteuern.

Andererseits hat der O-Ton seine unbestreitbaren Vorzüge:
- ein dem Bild entsprechender, wirklichkeitsnaher Ton,
- lebendige, nicht durch sterile Studiotechnik verfremdete Dialoge,
- bei kleineren und schnellen Produktionen sicher billiger.

Oft machen akustische Verhältnisse am Drehort den O-Ton unmöglich. In diesen Fällen – und bei Nachsynchronisations-Filmen – begnügt man sich mit der Aufzeichnung des

Primär-Ton

Er wird ebenfalls synchron zum Bild aufgenommen und muß qualitativ nur so gut sein, daß er später – beim Nachsynchronisieren – eine Kontrolle darüber ermöglicht, wer was wann und wie gesagt hat. (Er wird, synchron zur Bildschleife, den Synchronsprechern zugespielt.)

Asynchron-Text

Sind kurze Dialogpassagen, Ausrufe o. ä. O-Ton-mäßig nicht zu bekommen, so hilft man sich mit *nach* dem Drehen aufgenommenem

Asynchron-Text, den man später an die betreffende Bildstelle «anlegt».

Zur Sicherheit sollte man die nachzusprechende Passage *mehrmals*, in verschiedenen Tempi und mit variiertem Mikroabstand (Hall), aufnehmen – irgendein «Take» paßt dann sicher zum Raum und zu den Lippenbewegungen.

Dasselbe Verfahren empfiehlt sich, wenn man Zweifel an der Qualität einzelner, kurzer O-Tonpassagen hat. Asynchron ist natürlich auch

Der Off-Text

der nicht im Bild sichtbaren Schauspieler. Auch hier sollte der Ton eine Auswahl verschiedener Stimmungen abliefern.

Off-Texte kommen naturgemäß aus dem Off – sie können also schon bei der Aufnahme eine Portion «Entfernung», also Nachhall, enthalten. (Mikro wegdrehen, auch hier verschiedene Takes aufzeichnen.)

Asynchron-Geräusche

An jedem Drehort stellt sich die Frage: Was *könnte* später am Schneidetisch oder in der Mischung gebraucht werden? «Nachgemachte» Töne sind zeitraubend und selten so gut wie die, die man vom Drehen hätte mitbringen können.

Das gilt besonders für Asynchron-Geräusche. Darunter fallen *alle*, auch sehr unbedeutend erscheinende Geräusche, die im Bild eine Entsprechung haben.

Besonders bei dialoglosen Szenen (der Tonmann sitzt dabei gern, und mit Recht, in der Sonne) ist genau zu beobachten: was passiert dabei an herausragenden Geräuschen, was muß später für den Ton aufgenommen werden. Bei Auto-Szenen z. B. sind es die immer wiederkehrenden An- und Abfahrgeräusche, Tür-auf- und Tür-zu-Knaller etc. Auch hier erleichtert eine großzügige Auswahl das spätere «Anlegen» am Schneidetisch.

Mitgenommen werden sollten auch andere Geräusche jeder Art, die zum Bild passen *könnten* und die später – unterlegt – die akustische Atmosphäre dichter machen. Oder das Archiv voller.

Die Atmo

Dieser klägliche Rest des schönen Wortes «Atmosphäre» bezeichnet allgemein akustische Hintergründe, vor denen später Dialog und Geräusche stehen.

Das Atmo-Sammeln ist eine undankbare Tätigkeit, jedoch für die weitere Tonbearbeitung extrem wichtig. Es geht ja nicht nur darum, der Szene ein passendes «Volksgemurmel» zu geben oder die Umgebung tonlich präsent zu machen – die vielen Dialog-Einstellungen *eines* Drehortes würden, aneinandergeschnitten, *verschieden* laute Hintergründe haben (je nach Mikroposition und Reglerstellung). Diese *Atmo-Sprünge* sowie *Pausen* zwischen Dialogen müssen mit einer passenden, durchgehenden Atmo zugedeckt werden.

Das gilt auch dann, wenn scheinbar keine Atmo zu hören ist. In jedem Raum bildet sich ein ganz spezielles Eigengeräusch aus – durch Hall, Resonanz- und Filtereigenschaften eines Raumes gefärbte, eingesickerte Außengeräusche ergeben eine charakteristische *Raum-Atmo* (raumstatisch). Ein paar Meter davon sollten auf jeden Fall aufgenommen werden, nachdem das Team den Drehort lärmend verlassen hatte.

Die stumme Einstellung

zeichnet sich durch die Abwesenheit des Tons aus und trägt ein «ST» auf der Klappe. Dazu gehören alle Einstellungen, bei denen eine synchrone Tonaufnahme nicht möglich oder nötig ist (läßt sich der Ton ohne Mühe und Qualitätseinbuße *nach* dem Drehen aufnehmen bzw. zusammenstellen, so wird man die Dreharbeiten durch unnötigen Tonaufbau nicht komplizieren). Zu den «Stummen» gehören in erster Linie Schnittmaterial oder Zwischenschnitte, die tonlich von anderen Einstellungen derselben Szene abgedeckt sind oder mit Atmos oder Asynchrongeräuschen auskommen.

Der Tonbericht

ist eine penibel geführte, chronologische Aufstellung *aller* Tonaufnahmen, also aller Einstellungen, Takes, Atmos und Geräusche. Ähnlich dem Bild-Negativbericht vermerkt er auch Kopierer und Nichtkopierer sowie alle wichtigen Hinweise für die Weiterverarbeitung des Tons (daher auch Ton-Negativbericht).

Diese überaus wichtige Ton-Buchhaltung liefert also eine klare Übersicht über die gesamte Tonarbeit, erleichtert so das Suchen nach bestimmten Aufzeichnungen, vermeidet Doppelaufnahmen und fehlende Töne und liefert Kopien für den Schneidetisch, die Umspielung etc.

Es ist klar, daß engbeschriebene Bandkarton-Rückseiten das nicht leisten können und später Zeit und Nerven kosten. Das nächste Kapitel zeigt ein Tonberichts-Beispiel, wobei «K» für Kopierer (gelungener Take, dessen Bildmaterial kopiert wird) und «NK» für Nichtkopierer steht. (In einigen Fällen *kann* ein NK aus Kamera- oder Regiegründen für den Ton sehr wohl umspielungswürdig, also K sein. Unter Umständen ist nämlich der – einwandfreie – Ton dieses Takes anlegbar an einen späteren Bildkopierer mit mißglücktem Dialog.)

Für jede Schmalbandrolle sollte mindestens eine Tonberichtsseite angelegt werden – das fördert die Übersicht und erlaubt es, einen Durchschlag des Berichts mit in den Bandkarton zu legen.

Beispiel für praktische O-Tonarbeit

Wie und *was* bei einer typischen Spielfilmszene aufzunehmen ist, wird am deutlichsten anhand eines Beispiels:

Drehbuch-Auszug

17
Willi und Fritz an laufender Tiefziehpresse. *Willi*: TEXT
Schieben Bleche hinein. *Fritz*: TEXT
Fabrikhupe (Frühstückspause)

17a
Willi schaltet Stanze aus. *Groß* auf Hebel Schaltgeräusch

18
Pausenecke, Diskussion *Peter, Fritz, Willi*: TEXT
Peter, Fritz + Willi

18a
Willi (groß) *Willi*: TEXT

18b
Fritz, wendet sich nach hinten (halbnah) *Fritz:* Da kommt er!

18c
Peter (groß) hört zu

Bemerkungen zur Ton-Arbeit:

Einstellung 17: Der Dialog an der (zu lauten) Presse ist O-Tonmäßig nicht zu erfassen (laufende Maschine ist im Bild, Störgeräusch also nicht abstellbar). Die Texte sind zu lang, um sie nachsprechen zu können – ein Fall für *Primärton*. Unter dem nachsynchronisierten Text muß später das Geräusch der Presse und das Blech-Scheppern liegen: als *Asynchron-Geräusch* wird es nach dem Drehen dieser Einstellung aufgenommen. Dabei ist auf denselben Arbeitsrhythmus wie bei der Bildaufnahme zu achten (evtl. variieren).
   Zusätzlich das An- und Auslaufen der Maschine mitnehmen.

Einstellung 17a: Eine *stumme* Einstellung – das charakteristische Schaltgeräusch läßt sich ungestörter hinterher aufnehmen.

Einstellung 18: Die Diskussion war mit dem 6. Take «gestorben», der 2. und 3. waren auch für den Ton wertlos, also NK (siehe Tonbericht).

Einstellung 18a: Zwischenschnitt zu 18, mit Dialog, also – mit möglichst gleichem akustischen Hintergrund wie bei 18 – aufzeichnen.

Einstellung 18b: Der *abgewandt* und leise gesprochene Satz hat bei dem (beibehaltenen) Mikroaufbau nicht ganz befriedigt: man läßt den Schauspieler diesen Satz in 3 verschiedenen Versionen als *Asynchron-Text* nachsprechen.

Einstellung 18c: *Stumm*, Ton von 18 oder 18a liegt darüber.

Die noch nötigen Ton-Zutaten wurden danach aufgenommen:

● die Fabrik-Hupe zu Einstellung 17
● *Atmos* der Fabrikhalle, 2 verschiedene – passend zu Einstellung 17 + 18

Der dazu gehörende *Tonbericht*:

Ton-Negativ-Bericht vom 13. 4. 1986

Film: — MUSTER —

Firma: aff b

Tonmeister: Meier   Tonassistent: /   BAND-Nr. / App.-Nr. 1

Szene Nr.	Aufnahme									Total Nr.	Büchse Nr.
	1.	2.	3.	4.	5.	6.	7.	8.	9.		
17	NK	K	K	NK	K		Primär-TON				
asynchr. zu 17: Presse, anlauf, Arbeit, Abschalten.											
asynchr. zu 17a: ausschalt-klick											
18	K	NK	NK	K	K	K					
18a	NK	K	K								
18b	K	K									
asynchr. zu 18b (Da kommt er...)											3x
Fabriksirene (Pause)											
ATMO: Fabrikhalle											
1. leise (Frühst. pause)											
2. laut											

Der dokumentarische Ton

Besprochen wird im folgenden die Arbeit mit Kamera *und* Tongerät (Zweibandverfahren) – nicht das ökonomische, aber qualitativ und bearbeitungsmäßig unbefriedigende *Einbandsystem*, bei dem der Ton direkt auf eine Randspur des Bildfilms geklatscht wird, während der Tonmann sich unausgefüllt vorkommt.

Der dokumentarische Ton ist seinem Wesen nach unberechenbar, die *Tonausrüstung* muß also *schnell* allen Eventualitäten gerecht werden können und flexibles Arbeiten ermöglichen. Fast unentbehrlich, weil universell einsetzbar, ist dabei:

● das *Richtmikro* MKH 816 (mit Pistolengriff u. Windschutz), außerdem sollten griffbereit sein:

● eine Kondensator- oder, für außen, eine dynamische *Niere* (MD 421) mit Tischstativ, für Atmos, Redner und alle akustisch «weitwinkligeren» Angelegenheiten.

● ein oder zwei *Lavalier-Mikros* mit Windschutz, für Interviews, sich bewegende Sprecher oder Kommentatoren im Bild. Sie befreien von Tonsorgen aller Art – die Tonperspektive kann beim Dokumentarton zugunsten einer besseren *Sprachverständlichkeit* vernachlässigt werden.

● zusätzliche *Mikroverlängerungskabel* (Mischen von stationärem Mikro und beweglicher Kanone braucht Kabel).

● *Vorverstärker KAT 15-2*, er gibt in Verbindung mit NAGRA III u. IV zusätzliche Anschlußmöglichkeit (2 Lavaliers z. B.).

● *Reserve-Tonband*

Hat die NAGRA IV idealerweise *je einen* Mikroeingang für Tonaderspeisung und dynamische Mikros (steckbare Vorverstärker), so lassen sich 3 Mikrophone in fast jeder denkbaren Kombination anschließen. Außerdem kann dann die – meist benutzte – «Kanone» *direkt* mit der NAGRA verbunden werden – kein herumhängendes KAT-Kästchen stört mehr die Bewegungsfreiheit.

Pilotton und Startmarkierung

Besonders beim Dokumentarton ist das Pilotkabel zwischen Kamera und Ton ein immerwährendes Ärgernis. Normalerweise überträgt dieser Stolperdraht:

- den Pilotton der Kamera,
- die Startmarkierung oder den *Clap-Impuls*, der in der NAGRA zum Piepser wird und *auf* den Nutzton aufgezeichnet wird.

Gerade das aber macht diese Art der Markierung oft unbrauchbar für den dokumentarischen Ton: da ja – bei Reden z. B. – der Ton weiterlaufen soll (während sich die Kamera gelegentlich einschaltet), wäre die Tonaufnahme mit fortwährenden Start-Piepsern verunziert.

In solchen Fällen schaltet man den Clapper ab (Eigenbau) und ist angewiesen auf die *Klappe* oder das automatische *Anlegeverfahren*.

Die spontanen Ereignisse, die den dokumentarischen Drehablauf bestimmen, sowie das Fehlen exakt begrenzter Takes machen jedoch die gute alte *Klappe* als Startmarkierung oft unbrauchbar.

Außer den unten beschriebenen Möglichkeiten hilft dann nur die improvisierte *Schlußklappe*: am Ende der Aufnahme schwenkt die Kamera zum Tonmeister, der – im Bild sichtbar – das Mikrofon antippt und die Szene ansagt.

Beim *automatischen Anlegeverfahren* wird in der Umspielung bei Erscheinen des Pilottons (Kamerastart) ein 1000-Hz-Ton auf die Perfo-Randspur gelegt. Der Schneidetisch bemerkt diesen Ton, läßt ein Lämpchen leuchten und stoppt automatisch das Perfo-Band, das nun synchron zum Bildfilm liegt (der hatte ja an dieser Stelle die von der Kamera verblitzten Startfelder).

Zumindest also der exakte *Einsatz* und die *Frequenz* des Pilottons werden durch das lästige Pilotkabel übertragen – will man Kamera und Ton frei beweglich machen und diese «Nabelschnur» vermeiden, so bieten sich drei Möglichkeiten an:

1. Drahtlose Übertragung von Pilotton und Clap-Impuls

Ein mit der Kamera verbundener Sender überträgt die Pilotfrequenz und den Clap-Impuls. Der Empfänger startet (während des Kamera-Hochlaufs) das Tongerät mit Hilfe der *Zusatzeinrichtung*, die *nach* dem Hochlauf den Pilotton an das angeschlossene Gerät weiterschickt *oder* den Quarzpilotton zur Aufnahme freigibt. Später sorgt das automatische Anlegeverfahren für gemeinsamen Bild-/Ton-Start.

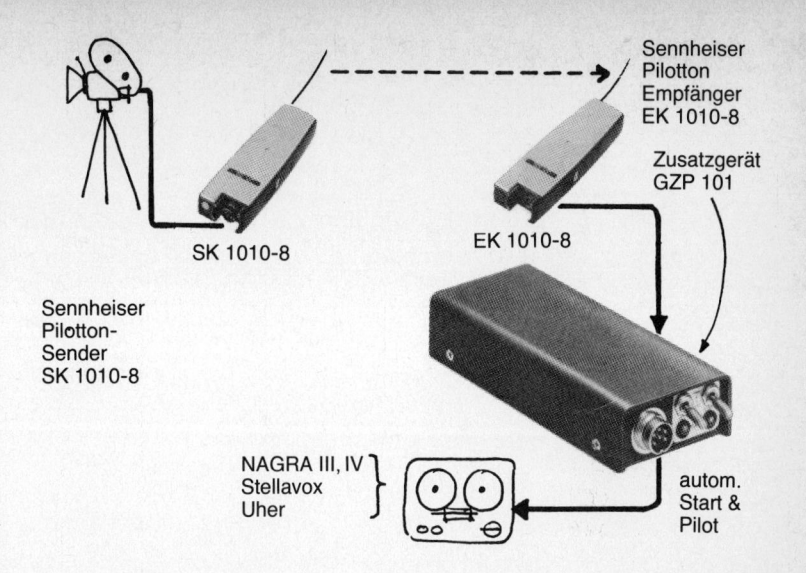

2. Der Quarz-Betrieb

Während die quarzgesteuerte Kamera astronomisch genau läuft, zeichnet das Tongerät eine ebenso präzise, selbstgemachte Pilotfrequenz auf – die Synchronität ist gewährleistet, *nicht* jedoch eine *Startmarkierung*! (Es sei denn, das Kamera-Quarzkontrollgerät sendet während des Clap-Impulses einen hörbaren, leisen Piepser aus. Vom Mikrofon aufgefangen, stört dieser Ton nicht unbedingt die Nutzmodulation und entspricht also einer [leisen] kabelgebundenen Pfeifklappe.)

Das Anlegeverfahren ist beim Quarzpiloten natürlich nutzlos – er wird permanent aufgezeichnet.

3. Quarzbetrieb mit drahtloser Startmarkierung

Zweifellos das eleganteste, aber kostspieligste Verfahren, aufgebaut auf dem Prinzip der *Pilotton-Unterdrückung*.

Der kameraseitige Sender (NAGRA *QRT*) überträgt den Clap-Impuls während des Kamerahochlaufs, der in der NAGRA IV *eingebaute* Empfänger *QRR* macht daraus eine Quarzpilot-*Lücke*. Diese Lücke, die ja den Nutzton nicht stören kann, wird bei der Umspielung vom NAGRA-Synchronisator SLO in einen Piepser oder eine Perfo-Randspurmarkierung verwandelt.

195

Ebenso werden vom Sender QRT Take-Anfang und -Ende sowie Szenenmarkierungen von 1–999 übertragen und als Pilottonlücken auf dem Schmalband registriert. Auch können – beim Drehen mit mehreren Kameras – die Startmarkierungen von bis zu 9 Kameras auf der Pilottonspur identifiziert werden.

Beim Umspielen dekodiert das technische Wunder *QDAN* alle Informationen, zeigt sie an und ist sogar in der Lage, selbsttätig einen gewünschten Take bei schnellem Durchlauf des Schmalbandes herauszusuchen.

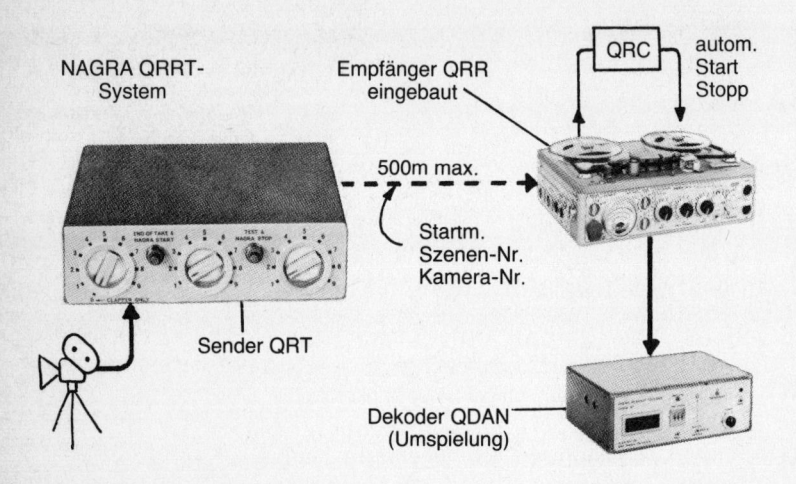

Ton-Übernahme

Bei künstlerischen oder politischen Veranstaltungen ist es oft möglich oder nötig, das Lautsprecher-(Ela-)System der Halle (Sportplatz, Konzertsaal) *anzuzapfen* – man vermeidet so einen Mikrofonwald auf der Bühne und erspart sich den Aufbau eigener Mikros (besonders bei nur teilweisem Mitschnitt der Veranstaltung).

Vorausgesetzt, die Tonqualität der Hallen-Anlage ist zufriedenstellend, kann man:

- im einfachsten Fall ein Mikrofon vor einen Lautsprecher plazieren,
- sich an einen Ausgang des Saal-Mischpultes «anhängen».

Im letzteren Fall gilt es, sich den jeweiligen Stecker- und Spannungsnormen anzupassen. Jeder Hallen-Tontechniker kann – nach einigem Kopfkratzen – die «Modulation» (symmetrisch oder unsymmetrisch, von 0,5 bis 100 Volt) über Bananenstecker anbieten: dem *Line-Eingang* der NAGRA ist alles recht. Die Eingangsspannung daran kann – bei hohem Innenwiderstand – fast beliebig sein. Sollte der angelieferte Pegel trotzdem *zu niedrig* sein, kann die Fremdspeisung über Punkt 3 der NA-GRA-*ACC-Buchse* erfolgen (s. Abb.).

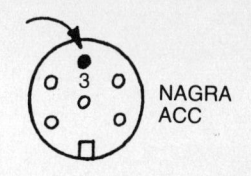

Das *UHER Report Synchro* hat einen ebenfalls unsymmetrischen Eingang, allerdings nur bis Studio-Pegel-Höhe (1,55 V = +6 dB), während die *Stellavox Sp 7* nur kleine Pegel (500 mV) regelbar verarbeiten kann (Stellavox Sp 8 bis 12 V regelbar). Den UHER- und Stellavox-Geräten hat die NAGRA voraus, daß sie keine Stecker-Akrobatik erfordert: Bananenstecker gibt es überall, notfalls genügt ein Drahtende und ein dazugestecktes Streichholz.

Symmetrische Studio-Leitungen – wie man sie in allen seriösen Anlagen trifft – werden folgendermaßen angeschlossen:

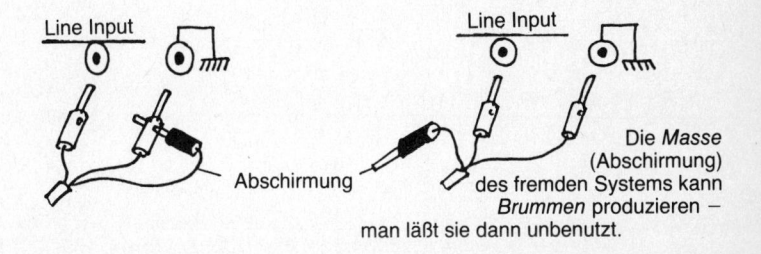

Abschirmung

Die *Masse* (Abschirmung) des fremden Systems kann *Brummen* produzieren – man läßt sie dann unbenutzt.

Zusätzlich zu dem gelieferten Ton wird man oft noch eigene *Stützmikros* einsetzen müssen: das Richtmikro für Publikumsreaktionen oder – bei musikalischen Angelegenheiten – Mikros für Schallquellen, die *nicht* von der Hallenanlage akustisch verstärkt werden.

Vorsicht bei Musik: die Hallenaussteuerung (Balance) ist für den Zuhörer im Parkett zugeschnitten, nicht für Tonaufnahmen!

Werdegang eines Film-Tons

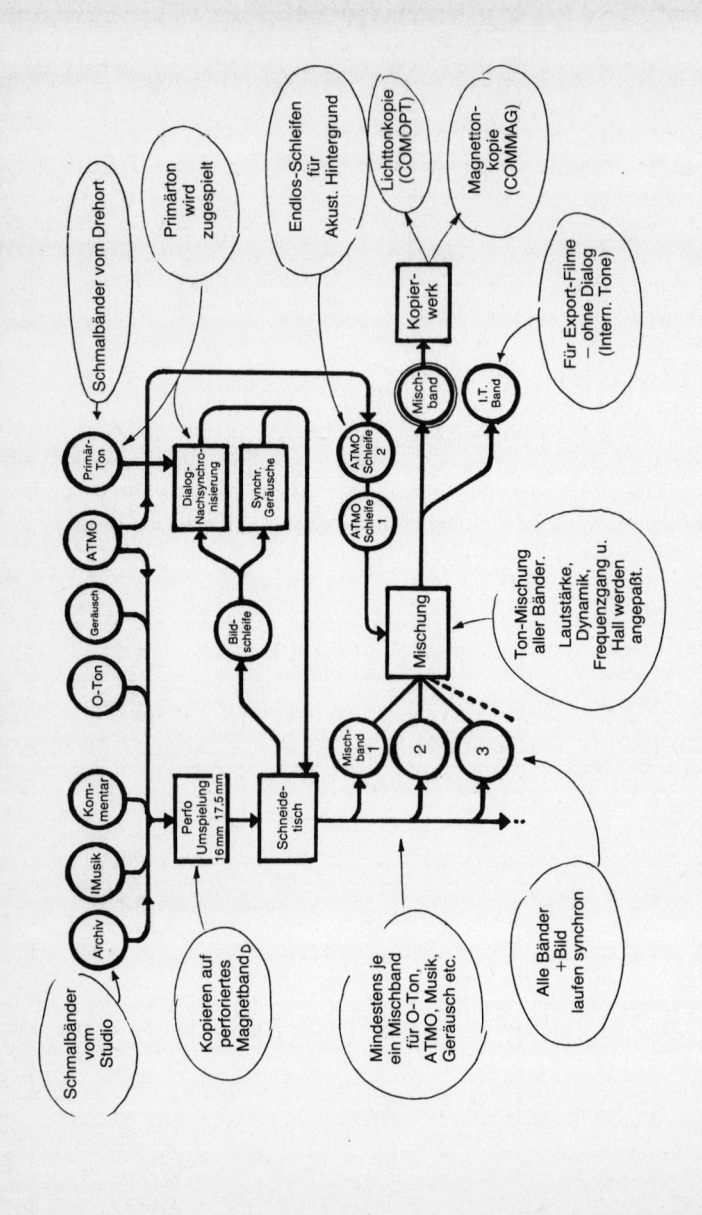

Voraussetzung für eine gedeihliche O-Tonarbeit ist das Wissen um das weitere Schicksal der abgelieferten Bänder (Schnürsenkel).

Bei der Dreharbeit muß klar sein, *was* später am Schneidetisch oder bei der Mischung gebraucht werden könnte. «Nachgemachte» Töne sind kostspielig, weil zeitraubend, und passen selten so gut wie die, die man vom Drehort hätte mitbringen können. Deshalb hier eine Übersicht über die wichtigsten Stationen der Film-*Tonbearbeitung*, sozusagen der *Werdegang eines Film-Tons* (s. Diagramm).

Auf normalem ¼-Zoll-Tonband (Schnürsenkel, Schmalband) kommen vom Drehort: 1. der O-Ton, 2. Asynchrone Geräusche oder Textstellen und 3. Atmos.

Auf Studio-Schmalbandmaschinen aufgenommen liegen vor: 1. Musiken, 2. Kommentar.

Die ausgesuchten, guten Musik-, Kommentar- und O-Tonpartien (die Kopierer) sowie alle brauchbar erscheinenden Geräusche und Atmos werden sodann *umgespielt*, d. h. – bei 16-mm-Film auf 16 mm breites perforiertes Magnetband (Perfo/Cord) kopiert (Bei 35-mm-Film ist es 17,5 mm breit). Beim O-Ton sorgt dabei der mitaufgezeichnete *Pilotton* für Synchronität.

Diese Perfostapel wandern nun – zusammen mit der Bild-Arbeitskopie zum *Schneidetisch*. Hier werden in schöner Synchronität (es ist ja alles perforiert) zu dem geschnittenen Bild die passenden Dialoge, Geräusche, Atmos etc. auf mehreren *Mischbändern* zusammengefaßt. Es entstehen also separate Rollen (jede so lang wie der Bildfilm) für O-Ton, Musik, Geräusch etc. – wobei jede Sparte mehrere Rollen beanspruchen kann.

Sind zusätzlich synchrone Geräusche oder eine Nachsynchronisation notwendig, so wird am Schneidetisch eine endlose *Bildschleife* der betreffenden Stelle hergestellt. Sie wird – sich immer wiederholend – dem Geräuschemacher oder den Synchronsprechern so lange vorgeführt, bis der «Take» zu jedermanns Zufriedenheit ausgefallen ist. Bei der Nachsynchronisation wird den Sprechern der am Drehort aufgenommene *Primärton* zugespielt – wer wüßte sonst, wer damals was gesagt hat?

Diese nachproduzierten Töne erreichen dann, als Perfostücke, den überfüllten Schneidetisch. Nach Abschluß der Schneidearbeit gelangen dann die fertigen Mischbänder sowie der Bildfilm in die *Mischung*. Hier werden alle Bänder mit Hilfe eines minutiösen Mischplanes gefühlvoll und zum Bild passend zu *einem* Mischband vereinigt.

Dabei werden die bis dato vernachlässigten Lautstärkeunterschiede ausgeglichen und Dynamik, Frequenzgang und Nachhall dem Bild angepaßt. Zusätzliche *Atmo-Schleifen* liefern akustische Hintergründe oder decken – ausnahmsweise – Tonlöcher zu. Da das Mischen vieler Tonereignisse synchron zum schnell wechselnden Bild schwierig ist, werden oft in einer *Vormischung* mehrere Mischbänder zusammengefaßt. Für Exportfilme liefert die Mischung gleichzeitig ein perfektes Gemisch *ohne* Dialoge – das sog. *I.T.-Band* (International Tone).

Das so gewonnene Mischband (SEPMAG) gerät in die Kopieranstalt, wo es als Lichtton (COMOPT) oder Magnetton (COMMAG) glücklich mit dem Bildfilm vereint wird.

Bemerkungen zur Dokumentarton-Arbeit

Das wichtigste Requisit dazu ist eine gute *Kommunikation* zwischen Kameramann und Tonmeister.

Jederzeit sollte der Ton wissen, *wo* die Kamera ist und *was* sie vorhat – d. h. auch und gerade im dicksten Gewühl mit «schußbereiter» Kanone *nahe* bei der Kamera bleiben, besser zu früh als zu spät den Ton laufen lassen und das Richtmikro (außerhalb des Bildes) in *Kamera-Blickrichtung* halten: die Tonperspektive hat dann ihre bildliche Entsprechung. (Ausgenommen sind davon natürlich tonlich wichtige Angelegenheiten, die man nicht wegen eines Kamera-Schwenks ins Ton-Off geraten läßt.)

In komplexeren Tonsituationen empfehlen sich *stationäre* Mikrofone an strategisch wichtigen Punkten, die über lange, *lose verlegte* Kabel mit dem umgehängten Tongerät verbunden sind. Das ergibt – zusammen mit der handgeführten Richtkanone – ein bewegliches Einmann-Tonstudio.

In weniger hektischen Zeiten kann und sollte sich der Ton – mehr als beim Spielfilm – hörspielartig verselbständigen. Als *Nur-Ton* aufgenommene Ereignisse können einen Dokumentarfilm ungemein bereichern. Dazu gehören:

- Musiken, Gesänge, Tänze,
- mitgeschnittene Gespräche, Diskussionen,
- besondere Atmos,
- charakteristische oder seltene Geräusche etc., etc.

Zum *Nur-Ton* werden auch Reden und Diskussionen, von denen man, trotz abgeschalteter Kamera, *mehr* mitnimmt als nötig scheint. Später kann dieses Tonmaterial, komprimiert und teils synchron, teils unter Schnittbildern, sehr nützlich sein.

Besonders in exotischen Gebieten sollte sich der Ton auch ethnologisch betätigen und – evtl. mit verstecktem Mikrofon in lässig umgehängter NAGRA – sonst Unaufnehmbares aufzeichnen. Da bei solchen Dreharbeiten nie abzusehen ist, was der Schneidetisch später an Tönen brauchen könnte, ist ein Zuviel an Nur-Ton oder Atmos nie von Übel – auf jeden Fall freut sich das Archiv.

Die Nachsynchronisation

Allgemeines

Wie schon der Name sagt, wird dabei im nachhinein der Ton synchron zum schon vorhandenen Bild produziert. Das Gegenstück, die Vorsynchronisation, ist das anderenorts besprochene Playback-Verfahren, bei dem der Ton zuerst existierte.

Eingesetzt wird die Nachsynchronisation bei der Eindeutschung fremdsprachiger Filme und bei fehlendem Originalton, wobei sich die Arbeit an ausländischen Filmen nur durch das Übersetzen des Drehbuchs und das Anpassen des Textes an die Lippenbewegungen (Checken) von der normalen Nachsynchronisation unterscheidet.

Prinzipiell muß davon ausgegangen werden, daß auch der beste Synchronsprecher nur eine begrenzte Zeit lang künstlerisch befriedigend *und* synchron zum Bild sprechen kann – und das auch nicht gleich beim ersten Versuch.

Es wird daher der fertig geschnittene Bildfilm (die Arbeitskopie) in Schleifen aufgeteilt, die, sich immer wiederholend, den Sprechern so lange vorgeführt werden, bis die Aufnahme befriedigt. Im einzelnen sieht das so aus:

Das Taken

Darunter versteht man das Aufteilen der Schnittkopie in die einzelnen Schleifen. Sie können – je nach Schwierigkeitsgrad und Art des Dialogs – 10–40 sec lang sein (bei 16 mm also etwa 2–8 m).

Dabei kommt es auf ein sinnvolles Auseinandernehmen des Films an, durch die Trennung sollten weder

- Inhalt und Stimmung der Szene, noch
- der Sprachduktus des Schauspielers

gestört werden.

Außerdem müssen in *einer* Schleife *gleiche* akustisch-technische Bedingungen herrschen, d. h.:

- Außen- und Innenszenen getrennt taken,
- zusätzliche technische Effekte wie Hall oder Entzerrung sollten

über einen Take hinweg gleich bleiben.

Die so erhaltenen Takes werden numeriert (Fettstift) und zusammen mit einem *Synchronstartband* (s. Abb.) zu Schleifen geklebt.

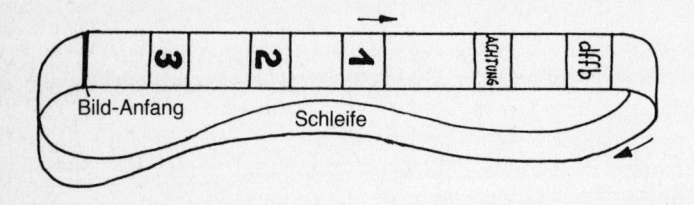

Das Synchronstartband fixiert den Anfang einer Schleife und trägt – im Sekundenabstand vor dem Bildanfang – die Zahlen 1–3. Damit verhilft es den Synchronsprechern zu einem aufregenden und nötigen Achtung-fertig-los-Gefühl.

Synchron zu diesen Zahlen liegen auf dem Startband *Lichtton-Tüter* – sie werden zusammen mit dem Synchrondialog aufgenommen und erleichtern später das Anlegen am Schneidetisch.

Der *Primärton* vom Drehort wird ebenfalls zu einer gefälligen, *gleich langen* Schleife geklebt – es sei denn, man begnügt sich beim Synchronisieren mit dem gelegentlichen Reinhören ins Original: der Primärton kann dann asynchron vom Schnürsenkel kommen.

Die Arbeit im Studio

Das wichtigste Kriterium für die Aufnahme selbst ist, neben der geforderten Synchronität, die dem Bild entsprechende akustische Perspektive und der richtige Raumeindruck.

In dem nicht zu großen (Nachhall) Synchronstudio sollte man die verschiedensten Akustiken nachbilden können. Der Grad der Schall-Absorption an Wänden, Decke und Fußboden bestimmt ja das Ausmaß des Nachhalls und kann damit große, kahle Räume oder intime, kleine Plüschzimmer signalisieren. Veränderbare Wandbespannungen und transportable reflektierende oder gepolsterte Stellwände erlauben es also, in Grenzen den passenden Raum nachzuahmen.

Bei Außenszenen, die sich ja durch das Fehlen jeglichen Nachhalls auszeichnen, verbannt man den Sprecher in eine aus Molton oder ähnlichem gefertigte Kabine (Zelt) – die Schallabsorption ist dann maximal und täuscht eine nachhallfreie grüne Wiese vor.

Zum Nachbilden der akustischen Perspektive dienen

bei Außenszenen: das Zelt
Mischpult-Entzerrer (sich entfernende Schallquellen reduzieren sich graduell auf einen mittleren Frequenzbereich);

bei Innenszenen: Stellwände mit reflektierender oder absorbierender Oberfläche,
veränderter Abstand Sprecher–Mikrophon oder, besser, das *Zumischen* eines zweiten oder dritten Mikrofons, in verschiedenen Abständen vom Sprecher plaziert. Dadurch werden Direktschall und diffuser Raumton getrennt regelbar, jede Perspektive ist einstellbar.

Die Natürlichkeit des Klangbildes und der Sprache selbst wird wesentlich gesteigert, wenn der Synchronsprecher Bewegungen und – wenn möglich – Tätigkeiten des Leinwandhelden im Studio nachvollzieht.

Dreht sich der Bild-Schauspieler von der Kamera weg, so läßt man den Synchronsprecher vom Mikrofon «wegsprechen» – das Mikro wird zur Kamera und verhilft in diesem Beispiel zu einem richtig dosierten Höhenabfall.

Arbeitsablauf

Nach Anlauf der Bildschleife wird sich der Synchronsprecher zuerst einmal auf den Take «einsprechen» müssen – während der ersten Durchläufe unterstützt von der Einspielung des Primärtons.

Nach einigen unvermeidlichen Korrekturen der Regie und nach genügendem Feilen an der Synchronität wird das Angebotene befriedigen – es wird, zusammen mit den Lichtton-Tütern des Bildstartbandes, auf einer Schmalbandmaschine aufgenommen. (Es bedeutet keinen Zeitverlust, zuerst auf Schnürsenkel aufzunehmen – im Gegenteil: man spart bei mehreren aufgenommenen Durchläufen teures Perfomaterial und behält ein Original, das nicht am Schneidetisch zerschnipselt wird.)

Jeder jetzt mitgefahrene Durchlauf wird angesagt und seine Qualität (K oder NK) notiert.

Ist schließlich eine Aufnahme künstlerisch und technisch befriedigend ausgefallen (wobei man *gleichmäßig* asynchron gesprochene Sätze oder Satzteile später notfalls «hinziehen» kann), schreitet man zur nächsten Schleife – bis zur nächsten Aufnahme ist Zeit genug, den gelungenen Take vom Schmalband auf Magnetfilm umzuspielen.

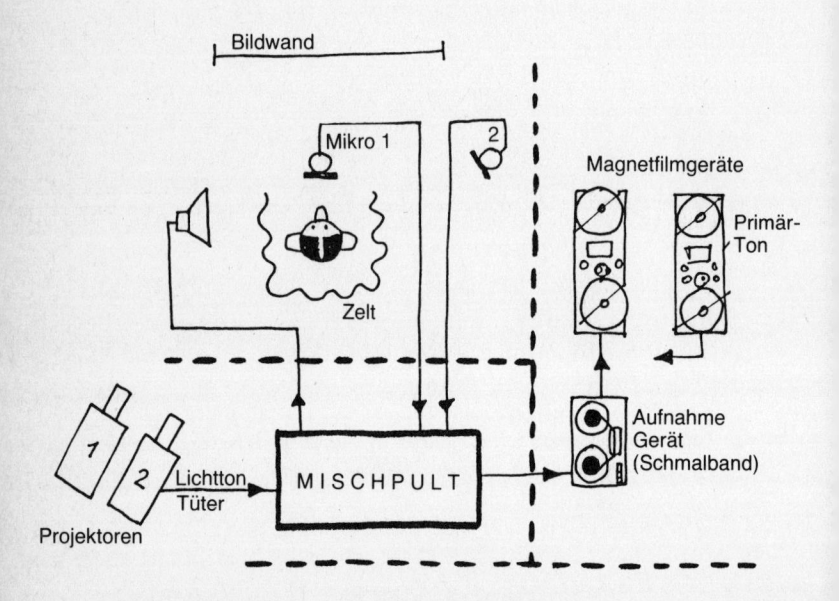

Schematischer Aufbau eines Synchron-Studios

Die Mischung

Allgemeines

Wo auch immer man irgend etwas hört: es ist eine *Mischung* aus akustischen Ereignissen. Fast nie wird ein Ton, ein Geräusch oder ein Klang in Reinkultur angetroffen. Die primäre Schallquelle (Sprache z. B.) mischt sich mit (oder wird überlagert von):

- Synchrongeräuschen – man sieht, was man hört,
- Off-Tönen – der Nachbar hustet,
- einer allgegenwärtigen Atmo (Straßengeräusch, Wind etc.), die, von der jeweiligen Umgebung spezifisch gefiltert und verbogen, eine präzise akustische Information über den Ort des Geschehens liefert.

Im täglichen Leben erspart uns das Gehirn die Wahrnehmung dieses akustischen Überangebots – es filtert alles Unwesentliche heraus, wobei die Entscheidung über Wesentliches und Unwesentliches von der jeweiligen Situation und der romantischen Veranlagung des Hörenden abhängt.

Normalerweise setzt sich das Hörbare in den audiovisuellen Medien aus denselben Ton-Zutaten zusammen: am Schneidetisch entstehen, synchron zum Bildstreifen, diverse Ton-Schnittbänder – mindestens je eines für

- Sprache (O-Ton oder Nachsynchronisiertes),
- Geräusche (Synchrongeräusche, Off-Töne),
- Atmos.

Die Aufgabe der Mischung ist es nun, diese verschiedenen Höreindrücke passend zum Bild und zur dramaturgischen Konzeption richtig zu dosieren und, wenn nötig, durch Veränderung anzupassen.

Ganz analog zum Bild heißt das: aus dem reichlich vorhandenen Angebot an Information (hier: akustische Information) wird eine Auswahl getroffen – das Tonrohmaterial wird nach inhaltlichen und formalen Kriterien so aufbereitet, daß sich beim Rezipienten ein ganz *bestimmtes* Hörerlebnis einstellt. Das Hörzentrum im Gehirn des «Endverbrauchers» wird also manipuliert durch Vorwegnahme der Wesentlich/Unwesentlich-Entscheidung.

Neben dieser wichtigen Funktion hat die Mischung die Aufgabe,

- die *technische Qualität* des Tonmaterials zu *optimieren* (z. B. durch Filter) und
- alle Einstellungen *akustisch anzugleichen* (durch Hallzugabe, Filterung und Pegelakrobatik).

Das Prinzip der Mischung ist simpel:

Synchron zum fertig geschnittenen Bildfilm laufen die verschiedenen, gleich langen Ton-Schnittbänder ab. Zusammen mit sich stets wiederholenden Tonschleifen (für die akustischen Hintergründe) bilden sie das Ton-Rohmaterial für die Mischung. Nach einem minutiösen Mischplan mit allen wichtigen Informationen über Zeitpunkt und Art des Hörgeschehens werden nun am Mischpult – das Bild vor Augen – alle Bänder in *einem* Tonkanal zusammengefaßt und auf einem separaten Tongerät aufgenommen.

Das so erhaltene *Mischband* entspricht dem nach der Arbeitskopie geschnittenen Negativ – es ist die Tonendfassung für das Kopierwerk. Simultan zu dieser Gesamtmischung kann – durch Auslassen z. B. der Sprachkanäle in einem separaten Aufnahmezweig – eine *I. T.-Mischung* erfolgen. Auf diesem – für den Export gedachten – I. T.-Band finden sich alle fertig gemischten Töne außer den deutschsprachigen Passagen.

Die Apparaturen

Jedes Mischstudio ist anders. Unterschiedliche Investitionsmöglichkeiten und Produktionsschwerpunkte bestimmen den Aufbau und den Gerätepark der Studios. Hier können also nur die wichtigsten Apparaturen für die Mischung besprochen werden – man wird sie, in mehr oder weniger erweiterter Form, in jedem Studio wiederfinden.

Die Gleichlaufanlage

Alle vom Schneidetisch angelieferten Bänder müssen bei der Mischung natürlich peinlich genau

- untereinander und
- relativ zum Bildfilm

synchron laufen und, auch beim unvermeidlichen, mehrmaligen Stoppen und Richtungwechsel, synchron *bleiben*. Unerläßlich für jede Mischanlage ist daher eine Einrichtung, die mehrere (bis zu 20) Magnetfilm-Laufwerke und den Bildprojektor in schöner Gleichzeitigkeit vorwärts oder rückwärts, schnell oder langsam bewegt – die sozusagen alle Geräte an *einer* Motorachse laufen läßt.

Das besorgte früher tatsächlich eine mechanische Welle, die alle

Laufwerke starr miteinander koppelte – inzwischen macht das (wie überall) die Elektronik viel eleganter (und anfälliger).

Durch das *Rotosyn*-System – oder seine Weiterentwicklungen – werden unbegrenzt viele Perfo-Bandspieler sowie der Projektor absolut synchron und in jeder Bewegungsrichtung ferngesteuert. Bei all diesen Anlagen wird elektromechanisch (durch Umformer) oder elektronisch (durch einen Haufen moderner Halbleiterschaltungen) eine in Amplitude und Frequenz veränderbare Drehstromspeisung erzeugt, die alle angeschlossenen Motore dazu zwingt, sich gemeinsam ballettartig zu bewegen.

Das Mischpult

Da es fast so viele verschiedene Mischpulte wie Tonstudios gibt, beschränkt sich die folgende Beschreibung auf das Wesentliche.

Auch das kleinste Studio-Mischpult kann:

1. Verschiedene Tonsignale zusammenführen,
2. Töne durch Filtern oder Hallzugabe verändern,
3. durch allerlei Schaltakrobatik den Ton an verschiedenen Punkten der Produktionskette hör- oder meßbar machen.

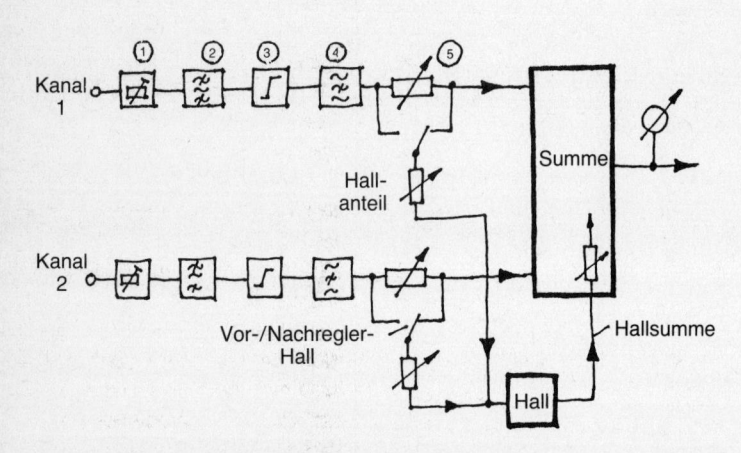

Prinzipschaltbild eines Studio-Mischpultes
(nur 2 Kanäle sind eingezeichnet)

Die schematische vorhergehende Abbildung zeigt: Jedes von Magnettongeräten, Mikrofonen etc. kommende Eingangssignal gerät in einen separaten *Kanal*, der – je nach Notwendigkeit –

- den Pegel grob anpaßt (Eingangsabschwächer ①),
- Höhen und Tiefen absenkt oder erhöht (Hoch/Tief-Entzerrer ②),
- den Gesamtfrequenzgang verändert (Entzerrer ③),
- bestimmte, wählbare Frequenzen anhebt (Präsenzfilter) oder absenkt (Absenzfilter ④),
- einen einstellbaren Anteil des Signals (vor oder nach der Pegelregelung) abzweigt zum Hallgerät,
- den Pegel dosiert (Eingangs- oder Kanalregler ⑤).

Die mit den Eingangsreglern eingestellte «Tonmixtur» wird weitergegeben in den *Summenkanal*, dort mit dem Summenregler insgesamt dosiert und mit dem vom Hallgerät zurückkommenden Hall versehen.

Zusätzliche Filter, Begrenzer oder Kompressoren sind, per Kreuzschienenfeld, in jeden Übertragungsweg einzustöpseln. Imposante Tastenreihen oder Wahlschalter gestatten das Messen und Abhören des Signals unter anderem am Ausgang des Mischpults (Vorband-Hören), vor jedem Kanalregler (Vorhören) und am Ausgang der aufnehmenden Maschine (Hinterband-Hören).

Die Ton-Laufwerke

Die Wiedergabe der Schnittbänder sowie die Aufnahme der Misch- und I.-T.-Bänder erfolgt auf Magnetfilmgeräten, die – umschaltbar auf 24 oder 25 Bilder/sec – selbständig oder von der Gleichlaufanlage betrieben werden können.

Natürlich müssen sie dem jeweilig verwendeten Magnetfilm entsprechen:
 bei 16-mm-Film: 16-mm-Magnettonfilm (SEPMAG 16),
 bei 35-mm-Film: 17,5-mm-Magnettonfilm (SEPMAG 17,5) oder 35-mm-Magnettonfilm für mehrkanalige Aufzeichnungen.

Durch Auswechseln der Kopfträger und Verstellen der Laufrollen lassen sich einige Modelle auf verschiedene Filmbreiten und Aufzeichnungsnormen umrüsten.

Die Pegelvoranzeige

Nicht selten wird der mischende Tonmeister von plötzlich auftretenden Pegelspitzen oder Spracheinsätzen überrascht, und das führt – auch bei bestem Reaktionsvermögen – zu peinlichen Übersteuerungen oder Unbalancen im Klangbild.

Abhilfe schaffen dabei Einzeichnungen im Bildfilm (siehe später) oder die Pegelvoranzeige. Dieses sinnreiche Gerät besteht im Prinzip aus einem Abhörkopf, der in einiger Entfernung *vor* dem normalen Abhörkopf der wiedergebenden Maschine sitzt und somit schon *vorher* merkt, was auf den Tonmeister zukommt. Seine Prognosen werden optisch angezeigt und ersparen, zusammen mit dem Mischplan, Zeit und Nerven.

Das Economy-Verfahren

Spätestens beim Selbermachen merkt man: es sind beim Mischen einer größeren Anzahl von Bändern oder bei schwierigem Tonrohmaterial selten mehr als 5 Minuten hintereinander einwandfrei zu bearbeiten.

Besonders die Bildschnitte und die damit verbundenen Ton- oder Atmosprünge führen oft zu Ton-Unebenheiten, und Fehler, die am Schneidetisch nicht hörbar waren, erfordern nicht selten mehrmaliges Probieren mit verschiedenen Entzerrungen oder Balancen: jedesmal also müßte man anhalten, zurückfahren und die Rolle erneut von vorn beginnen. (Man möchte doch eine kontinuierliche Aufnahme – und Schneiden des Mischbandes verbietet sich aus Zeit- und Kostengründen.)

Besonders kurz vor dem Ende einer Rolle würde das die frustrierende Wiederholung stundenlangen Mischbemühens bedeuten.

Will man also den Film nicht in eine Unmenge kleiner 5-Minuten-Rollen zerschneiden, die eine faire Chance des «Durchmischens» böten, so bleibt nur das inzwischen allgemein angewandte Economy-Verfahren.

Dabei sorgt eine mit trickreichen Verzögerungen und Feingefühl arbeitende Elektronik dafür, daß man in eine bestehende Aufnahme – später unhörbar – wieder «einsteigen» kann, bei einem Mischfehler also nur noch zu einer korrekt gemischten Stelle zurückzufahren braucht, um von diesem Punkt an erneut – und besser – zu mischen.

Die Tatsache, daß das Ohr plötzlich an- oder abgeschaltete Töne als (relativ) langsam an- oder abschwellend empfindet, daß frequenzmäßig benachbarte Töne sich gegenseitig zudecken können (Verdeckungseffekt) und daß sich plötzliche Tonunebenheiten durch den allgegenwärtigen Nachhall mildtätig verwischen (Verwischungseffekt), trägt – zusammen mit der erwähnten Elektronik – dazu bei, daß der Wiedereinstiegspunkt in das Mischband völlig unhörbar bleibt (siehe auch S. 225)

Hall und Raumsimulation

Zur Erzeugung von bild- oder dramaturgiegerechtem Hall ist ein Hallgerät (Hallplatte) vonnöten, das, mit fernregelbaren Nachhallzeiten, jeden Kanal individuell verhallen kann. Eine Nachhall-Sonderbehandlung allerdings benötigt die akustische Darstellung von Radiotönen im Raum oder z. B. Kneipenmusik: die trockene Musik von Platte oder Band wirkt raumlos und künstlich «aufgesetzt» – das Hallgerät würde dabei jedoch leicht ein Badezimmer vortäuschen.

Hier hilft man sich mit einem im Nebenraum aufgestellten Lautsprecher und Mikrofon. Der zu «verraumende» Ton wird auf den Lautsprecher gegeben und, zusammen mit dem sich entwickelnden Raumhall vom Mikrofon zum Mischpult zurückgeschickt.

Sprecherkabine

Für eilige Mischungen empfiehlt sich außerdem eine akustisch einwandfreie Sprecherkabine mit Sicht auf den Bildschirm. Besonders bei aktuellen Dokumentarproduktionen kann so der Kommentarsprecher – ohne zeitraubenden Umweg über den Schneidetisch – direkt in die Mischung sprechen.

Vorbereitungen zur Mischung

Die meist knapp gehaltenen Mischstudio-Termine, die konzentrierte Arbeit mit oft unvorhersehbaren Schwierigkeiten und reizbaren Tonmeistern zwingt zu peinlich genauen, umfassenden Vorbereitungsarbeiten am Schneidetisch.

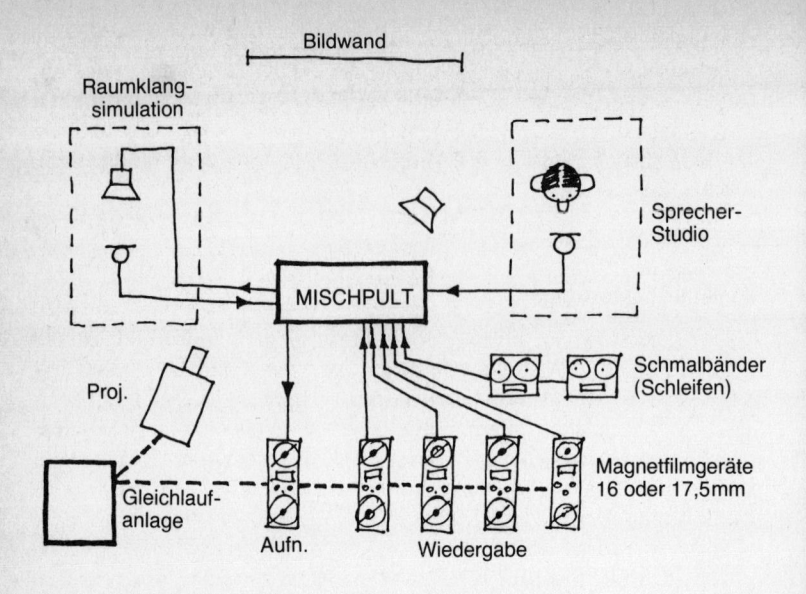

Schematische Darstellung eines Mischstudios

Darunter fällt in erster Linie:

- das Erkennen und Korrigieren aller Tonfehler, die die Mischung verzögern könnten (Tonlöcher etc.),
- Einzeichnungen im Bildfilm,
- ein exakter Mischplan,
- das rechtzeitige Anfertigen von Atmo-Schleifen.

Die Schnittbänder

Die fertiggestellten Schnittbänder sollten vor der Mischung noch einmal gründlich überprüft werden:
1. auf absolute Synchronität. Das «Hinziehen» eines Bandes während der Mischung ist entweder technisch unmöglich oder zeit- und nervenraubend. (Der entsprechende Perfoläufer müßte ja vorübergehend vom Gleichlaufsystem getrennt werden, und das bedeutet eine zusätzliche Fehlerquelle.)

2. auf kontinuierlichen akustischen Hintergrund. Die miese Qualität der Schneidetisch-Lautsprecher führt z. B. oft zum Überhören von Atmo-Löchern, die dann in der Mischung mühselig und unbefriedigend mit einem barmherzigen Mäntelchen aus Allerweltsgeräusch zugedeckt werden müssen.
3. auf exakt geschnittene Übergänge. Bei geplanten Überblendungen muß genügend Ton vor- und überhängen – bei abrupten Tonwechseln auf Bildschnitt sollte der neue Ton auch exakt auf Schnitt anliegen: der Mischregler kann dann offen bleiben.
4. auf sinnvolle Verteilung des akustischen Geschehens auf die Schnittbänder.
Es ist keine Tugend, mit möglichst wenigen, vollgepackten Schnittbändern auszukommen!
Diese falsche Sparsamkeit führt zu nervenzerfetzenden Mischsituationen, wie das folgende Beispiel zeigt (bei Verständnisschwierigkeiten mit dieser Darstellungsweise bitte auf das Kapitel «Mischplan» vorgreifen):

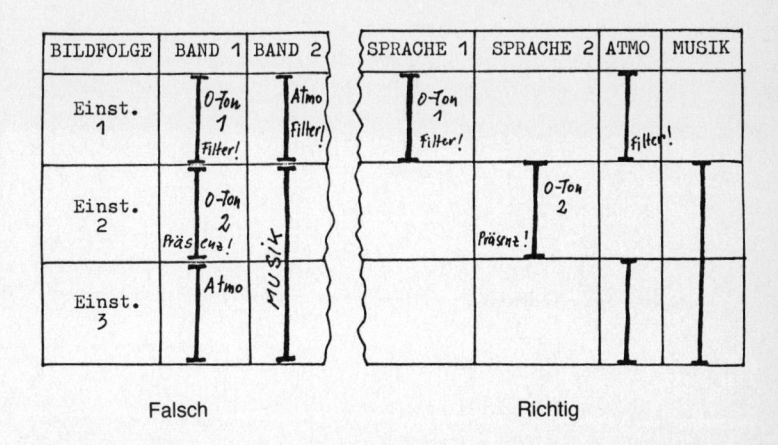

BILDFOLGE	BAND 1	BAND 2	SPRACHE 1	SPRACHE 2	ATMO	MUSIK
Einst. 1	O-Ton 1 Filter!	Atmo filter!	O-Ton 1 Filter!		filter!	
Einst. 2	O-Ton 2 Präsenz!	MUSIK		O-Ton 2 Präsenz!		
Einst. 3	Atmo	MUSIK				

Falsch   Richtig

Im ersten Beispiel müßte der Tonmeister auf Bildschnitt zwischen erster und zweiter Einstellung *gleichzeitig* und ohne Verzögerung

- den O-Tonpegel von O-Ton 1 auf O-Ton 2 angleichen,
- die Entzerrungen in diesem Kanal wechseln,
- den 2. Kanal entfiltern (Sprung von Atmo auf Musik),
- den Musikpegel angleichen;

beim zweiten Bildschnitt:

- die Entzerrung von O-Ton 2 aufheben,
- gleichzeitig abfangen auf Atmopegel.

Selbst ein Oktopus mit gutem Reaktionsvermögen hätte dabei seine Schwierigkeiten: Besser geht es bei derselben Szene im zweiten Beispiel: hier bleibt bei (oder vor) jeder Einstellung genügend Zeit, die Entzerrungen des jeweiligen Kanals zu schalten und den Regler des nächsten Tones vorbereitend «hinzustellen».

Prinzipiell sollten also Sprache, Geräusche, Atmo und Musik eigene Bänder erhalten und nicht gemischt vorliegen – aufeinanderfolgende unterschiedliche Sprach-Takes oder Atmos müssen auf zwei oder mehr Bänder verteilt werden.

Einzeichnungen im Bildfilm

Da der Mischplan alle Daten über das wann und wo zu Mischende enthält, sind Einzeichnungen im Bild nur dann erforderlich, wenn exakte Ein-, Aus- oder Überblendungen nötig sind, bei denen der Sekundenrhythmus der mitlaufenden Digitaluhr zu unpräzise wäre.

Als Vorwarnungen für plötzliche Ein- oder Ausblenden empfehlen sich je zwei Fettstiftkreuzchen im Sekundenabstand vor der kritischen Stelle – 25 und 50 Bilder vor dem bewußten Punkt also:

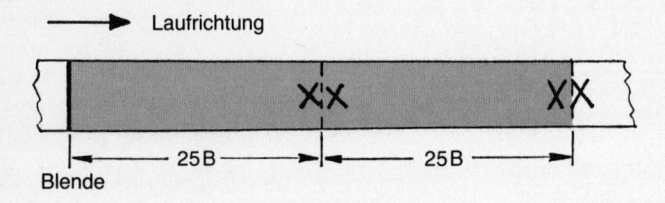

Vorwarn-Kreuzchen für harte Blenden

Für langsame Aus-, Ein- oder Überblendungen sind wandernde vertikale Striche über die gesamte Blend-Länge eine präzise Regelhilfe:

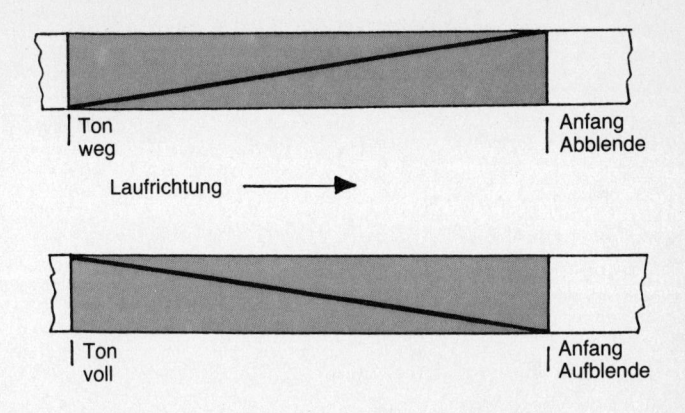

Einzeichnungen im Bildfilm bei Auf- und Abblenden

Der Mischplan

Unabhängig von der Art der Einzeichnung (es gibt keine allgemein verbindliche Darstellungsnorm) muß ein Mischplan klar und präzise anzeigen,

   WAS (Inhalt der Einstellung)
   WANN (genaue Zeit oder Meter)
   WO (von welchem Tonträger)
   WIE (geblendet, verhallt etc.)

gemischt werden soll.

Eindeutig und übersichtlich sollte er das akustische Geschehen in jedem Kanal in chronologischer Reihenfolge graphisch präsentieren, so daß ein kurzer Blick genügt, die Situation während einer bestimmten Einstellung zu erfassen.

Im oberen Teil des Mischplan-Beispiels (s. nächste Seite) gibt ein durchgezogener Strich an, zwischen welchen Zeitpunkten der entsprechende Tonkanal «da»sein soll – im unteren Teil trägt diese Linie noch eine zusätzliche Information: sie deutet (grob) Pegel und Pegeländerungen an.

dffb MUSTER Titel: DER GUTE TON 1. AKT Länge: 15:30 m

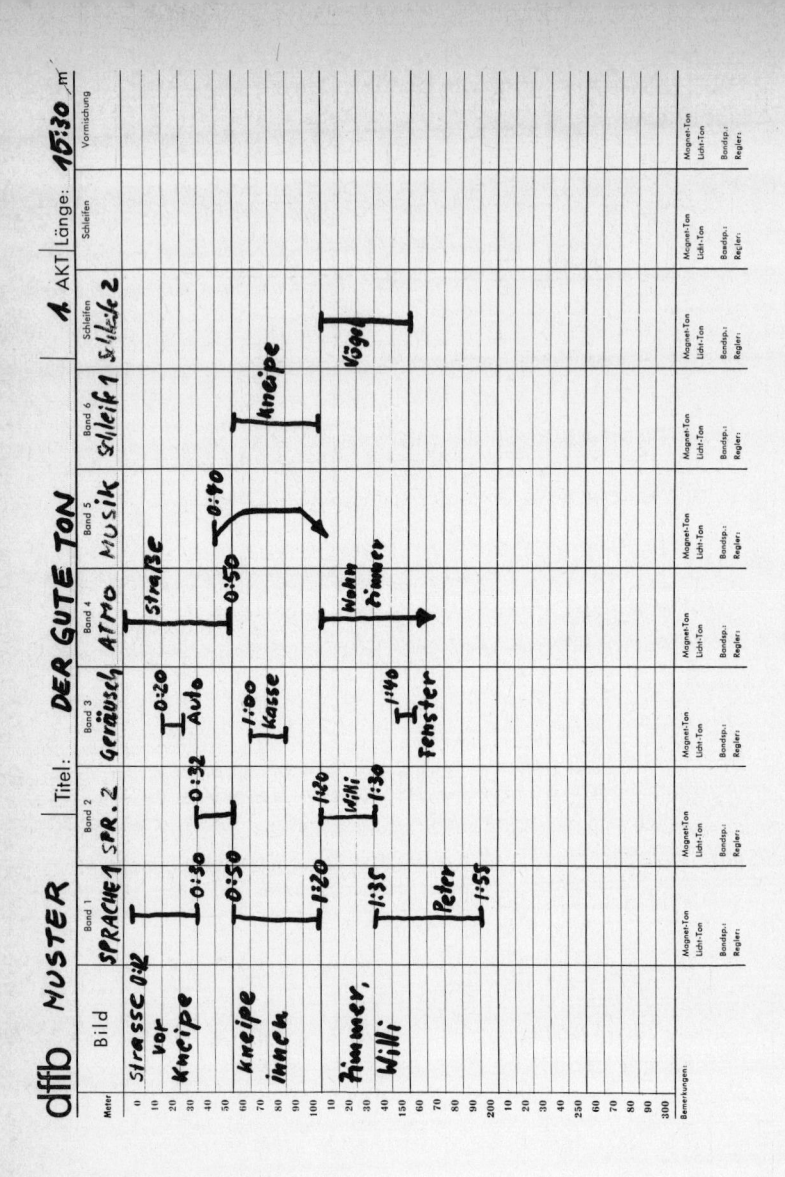

Meter	Bild	Band 1 SPRACHE 1	Band 2 SPR. 2	Band 3 Geräusch	Band 4 ATMO	Band 5 MUSIK	Band 6 Schleif 1	Schleifen Schleife 2	Schleifen	Vormischung
0	Strasse	0:12								
10	vor				Strasse					
20	Kneipe			0:20 Auto						
30		0:30								
40			0:32							
50		0:50								
60	Kneipe			1:00 Kasse	0:50					
70	innen					0:90	Kneipe			
80										
90										
100		1:20	1:20							
10	Zimmer,		Willi 1:30		Wohn- zimmer			Vögel		
30	Willi	1:35		1:40 Fenster						
40										
150										
60		Peter								
70		1:55								
80										
90										
200										
10										
20										
30										
40										
250										
60										
70										
80										
90										
300										
Bemerkungen:		Magnet-Ton Licht-Ton Bandgsw. Regler:	Magnet-Ton Licht-Ton Bandgsw. Regler:	Magnet-Ton Licht-Ton Bandgsw. Regler:	Magnet-Ton Licht-Ton Bandgsw. Regler:	Magnet-Ton Licht-Ton Bandgsw. Regler:	Magnet-Ton Licht-Ton Bandgsw. Regler:	Magnet-Ton Licht-Ton Bandgsw. Regler:	Magnet-Ton Licht-Ton Bandgsw. Regler:	

Beispiel:

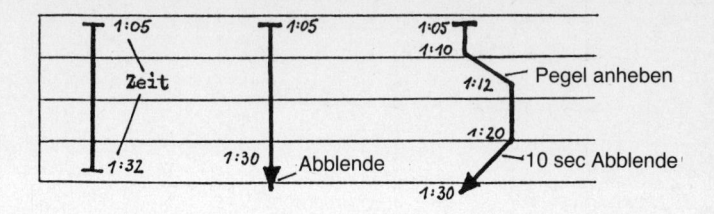

```
┌──1:05──────1:05─────1:05─┐
│                    1:10  │
│   Zeit             1:12 ╲── Pegel anheben
│                    1:20  │
└──1:32──1:30 ╲ Abblende ╲──10 sec Abblende
                    1:30
```

Einige Mischplanformulare erleichtern die Darstellung der Pegelverhältnisse, durch leise-normal-laut-Spalten. Das Blenden oder plötzliche Abfangen eines Tones wird angezeigt durch schräge oder gerade ausgefüllte Kanten:

MISCHPLAN	Prod. Nr.: Text: — MUSTER —	Serie:			Folge 1	Akt 1	Rolle 12:30	Länge Meyer	Cutter 1	Blatt
BILD-ABLAUF	ZEIT ab Bildstart	MISCHBAND 1 Musik / Sprache / Geräusche / Schleife	MISCHBAND 2 Musik / Sprache / Geräusche / Schleife	MISCHBAND 3 Musik / Sprache / Geräusche / Schleife	MISCHBAND 4 Musik / Sprache / Geräusche / Schleife			MISCHBAND 5 Musik / Sprache / Geräusche / Schleife		
Marktplatz	12							Strasse		
Auto, innen	25									
Autofahrt	36			Auto	Grillen					
Dialog Willi	51									
	57									

Es versteht sich, daß diese hilfreiche Grafik nur eine ungefähre Pegelanweisung sein kann – sie ist nicht unbedingt nötig, erleichtert aber das Mischen wesentlich.

Eine zusätzliche Hilfe sind neben die Linien gesetzte *Hinweise* auf bestimmte Zeiten, Tonqualitäten, Entzerrungen etc.

Schleifen und Schmalbänder

Asynchrone Geräusche oder Atmos *müssen* nicht unbedingt am Schneidetisch eingeschnitten sein – sie können direkt bei der Mischung von Perfo- oder Schmalbandschleifen sowie vom Archiv-

Schmalband zugespielt werden. (*Vor* der Mischung heraussuchen und schneiden!)
VORSICHT bei der Auswahl von Schleifen-Atmos:
Regelmäßig wiederkehrende Schleifenvogel-Triller oder ein sich stets wiederholender Ausruf beim Volksgemurmel geben jedem Film eine komische Note. Nur «gedeckte» Atmos ohne hervortretende Laute sind für Schleifen geeignet.

Alle für die Mischung vorbereiteten Schleifen erhalten eine durchgehende Numerierung, die auch im Mischplan wiederauftaucht.

Hier noch einmal eine Zusammenfassung der wichtigsten

VORBEREITUNGEN zur MISCHUNG

- Schnittbänder auf Synchronität und Tonfehler prüfen.
- Schnittbänder mit Startmarkierung und Tüten (3 Felder, synchron zur «2» des Startbandes) versehen.
- Schnittbänder beschriften und genügend (minestens 3 m) Vor- und Abspannband («Einwickelpapier») anschneiden.
- Mischplan erstellen.
- Evtl. Atmoschleifen kleben und beschriften.
- Harte und langsame Blenden im Bildfilm einzeichnen.
- Bier für den Tonmeister bereitstellen.

Die Misch-Praxis

Auch wenn man das Mischen und die anderen dazu nötigen Handgriffe geschultem Fachpersonal überläßt, ist es von entscheidendem Vorteil, darüber Bescheid zu wissen:

Nur dann kann man kritisch und kreativ eingreifen und einem eventuellen «Geht nicht!» des Fachmanns widersprechen.
Der erste Schritt beim Mischen ist

Das Einstarten

Dabei werden die Startkreuze aller wiedergebenden Schnittbänder auf die Wiedergabeköpfe der Magnetfilmmaschinen gelegt, die Startkreuze der aufzunehmenden Bänder auf die Aufnahmeköpfe:

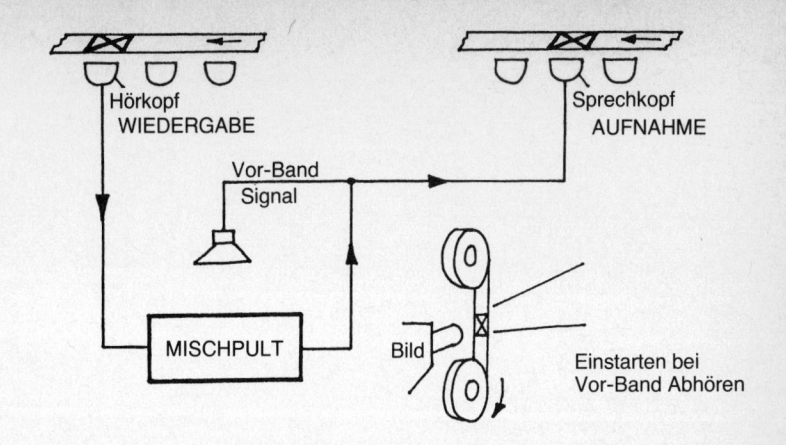

Diagram: Wiedergabe (Hörkopf) → Mischpult → Aufnahme (Sprechkopf); Vor-Band Signal; Bild; Einstarten bei Vor-Band Abhören

Eine kurze Überlegung zeigt die Notwendigkeit dieser Maßnahme: man denkt sich an die Stelle des Startkreuzes ein bestimmtes Tonsignal, das – natürlich ohne zeitliche Verzögerung – vom Abhörkopf über das Mischpult zum Sprechkopf der aufnehmenden Maschine gelangt. Zum selben Zeitpunkt haben wir dann auf beiden Bändern und dem Film an derselben Stelle dasselbe Ereignis – wie es die Synchronität verlangt.

Der Merksatz: «Referenzpunkt des *wiedergebenden* Bandes auf den *Hörkopf* – Referenzpunkt des *aufzunehmenden* Bandes auf den *Sprechkopf*» gilt natürlich für jede Synchron-Überspielung.

Das Hinter-Band Signal der aufnehmenden Maschine (die fertige Mischung also) trifft jetzt natürlich verspätet am Mischpult ein – verschoben um den Abstand Hör- zu Sprechkopf – und ist nicht mehr synchron zum Bild. Das stört jedoch nur beim

Hinter-Band-Abhören der Mischung
Bei eiligen, nicht allzu kritischen Produktionen ist das von Vorteil: Aufnahme- und Bandfehler werden sofort entdeckt, das zeitraubende Abhören der fertigen Mischung entfällt. Die Nachteile: Das In-die-Zukunft-hinein-Mischen verlangt viel Erfahrung und Konzentration, da man ja das Ergebnis seiner Regelbemühungen erst etwas später hören kann.

Bei solchen Hinterband-Mischungen oder auch beim Abhören der fertigen Mischung wird, um Ton und Bild synchron zu haben, beim

Einstarten das *Bild um die Hör-Sprechkopf-Distanz* (ca. 3–4 Bilder) *zurückgezogen*.

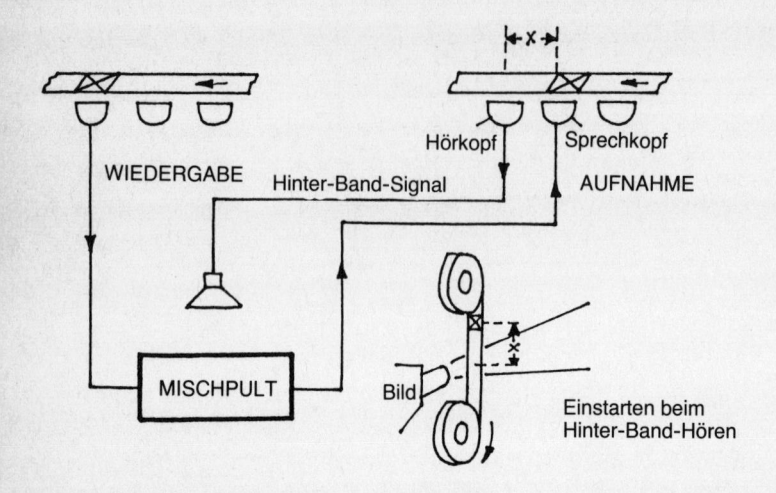

Um absolute Synchronität aller Magnetfilme zu erreichen, muß außerdem beim Einstarten auf die *symmetrische Stellung* aller *Pendelrollen* an den Perfo-Maschinen geachtet werden, sofern das nicht – wie bei allen modernen Geräten – automatisch geschieht.

Die Pegelrollen, die ja eventuelle Bandzugunterschiede ausgleichen sollen, stehen bei normalem Lauf symmetrisch zu den Köpfen.

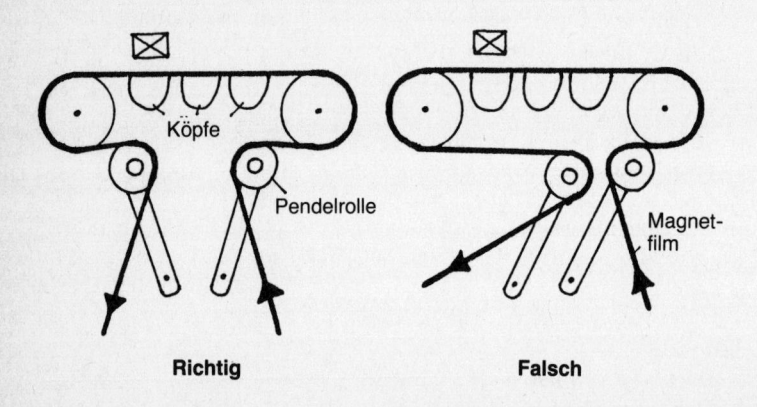

Richtig **Falsch**

Liegen sie beim Einstarten fälschlicherweise in einer Eckposition, so wird sich nach dem Anlaufen eine Tonverschiebung um einige Bilder ergeben – und eine zeitraubende Suche nach dem Schuldigen an dieser Asynchronität.

Bei gelungenem Einstarten werden sich nun, wenn nach dem Anlauf aller Bänder die «2» des Startbandes erscheint, alle aufgeklebten Tüter als *ein* Ton bemerkbar machen.

Hört man dagegen ein melodiöses «Tüterkonzert» von zeitlich versetzten Tönen, so liegt eine Asynchronität vor – das Einstarten (oder die Schnittbänder) waren fehlerhaft.

Der Probedurchlauf

Vor dem eigentlichen Mischen wird man meist in einem Probedurchlauf versuchen, eine grobe Ordnung in das noch chaotisch klingende akustische Angebot zu bringen.

Kritische Passagen der Rolle werden studiert, verschiedene Pegel- und Filterstellungen werden ausprobiert und die dabei gefundenen Werte im Mischplan notiert.

Außerdem gewinnt man auf diese Weise einen Überblick über das gesamte filmische Geschehen dieses Akts, was bei dramaturgischen und technischen Tonproblemen entscheidend sein kann.

Sollte man beim Probedurchlauf feststellen, daß besonders komplizierte Tonpassagen nicht optimal in einem Durchlauf zu mischen sind – daß sich also der Tonmeister bei zu vielen gleichzeitigen Regelvorgängen die «Finger abbricht» –, so wird man sich für eine *Vormischung* entscheiden.

Dabei werden Gruppen von Schnittbändern (nur Geräusche oder nur O-Töne) zu einem *Vormischband* zusammengefaßt – bei der *Hauptmischung* kann man sich dann wesentlich besser auf das Zusammenführen dieser vorgemischten Ton-Gruppen konzentrieren.

Im Interesse einer maximalen Dynamik (Kampf dem Rauschen) sollte bei Vormischungen folgendes beachtet werden:

Die *Relation* der einzelnen Kanäle zueinander muß natürlich schon beim Vormischen stimmen – der *Gesamtpegel* kann jedoch möglichst hoch liegen (er wird ja erst bei der Hauptmischung festgelegt).

Die Mischpraxis

Jede Film-Minute hat ihre eigenen, ganz speziellen Mischprobleme – es muß der Praxis überlassen bleiben, auf diesem Gebiet genügend Erfahrung und Fertigkeiten zu erlangen.

Im folgenden sind trotzdem ein paar *stichwortartige Überlegungen* zur Praxis des Mischens aufgeführt.

Dynamik

Die mit modernen Studiogeräten maximal erreichbare Dynamik – also der theoretisch realisierbare Lautstärkenunterschied – beträgt etwa 70 dB. Diese stolze Zahl nutzt in der Praxis recht wenig: aus Gründen, die im Kapitel «über das Aussteuern» näher dargelegt sind, ist bei Mischungen für das Fernsehen eine Dynamik von mehr als 40 dB nicht mehr zu empfehlen (Lärm und Umwelt). Bei Kino-Mischungen bremst die relativ miese Qualität des Lichttons die Originaldynamik auf ebenfalls 40 dB:

Leise Tonpassagen müssen also über der −40-dB-Marke des Aussteuerungsmessers liegen, um ohne Mühe gehört zu werden!

Dieser schwachbrüstige Dynamikbereich reicht nicht aus, um erhebliche Lautstärkenunterschiede darzustellen – hier hilft ein Kunstgriff und die Vergeßlichkeit des Ohres:

Soll ein Tonereignis als laut empfunden werden, so ist es nicht nur eine Sache des Pegels, sondern auch der vorangegangenen Schalleindrücke. Anders gesagt: *Ein Ton wird um so lauter empfunden, je leiser es vorher zuging.*

Im folgenden Diagramm bedeutet S die Originaldynamik des Schnittbandes. Ein gewissenhafter Tonmeister (oder der automatische Begrenzer) müßte das Signal entsprechend der Kurve A herunterregeln, um eine Übersteuerung zu vermeiden – eine extrem eingeengte Dynamik wäre die Folge!

Nimmt man jedoch den Pegel langsam und unmerkbar *vor* der lauten Stelle *herunter*, so wird, da das Ohr diesen niedrigen Pegel durch Gewöhnung als normal empfindet, die plötzliche Lautstärkenzunahme bis zur Aussteuerungsgrenze einen gewaltigen Eindruck hinterlassen und extreme Lautstärke signalisieren.

Extrem laute Schallereignisse

wie Schüsse, Explosionen usw. erzeugen auch beim unmittelbaren Hören Verzerrungen im Ohr.

Was nun der Hörphysiologie recht ist, ist dem Mischtonmeister billig: in diesen Fällen können eine *Übersteuerung* und die dadurch entstehenden *nicht verhinderten Verzerrungen* beim Hörer einen realistischen Eindruck erzeugen.

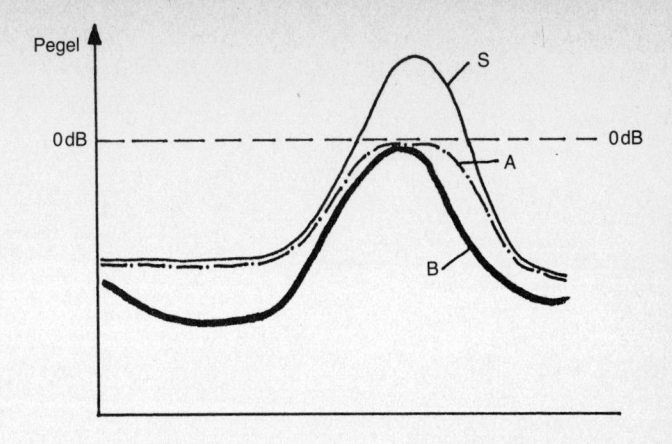

Entzerrungen
*Entz*errer heißen so, weil sie linear *ver*zerrte, also im Frequenzgang deformierte Töne wieder korrigieren sollen – andererseits können sie unerwünschte Frequenzanteile abschneiden, wichtige Frequenzen anheben oder – als Verzerrer eingesetzt – den Ton absichtlich verfremden.

Bei allen Filtereien sollte man mit weiser Beschränkung vorgehen – den *gesamten* Film vor Augen (oder Ohren). Von Schnitt zu Schnitt verschieden oder zu stark gefilterte Stimmen oder Geräusche können störender wirken als der rohe O-Ton!

Tiefensperre
Extrem tiefe Frequenzen werden damit abgeschnitten und befreien von vorlauten Baßtrommeln, dröhnenden Männerstimmen, Lastwagengerumpel und Windgedonner.

Vorteile:
- Das Klangbild wird ausgewogener.
- Stimmen oder andere wichtige Töne im mittleren oder hohen Frequenzbereich werden in den Vordergrund gerückt.
- Die oft sehr hohen Pegelanteile dieses Stör-Sumpfes erlauben – wenn weggefiltert – eine höhere Aussteuerung und damit eine verbesserte Dynamik.

Höhensperre

Sie schneidet die hohen und höchsten Frequenzen ab und hilft so bei störendem Rauschen, Prasseln, Knistern und anderen zu «spitzen» Tönen.

Vorsicht: Die Sprachverständlichkeit kann empfindlich darunter leiden – eine starke Höhenfilterung erfordert auch eine gewisse Kastration der Tiefen, um die Ausgewogenheit des Klangbildes zu erhalten!

Hoch-Tief-Entzerrer

erlauben kontinuierliche Anhebung oder Absenkung des oberen oder unteren Frequenzbereiches in weiten Grenzen. Unbefriedigende Klangbilder können damit kreativ vergewaltigt werden und voller, schärfer, dünner, flacher oder dumpfer klingen.

Bei technisch mangelhaften O-Tönen kann damit natürlich nur bis zu einem gewissen Grad nachgeholfen werden:

Wenn ein (flaches) Original keine Tiefen enthält, kann man auch durch stärkste Anhebung dieses Bereiches keine herbeizaubern – starkes Anheben von nicht existierenden Höhen ergibt nur ein beruhigendes Rauschen!

Präsenz-Absenz-Filter

Diese besonders für kritische O-Töne vorteilhaften *Bandfilter* erlauben es, einen genau definierten Teil des Frequenzspektrums anzuheben oder abzusenken. Durch Auswählen der charakteristischen Frequenzen einer menschlichen Stimme oder eines Musikinstrumentes gelingt es, diese Schallquelle aus dem akustischen Hintergrund zu lösen und sie *präsent* zu machen – umgekehrt kann die inverse Funktion, der *Absenz*-Filter, ungeliebte, aber hervorstechende Töne aus dem Vordergrund verdrängen und sie im akustischen Drumherum verstecken.

Hall und Raumklang

Soll ein Tonereignis beim Mischen verhallt werden, so wird ein bestimmter, einstellbarer Anteil des entsprechenden Kanals zum Hallgerät abgezweigt und der zurückkommende Hall zur Misch-Summe addiert.

Jeder Kanal kann auf diese Weise ganz individuell verhallt werden, wobei noch die Wahl zwischen *Vor- und Nachregler-Hall* zusätzliche Feinheiten ermöglicht:

Der abgezweigte, zu verhallende Tonanteil kann wahlweise *vor* oder *nach* dem Kanalregler abgenommen werden – eine vorteilhafte

Einrichtung bei der richtigen Behandlung der akustischen Perspektive:

Im zweiten Fall (Nachregler-Hall) steigt mit dem «trockenen» Anteil des Tones auch sein Hallanteil: die Schallquelle erscheint also immer *gleich stark verhallt* und bleibt damit scheinbar in immer gleicher Entfernung zum Zuhörer.

Sollen jedoch beispielsweise sich langsam aus dem Off nähernde Schritte dargestellt werden, so erfordert das folgende Mischung:

Sich langsam steigernder *Nur-Hall* signalisiert eine entfernte Schallquelle.

Die Schallquelle nähert sich: Der Hall wird mehr und mehr vom trockenen *Direkt-Schall* überlagert.

Die Schallquelle ganz vorn: Der Direktschall überwiegt den relativ niedrigen Hall-Pegel.

Diese Szene erfordert also die getrennte, unabhängige Regelung von Hall und trockenem Direktanteil seines Kanals – der zu verhallende Anteil muß *vor* dem Kanalregler zur Verfügung stehen.

Zum Economy-Verfahren
Es ist klar, daß das Wiedereinsteigen in das Mischband zum Zwecke der Korrektur absolut unhörbar bleiben muß.

Die Mischverhältnisse und Pegel aller Kanäle beim Einsteigen an einer schon vorher korrekt gemischten Stelle (zu der man nach einem

Mischfehler zurückfährt) müssen natürlich *identisch* sein mit dem, was schon «drauf ist». Tonsprünge wären sonst unvermeidbar.

Schon beim Zurückfahren kann man durch schnelles, abwechselndes Vor-/Hinterbandabhören und gleichzeitiges Aussteuern die «angebotenen» Töne mit denen schon auf dem Mischband befindlichen vergleichen und grob annähern – beim Vorlauf zum Wiedereinstieg werden – nach dieser Methode – Vor- und Nachbandsignal erneut *exakt angeglichen*. Bei Nachband-Kontrolle wird sodann auf Aufnahme geschaltet.

Eine weitere Voraussetzung für eine unhörbare Korrektur ist ein *genügend langer Vorlauf* vor dem Wiedereinstiegspunkt (je nach Maschinentyp 5–10 sec.). Diese Zeit nämlich brauchen die schon erwähnten Pendelrollen der Perfomaschinen, bis sie ihre Synchronität gewährleistende Mittelstellung erreicht haben – und Asynchrones läßt sich nicht unbemerkt aneinanderklatschen!

Schließlich sei noch bemerkt, daß – entgegen allem gesunden Volksempfinden – eine *laute* Stelle zum Wiedereinstieg *besser geeignet* ist als z. B. eine Pause: Nur bei vorhandenem Signal deckt der Verwischungs- und Verdeckungseffekt das beim Einstieg unvermeidliche Tonloch optimal zu. Der beste Einstiegspunkt ist eine plötzliche Lautstärkenänderung – kurz vorher rein!

Das Abhören

Die Abhöreinrichtung des Mischstudios soll zwei grundverschiedene Funktionen erfüllen. Sie muß

1. eine möglichst kritische Qualitätskontrolle ermöglichen und
2. die Wirkung des Tongeschehens auf den Fernsehzuschauer oder Kinobesucher abschätzen lassen.

Beides ist nicht miteinander zu vereinen, denn der mickrig quäkende Lautsprecher der meisten Fernsehgeräte erzeugt beim Konsumenten ein wesentlich anderes Klangbild als der unbestechliche Studiolautsprecher, der jede Feinheit und jeden Fehler abbildet.

Die Notwendigkeit des Abhörens auch unter Bedingungen, die dem jeweiligen Medium entsprechen, erfordert beim Mischen von Kinofilmen ein kinosaalähnliches Mischstudio, das auch im Hinblick auf den zu erwartenden Nachhall (Wortverständlichkeit) eine realistische Kontrolle ermöglicht.

Bei Fernsehmischungen empfiehlt es sich – besonders bei kritischen Tönen –, des öfteren vom Studiolautsprecher auf einen kleinen Billig-Lautsprecher umzuschalten. Das daraufhin schmerzlich empfundene Gequäke in den Mittellagen wird nicht selten zu Korrekturen im

Klangbild führen (Anhebung des akustischen Hintergrundes z. B.). Professionelle Abhöranlagen sind eine feine Sache – aber schließlich mischt man für den Fernsehzuschauer und nicht für die Meßtechnik oder das Studiopersonal.

Auch die Abhörlautstärke sollte sich nicht wesentlich von der späteren «Konsumier»-Lautstärke unterscheiden – die Ausgewogenheit eines Klangbildes ist abhängig von der jeweiligen Lautstärke!

Aussteuern, Balancieren
Die Mischung ist der letzte – und nicht der unwichtigste – kreative Arbeitsgang bei der Filmherstellung.

Bei allen notwendigen Rücksichten auf optimale Tonqualität und realistische Klangbilder sollte man sich klarmachen, daß die beim Mischen festgelegte Dynamik, die Art der akustischen Übergänge und die Behandlung von Atmos und Geräuschen eine wesentliche dramaturgische Funktion haben.

Ganz analog zum Bildschnitt kann ein Ton-Übergang gefällig unauffällig behandelt werden (durch abrundendes Regeln und Vermeiden irgendwelcher Geräuschkanten) – oder, unter Ausnutzung der maximalen Dynamik, den schläfrigsten Fernsehzuschauer vom Sessel reißen.

Überdimensionale Geräusche, extreme Filterungen oder Balancen und das Fehlen jeglicher Atmo können im Gehirn des Betrachters stärkere Empfindungen auslösen als entsprechende Verfremdungen beim Bild.

Schließlich sei noch daran erinnert, daß Klänge *desselben* Pegels durchaus *verschieden* laut empfunden werden können. Die Lautheit eines Schallereignisses oder eine optimale Ton-Balance ist letztlich nur mit dem Ohr zu bestimmen – der Aussteuerungsmesser hilft nur beim Erkennen technisch ungünstiger Pegel.

Arbeit und Umgang mit Schmalband

Für die normale O-Tonarbeit ist es weniger wichtig – bei allen Nur-Tonarbeiten im Studio aber muß man es beherrschen: das Arbeiten mit dem Ton-Rohmaterial auf ¼-Zoll-Tonband (Schmalband, Schnürsenkel).

In die Verlegenheit, diesen Tonträger direkt zu behandeln, kommt man beim Hörspiel, bei Musikproduktionen, Geräusch und Toncollagen und ähnlichen Tonangelegenheiten, bei denen das Bild nicht – oder noch nicht – vorhanden ist. Grundsätzlich wird dabei das Schmalbandoriginal (oder seine Kopie) direkt geschnitten und gemischt, erst das fertige Produkt wird für Schneidetisch und Filmmischung auf Perfo umgespielt.

Die Geräte

Der Gerätepark ist, ob im Studio oder auf dem Küchentisch des Amateurs, prinzipiell derselbe. Bei professionellen Schmalbandarbeiten braucht man auf jeden Fall mindestens drei

Tonbandmaschinen

Da man des öfteren Tonmaterial von zwei Maschinen mischen und das Ergebnis auf einer dritten aufnehmen will, sind drei Maschinen das Minimum – mehr sind natürlich besser. Studio-Schmalbandgeräte verfügen über weitaus weniger Knöpfchen als Amateurgeräte (dafür gibt es die Mischpulte) und meist über zwei Bandgeschwindigkeiten: 19 und 38 cm/sek. Die hohe 38er Geschwindigkeit garantiert maximale Qualität und leichtes Schneiden, denn schließlich liegen dabei die Töne auf dem Band weit auseinander und lassen sich entsprechend leicht lokalisieren und beschneiden. Die 19er Geschwindigkeit empfiehlt sich nur für unkritische Kopien und für Tontricks mit halbierter Geschwindigkeit. Natürlich sind – für das Nachband-Mithören – mindestens drei Köpfe im Einsatz, auch, wenn gewünscht, bei schnellem Umspulen oder im Stand: ein sinnreicher Mechanismus kann das Band von den Köpfen abheben oder, z. B. beim Schneiden, jederzeit anlegen, so daß man beim Suchen einer bestimmten Bandstelle oder auch beim manuellen Drehen der Bandteller mithören kann.

Der deutsche Studiobetrieb kennt kaum Bandspulen – das Tonband liegt, als flacher Kuchen auf einen «Bobby» gewickelt, auf einer rotierenden Blechscheibe. Das Hantieren mit diesem freitragenden Wickel erfordert einige Übung, auch wenn das Studioband durch seine rauhe Rückseite daran gehindert wird, «abzuribbeln». (Normales Tonband mit glänzender Rückseite «ribbelt».)

Natürlich handelt es sich – bei Monobetrieb – um Vollspurmaschinen. Es fehlen also Spurwahlschalter, und genausowenig findet man an Studiobandgeräten Ein- oder Ausgangsregler, Mithör- oder Tricktasten: dafür gibt es das MISCHPULT.

Im einfachsten (Amateur-)Fall ist das Mischpult ein Kästchen mit einigen Lautstärkereglern, die es gestatten, Hörbares von verschiedenen Tonquellen zusammenzumischen. Professionelle Mischpulte tun prinzipiell nichts anderes: in den Eingangskanälen werden Tonsignale verstärkt, Pegel, Klangfarbe (Entzerrer) und Hall werden dosiert, das Ganze wird gemischt und verläßt – wiederum in verschiedenen Ausgangskanälen geregelt – als «Summe» das Mischpult. Besondere Schaltungen ermöglichen das Abhören der Summe, das Nachbandhören oder das Hineinhören in jeden Kanal (Vorhören). Ebenso können Pegelmesser (in der Regel Spitzenanzeiger) das Endresultat (Summe) oder das «Rohmaterial» jedes einzelnen Kanals anzeigen.

Die Aufnahme

Was die Aufnahme angeht, so bietet sich dem Filmtonmeister nichts Neues – außer der erfreulichen Tatsache, daß keine Kamera stört und eine optimale Aufstellung der Mikrofone möglich ist.

Genügend oft sollte geprobt, d. h. Töne «angeboten» werden – der Tonmeister kann dabei Pegel, Klangcharakter und Hallproportionierung der einzelnen Kanäle erproben und die rechte Balance finden. Schon jetzt empfiehlt es sich, an den späteren Verwendungszweck zu denken: beim Abhören von Produktionen fürs Fernsehen beispielsweise sind nicht die gewaltigen Studio-Lautsprecherboxen maßgebend, sondern ein kleinerer Wald-und-Wiesen-Lautsprecher, über den man die Summe schickt: so wird es sich später im Fernseher anhören!

Während der Aufnahme (öfter oder durchgehend Nachbandkontrolle!) die Ansage der Take-Nummern nicht vergessen, auch bei reinen Tonaufnahmen gibt es «Nichtkopierer».

Ist die Aufnahme «gestorben», hat man genügend «Raumstatisch» (Atmo) aufgenommen und haben auch die letzten Musiker oder Sprecher das Studio verlassen, beginnt eine nicht weniger wichtige Arbeit am Ton:

Das Schneiden

Dialoge oder Musikstücke müssen gekürzt oder umgesetzt werden, Pausen müssen hinein oder heraus, gute Takes müssen zusammengefügt werden, Störtöne müssen weg: das alles bedeutet «einschneidende» Maßnahmen.

Das Tonband trägt keine auseinanderschneidbaren Bilder, sondern magnetische Muster. Nicht immer kann man diese Muster dort schneiden, wo man gerne möchte – allzu leicht amputiert man wichtige Laute oder Töne. Auch wenn man also weiß, was zu schneiden ist, bleibt die Frage: Wo genau? An welcher Bandstelle?

Wenn es nicht gerade eine problemlose Pause ist, wird man das Band an der betreffenden Stelle durch manuelles Drehen der Bandteller hin- und herbewegen und dabei versuchen, eine zum Schneiden geeignete Stelle zu finden. Das Band muß dabei natürlich Kontakt zum Abhörkopf haben und muß in Bewegung sein, um Hörbares zu produzieren. Anfänglich wird man in einer dergestalt jaulenden «Tonsuppe» kaum eine passende Stelle finden – daher hier einige Tips:

Geht es z. B. darum, Worte, Wort- oder Satzteile heraus- oder aneinanderzuschneiden, empfiehlt es sich, an harten Konsonanten zu trennen: zischende ‹s›- und ‹z›-Laute sowie «explosionsartige» Konsonanten wie ‹t›, ‹k› oder ‹p› sind nach einiger Übung leicht zu lokalisieren und zu schneiden. Ebenso sind bei Musik harte Instrumenteneinsätze oder Schlagzeugakzente leichter und eleganter zu schneiden als getragene Töne.

Das Finden der richtigen Schnittstellen soll an einem Beispiel erläutert werden:

Das falsch gesprochene Wort PILOTKAMERAKABEL
soll durch Herausschneiden
des Teiles KAMERA
zu PILOTKABEL werden.

Das klingt schwieriger, als es ist, und wird am besten so gemacht:

1. Normal vorwärtsfahren, bis die Silben KAMERA zu hören sind.
2. Das Band so lange vor dem Kopf hin- und herbewegen (manuell), bis der Anfangslaut ‹K› von KAMERA deutlich auszumachen ist.
3. Unmittelbar vor dem ‹K›-Laut die Bandrückseite (mit Kreidestift o. ä.) markieren.
4. Band weiterdrehen, bis das Wort KABEL erscheint.
5. Den ‹K›-Laut von KABEL lokalisieren, unmittelbar davor markieren.

Es ist wichtig, unmittelbar vor diesen signifikanten Lauten zu schneiden: der ausgehauchte Rest des ‹T› von PILOT muß erhalten bleiben, andererseits muß das langgezogene ‹A› von KAMERA restlos wegfallen.

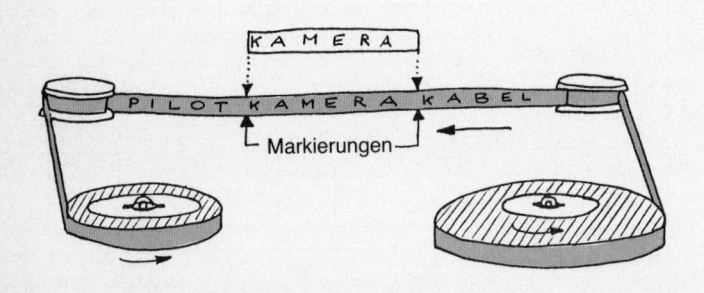

Auch beim Herausschneiden von Pausen, ganzen Worten oder Sätzen ist zu beachten:

● Den Ausklang (Hall oder Hauchlaute) nie abschneiden! Es sei denn, ein lauter Ton setzt knallhart ein und «ersetzt» das fehlende Ende.

● Der natürliche Sprechrhythmus, die Pausen zwischen Worten und Wortteilen, müssen erhalten bleiben.

Zurück zu unserem Beispiel:
Ist nun das Wort KAMERA aufs beste markiert, muß es spurlos herausgenommen werden, das Band muß geschnitten werden.

Mit einer *nichtmagnetischen Schere* (jedes magnetische Material kann einen unschönen «Plopp» produzieren) wird an den markierten Bandstellen das Band in einer 45°-Schräge geschnitten. Der Grund für diese schräge Trennung ist simpel:

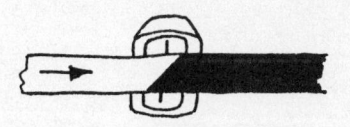

Zwei schräge aneinandergeklebte Bandstellen verschiedenen Inhalts mischen sich beim Vorbeilaufen an dem senkrechten Tonkopfspalt, und es entsteht – zumindest während einer kurzen Zeit – ein weicher Übergang. Gerade Schnitte würden unter Umständen harte Tonsprünge erzeugen.

Das herausgeschnittene Wort KAMERA legt man – in der ursprünglichen Laufrichtung – am besten an einen sicheren Ort (vielleicht braucht man es noch mal) und legt jetzt die hoffentlich nahtlos aneinanderpassenden Enden des Bandes mit der magnetischen Schicht nach unten in eine Klebeschiene, eine irgendwo angebrachte tonbandbreite Rille, die alles schön festhält.

Achtung: Die Bandenden dürfen sich dabei weder überlappen (die Erhöhung würde später das Band von den Köpfen abheben), noch darf der Spalt zwischen ihnen größer als notwendig werden (Tonlöcher)!

Auf die Rückseite des Bandes wird nun ein schmales Klebeband von 2–3 cm Länge über die Stoßstelle geklebt und festgedrückt. Sodann das Ganze herumdrehen und prüfen: Ist der Spalt zu groß? Überlappen sich die Bandenden? Ist das Klebeband gerade aufgeklebt? Wenn nicht – sofort korrigieren!

Fehler beim Kleben

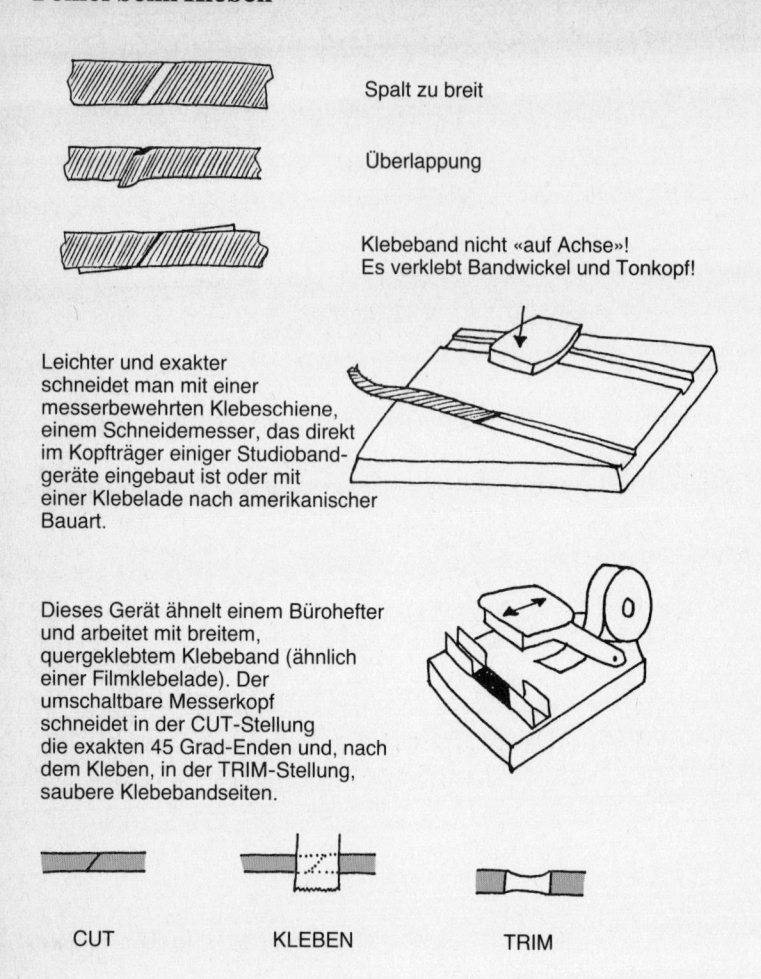

Spalt zu breit

Überlappung

Klebeband nicht «auf Achse»!
Es verklebt Bandwickel und Tonkopf!

Leichter und exakter
schneidet man mit einer
messerbewehrten Klebeschiene,
einem Schneidemesser, das direkt
im Kopfträger einiger Studioband-
geräte eingebaut ist oder mit
einer Klebelade nach amerikanischer
Bauart.

Dieses Gerät ähnelt einem Bürohefter
und arbeitet mit breitem,
quergeklebtem Klebeband (ähnlich
einer Filmklebelade). Der
umschaltbare Messerkopf
schneidet in der CUT-Stellung
die exakten 45 Grad-Enden und, nach
dem Kleben, in der TRIM-Stellung,
saubere Klebebandseiten.

CUT   KLEBEN   TRIM

Die fertig geklebte Schnittstelle sollte sofort geprüft werden: ist sie zu hören, war sie schlecht und muß korrigiert werden. (Das Klebeband ist – mit spitzem Fingernagel – leicht wieder zu entfernen.) Ein Bandzentimeter mehr oder weniger an der Schnittstelle kann akustische Wunder bewirken – vorausgesetzt, man verwechselt oder verdreht die verschiedenen Schnipsel nicht und befleißigt sich einer sauberen Arbeitsweise, d. h. in erster Linie: keine magnetischen Materialien in die unmittelbare Nähe von Bandstückchen bringen!

Der Ton bei der Videoaufnahme

In fast allen Videokameras für den semiprofessionellen Gebrauch sind Mikrofone (meist Elektret-Mikrofone) eingebaut. Die Hersteller und ihre gläubigen «Fachzeitschriften-Journalisten» suggerieren, daß damit ein gutes Tonergebnis erreichbar ist. Sicherlich können damit Geräusche usw. aufgenommen werden, ein gutes Sprachverständnis bei größeren Entfernungen zwischen den Personen und dem Mikrofon, sowie Musikaufnahmen mit guter Qualität sind nicht erzielbar. Auch die meist in den Videorecordern vorgesehene (oft auch nicht abschaltbare) Ton-Aussteuerungsautomatik trägt dazu bei.

Empfehlenswert ist deshalb die Verwendung eines separaten Mikrofons, das auch auf die lautlos arbeitenden Videokameras montiert werden kann. Empfehlenswert dafür sind Mikrofone mit Richtcharakteristik. Natürlich ist diese Anordnung nur eine Behelfslösung, um Personal zu sparen. Bessere Ergebnisse in vielen Fällen sind nur mit einem von einer zusätzlichen Person (zur Kamerabedienung) gezielt geführten Mikrofon erzielbar (wie bei der Filmtonaufnahme).

Die Tonsignale werden bei der Videoaufzeichnung synchron mit dem Bild auf einer getrennten Spur aufgezeichnet. Für die Bearbeitungsmöglichkeit gilt in etwa das gleiche wie für die kombinierte Bild- und Tonaufzeichnung mit einer Randspur-Filmkamera (siehe entsprechenden Abschnitt). Bei den meisten semi- und professionellen Videorecordern ist eine zweite Tonspur für die Tonbearbeitung vorgesehen. Beim Schnitt wird in der Regel Bild und Ton (Video- und Andiospur) gleichzeitig bearbeitet. Dabei versucht man normalerweise, soviel wie möglich auf einer Tonspur unterzubringen. Die zweite (u. U. auch dritte) Tonspur dient dann zur Aufnahme weiterer Toninformationen, wie z. B. Musik, die über einen längeren Abschnitt gelegt wird, oder Geräusche usw., um die u. U. beim Schnitt übriggebliebenen «Tonlöcher» zu füllen.

Diese Beschränkungen bei der Tonbearbeitung – sie werden von den Videofans meist nicht so empfunden – erfordern eine konsequente Miteinbeziehung der Tonmontageebene bei der Konzeption und Realisation eines Videos.

Selbstverständlich stehen in Video-Schnittstudios auch Zuspielgeräte für weitere Tonsignale, Mischpulte mit Equilizern usw. zur Verfügung. Das alles erleichtert die Arbeit und die Tongestaltung. Letztlich sind sie aber doch auf die Zahl der vorhandenen Tonspuren beschränkt. Jeder Überspielvorgang verschlechtert geringfügig die Qualität. Beim Videoton ist dies noch verkraftbar, bei der Bildqualität meist nicht mehr. Sonst wäre es ein leichtes, z. B. die zwei montierten Tonspuren mit dem Bild abgemischt auf eine neue Kassette zu überspielen.

Wenn Sie die akustische Information Ihres Videofilms genauso wie beim Zweibandverfahren des Films gestalten wollen, dann benötigen Sie dazu einen mit dem Videorecorder synchron laufenden Tonschneidetisch (ähnlich dem Filmschneidetisch, nur ohne Filmbild) und die speziellen Einrichtungen eines Ton-Mischstudios mit einer Synchroneinrichtung für die Verkopplung eines Videobildes und Perfolaufwerken für die Töne. Das Tonsignal muß vor der Bearbeitung auf diesen Spezialtischen auf perforiertes Tonband (diese Schneidetische arbeiten überwiegend mit 16-mm-Perfotonband) überspielt werden. Synchron wie asynchron.

Die Mischung wird bei diesem Verfahren ebenfalls auf einem perforierten Tonband aufgezeichnet und anschließend auf die Tonspur des Videobandes synchron übertragen.

Dieses mit der Filmmischung vergleichbare Tonbearbeitungsverfahren ist technisch sehr aufwendig und in der Anschaffung teuer.

Im Gegensatz zum Super-8- oder 16-mm-Film, bei dem in der Regel bei der Vorführung nur eine Tonspur zur Verfügung steht, kann beim Videoband meist mit zwei Tonspuren gearbeitet werden. Die zweite Spur ist z. B. für eine zweite Sprachfassung usw. verwendbar. (Setzt natürlich voraus, daß bei der Tonbearbeitung alle Töne auf einer Spur aufgenommen bzw. abgemischt wurden.)

Praktisch alle Mikrofoneingänge des Videorecorders sind für den asymmetrischen Anschluß über Dioden- bzw. Klinkenstecker vorgesehen. Symmetrische Mikrofoneingänge sind nur bei den professionellen Videorecordern bzw. Mischpulten zu finden. Bitte beachten

Sie beim Anschluß eines Mikrofons an den Videorecorder die technischen Angaben der Geräte, insbesondere die Information über den Anschlußwiderstand. Professionelle Mikrofone sind meist niederohmig, semiprofessionelle Videorecorder aber gelegentlich mit hochohmigem Mikrofoneingang ausgestattet (Anschluß dann nur über Adapter möglich).

Praktisch alle für den semiprofessionellen Bereich bestimmten Videokameras sind mit in das Kameragehäuse integrierten Mikrofonen (meist Elektret-Systemen) ausgestattet. Bei den professionellen Videokameras finden wir meist Vorrichtungen zur Befestigung eines Mikrofons am Gehäuse (überwiegend für Rohrrichtmikrofone).

Eine zufriedenstellende Tonqualität ist bei dieser Mikrofonanordnung nur dann erreichbar, wenn der Abstand zwischen Mikrofon und Schallereignis nicht zu groß, der Raum nicht zu hallig ist und aus dem Hintergrund keine lauten Geräusche kommen (abhängig natürlich auch von der Richtcharakteristik des verwendeten Mikrofons).

Diese Mikrofonanordnung ist vor allem personalsparend und bei der aktuellen Berichterstattung durch die Erhöhung der Beweglichkeit des Teams von Vorteil. Sie ersetzt aber nicht einen mitdenkenden, qualifizierten Tonmenschen. Die Abbildung zeigt ein auf einer professionellen Videokamera (Sony BVP 300A P) montiertes Mikrofon mit Richtcharakteristik (Sony C 74, Preis ca. DM 1300,–). Vorsicht: Videokameras erzeugen Ablenkfelder, die Störungen im Mikrofon hervorrufen können (abhängig auch von der magnetischen Gehäuseabschirmung). Der elektronische Aufbau mancher Mikrofone nimmt darauf Rücksicht. (Bitte beim Gerätehersteller nachfragen bzw. Produktbeschreibungen aufmerksam lesen.)

STEENBECK ST 9601 V,
Videobild-Ton-Schneidetisch

Ein Schneidetisch für die Tonnachbearbeitung in der Videoproduktion. Ausführung für Videobild U-matic ¾ Zoll (low-band oder highband, wahlweise aber auch für VHS auf Anfrage erhältlich) und elektronisch verkoppelten Tonlaufwerken für 2 bis 3 Perfobänder (wahlweise 16 oder 17,5/35 mm).

Hier ein Beispiel für die vorwiegend im Studio verwendeten Tonaufnahme- und Wiedergabegeräte für perforiertes Tonband.
(Wichtige Hersteller: Albrecht, Killi, Siemens, Sondor, Steenbeck)

**Dreifach-Magnetton-Bandspieler (TYP MB 43)
der Firma Wilhelm Albrecht GmbH.**

Die Abbildung oben zeigt einen Dreifach-Magnetton-Bandspieler (Typ MB 43, Preis ab ca. DM 90000,–), wie er vielfach in Tonstudios zur Überspielung und Mischung verwendet wird. Diese Ausführung erlaubt die Zuspielung von 2 Bändern und die Aufnahme auf einem Band. Das unterste Bandlaufwerk hat eine Zusatzeinrichtung, bei der das Band über einen zusätzlichen angebrachten Magnetkopf unterhalb geführt wird. Sobald ein Signal auf dem Magnetband aufgezeichnet ist, wird es optisch angezeigt. Dieser zusätzliche Kopf liegt vor dem eigentlichen Tonkopf zur Tonwiedergabe, so daß das Signal einige Zeit vor der Wiedergabe angezeigt wird. Eingesetzt wird diese Vorrichtung z. B. bei der Mischung von Sprache und Musik. Das Sprachband wird dann auf das Laufwerk mit der Zusatzeinrichtung gelegt, sobald ein Spracheinsatz kommt, wird er vorher optisch (meist über eine Lampe) angezeigt, zeitlich so, daß noch rechtzeitig z. B. die Musik ausgeblendet oder in der Lautstärke entsprechend zurückgenommen werden kann.

Das Gerät ist in Bausteintechnik ausgeführt, die Ausstattung kann deshalb sehr individuell vorgenommen werden.

Große Unterschiede in Qualität und Ausstattungsmöglichkeit sind zwischen den Geräten der wichtigsten Hersteller nicht zu verzeichnen.

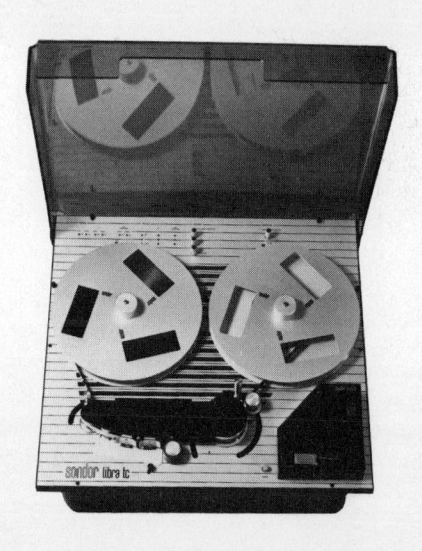

Das sicherlich noch immer modernste Perfobandgerät wird von der Schweizer Firma Sondor hergestellt. Es ist relativ klein und kann durch unterschiedliche Ausstattungsmöglichkeiten für viele Einsatzzwecke bei der Überspielung, Mischung, Vertonung usw. verwendet werden. Der Bandtransport erfolgt nicht wie sonst meist üblich mit Zahnrädern die in die Perforation des Tonbandes eingreifen, sondern zahnradlos durch optoelektronische Steuerung.

Semiprofessionelle Steuerungen zur synchronen Bild- und Tonwiedergabe bei Dia und Film

(getrennte Apparaturen)

Um bei jeder Vorführung das Bild mit dem dafür vorgesehenen Ton (natürlich auch umgekehrt) synchron wiederzugeben, ist eine Steuerung zwischen dem Bild- und Tonwiedergabegerät erforderlich. In der Regel müssen dazu entsprechende Befehle für den Bildtransport auf einer Spur des Tongerätes mit aufgezeichnet werden, die bei der Wiedergabe zur Steuerung herangezogen werden. Diese Steuerungsbefehle sind in Form von Impulsen zusätzlich zum Nutzton (hier nicht hörbar) entweder auf der zweiten Stereospur des Tongerätes (dann ist Stereo-Aufnahme bzw. -Wiedergabe nicht möglich) oder mit Hilfe eines zusätzlichen Tonkopfes (Impulskopf) auf einer gesonderten Spur aufgezeichnet. Dieses System darf allerdings nicht mit dem im professionellen Bereich verwendeten Pilottonverfahren nach DIN 15575 verwechselt werden.

Im semiprofessionellen und Amateurbereich steht für die geschilderten Synchronsteuerungen eine Vielzahl von technischen Lösungen dazu zur Verfügung. Die auf dem Tonband aufzuzeichnenden Steuerungsimpulse kommen bei der Filmaufnahme von der mit einem Impulsgeber ausgestatteten Filmkamera oder bei der Nachvertonung vom Impulsgeber am Filmprojektor. Bei der Tonbildshow wird der Bildwechselimpuls bei der Vertonung festgelegt und aufgezeichnet (meist ist dazu noch ein gesondertes Dia-Steuergerät für den Automatikprojektor notwendig).

Tongeräte, die mit dieser Impulsaufzeichnungs-Zusatzeinrichtung ausgestattet sind, tragen in ihrer Bezeichnung meist die Typenbezeichnung AV = Audiovision zur Kenntlichmachung. Diese Technik ist aber nicht kompatibel mit der professionellen Pilottontechnik. Weder können die entsprechenden Kameraimpulse ohne weitere Vorkehrungen mit den AV-Geräten aufgezeichnet werden, noch sind die verschiedenen Amateur- und semiprofessionellen Steuerungsimpulse für die Synchronisation der professionellen Studiotechnik heranzuziehen.

Es würde hier zu weit führen, auf diese semiprofessionellen Steuerungen mit ihren sehr unterschiedlichen Arbeitsweisen, Vor- und Nachteilen einzugehen. Die Systeme wechseln ständig, nicht nur in der Technik sondern auch in der Gunst der Anwender.

In semiprofessionellen Kreisen ist die Diskussion über das Für und Wider der einzelnen Techniken schon fast zu einer «Synchronphilosophie» hochstilisiert worden. Um zu einer persönlichen Einschätzung kommen zu können, müßten Sie erst die Bedienungsanleitungen und Beschreibungen aller dieser Anlagen durcharbeiten, um dann dieses Wissen kritisch in Relation zu setzen zu der Zahl, den Inhalten, Formen und Einsatzwünschen Ihrer Filme.

Das professionelle Pilottonverfahren nach DIN 15575 ist über viele Umwege entstanden, und die Zielsetzung war es sicherlich nicht, eine teure Technik zu entwickeln. Es ist ein Kompromiß zwischen den einzelnen ökonomischen und technischen Parametern mit dem Hauptvorteil einer großen Gestaltungsmöglichkeit bei relativ einfacher Bedienung und großer Betriebssicherheit. Wenn Sie nicht nur ein sehr einfaches Vertonungskonzept einlösen wollen, dann werden Sie beim Studium der Bedienungsanleitungen sehr schnell feststellen, daß die Kompliziertheit in der Bedienung und der zeitliche Aufwand in Relation zu einem Ergebniskompromiß in einem ungünstigen Verhältnis steht. – Der Hauptvorteil liegt sicherlich in dem im Vergleich sehr viel günstiger liegenden Anschaffungspreis dieser Anlagen. Ich meine, daß der Ankauf und die Verwendung u. U. nicht preisgünstiger sind als die Ausleihe bzw. Anmietung entsprechender professioneller Geräte und Einrichtungen, wenn Sie nicht ständig produzieren (denken Sie dabei z. B. an das schnelle Veralten der Geräte, das sehr teure Spezialzubehör, aber auch an das meist notwendige Spezialbandmaterial, das z. T. doppelt so teuer ist wie professionelle Bänder).

Wenn Sie in Ihrer Tongestaltung genauso arbeiten wollen, wie es die «Profis» machen, dann werden Sie bei der Arbeit mit den semiprofessionellen Apparaturen sehr schnell feststellen, daß der notwendige Aufwand an Zeit und Panne in einem schlechten Verhältnis zum Ergebnis steht. Ich will mich nicht gegen die Verwendung dieser Synchrontechniken aussprechen, überlegen Sie aber die Anschaffung bzw. Verwendung immer auf der Basis der von Ihnen gewünschten inhaltlichen und formalen Kriterien beim Filmemachen.

Versuchen Sie nicht, die teure professionelle Studiotechnik mit diesen Geräten bei der Gestaltung zu imitieren, aktivieren Sie lieber Ihre kreative Seite bei der Aufnahme und Bearbeitung. Die Technik ist ein Hilfsmittel, aber kein Ersatz für gute Einfälle. Natürlich weiß auch ich, daß im professionellen Bereich viele Produkte von der aufgemotzten Technik und nicht von der Originalität leben. Aber man muß ja nicht schlechte Vorbilder imitieren.

Zur Steuerung des Bildwechsels mit automatischen Dia-Projektoren synchron zu den auf dem Spulen-Tonband aufgezeichneten Signalen kann der entsprechende Steuerimpuls mit Hilfe dieses Gerätes aufgebracht und abgelesen werden. Als Zusatzgerät für fast alle Spulentonbandgeräte (das Tonband muß über den Kopf des Gerätes geführt werden können), die keinen zusätzlichen Impulskopf (AV-Zusatz) eingebaut haben.

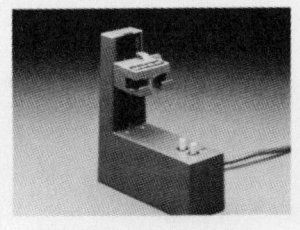

UHER F 423. Dia-Pilot. Selbständiges Zusatzgerät für den tonbandgesteuerten Bildwechsel automatischer Dia-Projektoren. Zum Setzen und Lesen von Steuerimpulsen, Impulskopf in der Höhe verstellbar, daher praktisch für alle Tonbandgeräte verwendbar. Mit diesem Gerät steuern Sie impulsgenau die automatische Zusammenarbeit von Dia-Projektor und Tonbandgerät. Die Aufzeichnung der Steuerimpulse erfolgt auf Spur 4. Netzanschluß: 115 V, 220 V, 50-60 Hz.

Beispiel für einen AV-Tonrecorder zur Dia- und Filmvertonung

Philips D 6920 AV Mark 2, ein tragbarer Stereo-AV-Recorder, der die Steuerungsimpulse auf einer separaten Spur des Kassetten-Tonbands aufzeichnet. Zur Steuerung einer Tonbildshow ist das Dia-Steuergerät EM 1920 zusätzlich erforderlich. Für die Filvertonung sind spezielle Zusatzeinrichtungen in der Kamera und am Projektor (jeweils ein Impulsgeber) notwendig. Sie werden von den Kamera- bzw. Projektorenherstellern geliefert, aber auch von Spezialfirmen gefertigt, die auch eine Umrüstung bzw. Adaptierung vornehmen; siehe Adressenliste im Anhang: Firmen wie: Gebuhr, Gigge, Schmalstieg, Volland usw.

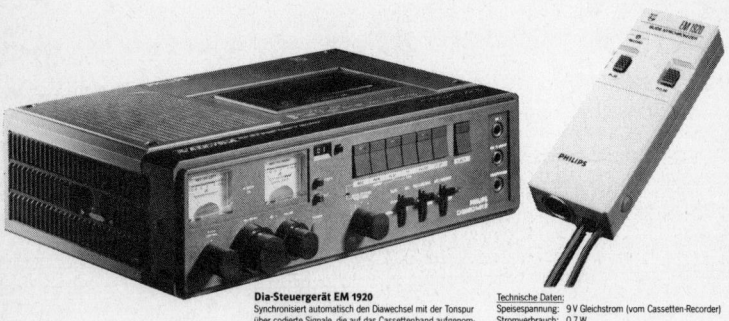

Dia-Steuergerät EM 1920

Synchronisiert automatisch den Diawechsel mit der Tonspur über codierte Signale, die auf das Cassettenband aufgenommen werden. Der EM 1920 funktioniert mit jedem automatischen Diawechsler, der eine Niedervolt-Fernbedienungs-Schaltvorrichtung besitzt. Er kann auch als Fernbedienung für einen automatischen Diaprojektor verwendet werden.

Technische Daten:
- Speisespannung: 9 V Gleichstrom (vom Cassetten-Recorder)
- Stromverbrauch: 0,7 W
- Impulsfrequenz: 1.000 Hz ± 20%
- Schaltvermögen: 25 W max (max. Spannung: 30 V, max. Strom 1 A)
- Maße: 4,5 x 13 x 2,5 cm

Technische Daten:

Cassettenteil
- Cassettensystem: Compact-Cassette
- Cassettenband: Metal (Wiedergabe) Typ IV, Chrom Typ II, Normal Typ I
- Motoren: 3 Gleichstrommotoren (Prozessorgesteuert)
- Bandgeschwindigkeit: 4,76 cm/sek.
- Regelbereich für Bandgeschwindigkeit: ±15%
- Gleichlaufschwankungen: ≦0,09% WRMS
- Tonköpfe: 4-Spur Aufnahme/Wiedergabekopf (Spur 1 – 2 Stereosignale, Spur 4: Synchronisation) mit integriertem Löschkopf
- Synchronisations-Daten: Synchronisationssignal (1 kHz / 500 mV über 250 Ohm), Dissolver-Signal (200 Hz bis 3 kHz / 500 mV über 250 Ohm)
- Frequenzbereich (innerhalb 8 dB):
  - für Metal (Type IV): 60 – 14.000 Hz
  - für Chrom (Type II): 60 – 13.000 Hz
  - für Normal (Type I): 60 – 12.000 Hz
- Signal-Rauschabstand: 55 dB
- Bandspurtrennung: 60 dB

Verstärkerteil
- max. Ausgangsleistung (± 1 dB, D ≦ 10%): 2 x 4 Watt
- Lautsprecher: 100 mm, 8 Ohm
- Leistungsbandbreite: 50 – 18.000 Hz

Anschlüsse
- Mikrofone (2 x 6,3 mm Klinke): 0,3 mV / 2 kOhm
- Fernbedienung (DIN-Buchse):
  - Stift 1: Pause
  - Stift 2: Aufnahme, Bereitschaft
  - Stift 3: Rücklauf
  - Stift 4: Vorlauf (schnell)
  - Stift 5: Wiedergabe
  - Stift 6: frei
  - Stift 7: Stopp
  - Stift 8: Masse
- Aufnahme/line in (DIN-Buchse): 2 mV/10 kOhm (Stift 1 – 4)
- Aufnahme/line in (Cinch-Buchse): 50 mV/220 kOhm
- Wiedergabe/line out (DIN-Buchse): 200 mV/1 MOhm (Stift 3 – 5)
- Wiedergabe/line out (Cinch-Buchse): 0,5 – 1 V/10 kOhm
- Stereo-Kopfhörer (6,3 mm Klinke): 8 – 600 Ohm
- externe Lautsprecher (2 x DIN-Buchsen): 4 – 8 Ohm
- Synchronisation (6-polig, 240° DIN 45322):
  - Synchronisationsspur: Stift 6 mit Stift 3 (2)
  - Fernbedienung (Versorgungsunterbrechung): Stift 1 mit Stift 5
  - Externe Geschwindigkeitskontrolle: Stift 4 mit Stift 3 (2)
  - Masse: Stift 3 (2)
  - Versorgung (9V): Stift 5

Stromversorgung
- Netz: 220 V, 50/60 Hz (mit Service-Lösung für 110 V)
- Batterien: 6 x Babyzelle, z.B. Philips Typ R 14 S

Gehäuse
- Maße (B x H x T): ca. 32,5 x 9 x 23 cm
- Gewicht (inkl. Batt.): ca. 3,2 kg
- Lieferbares Zubehör:
  - Dia-Steuergerät EM 1920
  - Schwarze Tragetasche (komplett mit abnehmbarer Zubehörtasche für Mikrofon, Cassetten, Kabel etc.) Service-Bestellnummer SBC 480
  - Fernbedienungseinheit N 6721

Unvollständige Marktübersicht: Mikrofone, Kopfhörer, Mischpulte

Mikrofone:

Das MD 421 von Sennheiser ist ein dynamisches Mikrofon mit Nieren-Richtcharkteristik. Dieses Mikrofon gehört zu den bekanntesten der Welt. Mit seinem in fünf Stufen verstellbaren Baßregler hilft es, die vielfältigsten Aufnahmesituationen zu bewältigen. So entspricht es den höchsten professionellen Ansprüchen im Studio-, Reportage- und Bühneneinsatz.

Das MD 214 von Sennheiser ist als dynamisches Lavalier-Mikrofon so ausgelegt, daß es auf der Brust getragen wird. Der Frequenzgang ist aus diesem Grunde derart modifiziert, daß diejenigen Frequenzen abgesenkt sind, die durch den Brustkorb verstärkt werden. Demgegenüber werden die benachteiligten hohen Frequenzen durch eine starke Anhebung ausgeglichen. Das Mikrofon ist besonders unempfindlich gegenüber Körperschall sowie Reibe- und Berührungsgeräuschen.

Das MKH 816 von Sennheiser ist mit seinen Varianten ein Hochfrequenz-Kondensator-Mikrofon mit extrem hohem Bündelungsgrad. Durch die Kombination von Interferenz- und Gradientenprinzip hat das Mikrofon eine Keulencharakteristik. Auch das lange Richtrohr trägt dazu bei, daß das Mikrofon bevorzugt den direkten Schall aufnimmt und Störschall und Nachhall in hohem Maße ausblendet.

Die Firma Sennheiser bietet ein empfehlenswertes Elektret-Kondensator-Mikrofon-Modul-System an. Es liegt in einem günstigen Qualitäts-Preis-Verhältnis.

Mikrofon-Modul ME 20

Kugelcharakteristik, unempfindlich gegen Trittschall, Wind- und Hantierungsgeräusche.
Einsatzmöglichkeiten: Interviews, Reportagen, Diskussionen.

Mikrofon-Modul ME 40

Supernieren-Charakteristik mit ausgeprägter Richtwirkung.
Einsatzmöglichkeiten: Reportagen, Interviews, Nachvertonung.

Mikrofon-Modul ME 80

Kurzes Richtrohr mit hohem Bündelungsgrad: Superniere/Keule.
Einsatzmöglichkeiten: Reportagen, Sportereignisse, Film- und Videoproduktion.

Mikrofon-Modul ME 88/ME 88 Set

Keulenförmige Charakteristik mit extrem hoher Richtwirkung.
Einsatzmöglichkeiten: Aufnahme von Tierstimmen, Reportagen, Sportereignisse, Film- und Videoproduktion.

Ansteckmikrofon MKE 2-3

Hochwertiges kleinstes Ansteckmikrofon (Durchmesser ca. 6 mm).
Einsatzmöglichkeiten: Reportagen und Kommentare, Film- und Videoproduktion.

Ansteckmikrofon MKE 10-3

Hochwertiges Ansteckmikrofon mit Kugelcharakteristik. Geringe Abmessungen. Integrierter Popp- und Windschutz.
Einsatzmöglichkeiten: Reportagen und Kommentare, Film und Videoproduktion.

Ansteckmikrofon MKE 40-3

Hochwertiges Ansteckmikrofon mit Richtwirkung. Daher erhöhte Rückkopplungssicherheit.
Einsatzmöglichkeiten: Aufnahmen in akustisch ungünstigen Räumen und bei Aufführungen mit Saaleinspielung.

Grenzflächenmikrofon MKE 212-3

Spezial-Mikrofon für besonders transparente Tonaufnahmen mit weitem Raumeindruck.
Einsatzmöglichkeiten: Hochwertige Musikaufnahmen, Schallplattenproduktion.

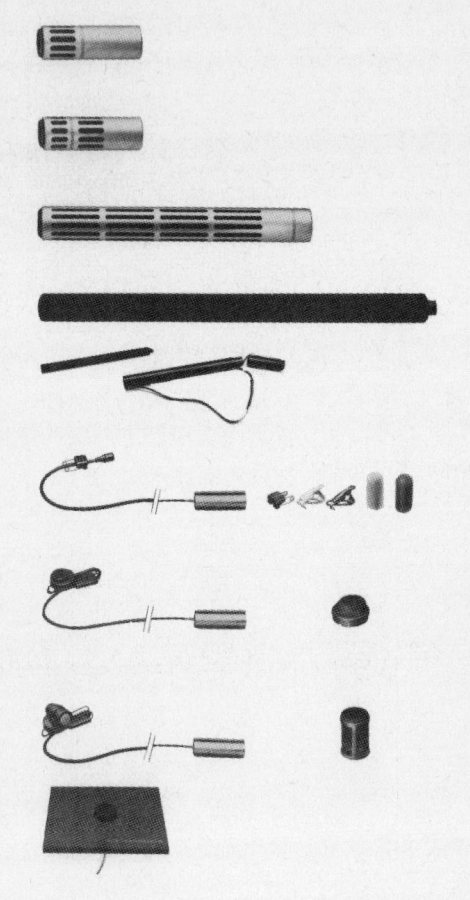

Griff + Speise-Modul

Das Griff + Speise-Modul ist der Grundbaustein des Sennheiser Elektret-Kondensator-Modul-Systems. Er hat einen Ein-/Aus-Schalter mit Batteriekontrolle und ein schaltbares Tiefenfilter. Eine 5,6-V-Batterie versorgt Speiseteil und Mikrofon mit der erforderlichen Betriebsspannung. Das Griff + Speise-Modul ist in drei Ausführungen erhältlich:

K 3 N

3poliger Stecker (DIN 41524), niederohmig, symmetrisch, Phantomspeisung (12 bis 48 V) möglich.

K 3 U

3poliger Cannon-Stecker XLR-3, niederohmig, symmetrisch, Phantomspeisung (12 bis 48 V) möglich.

K 30 AV

8poliger Stecker (DIN 45326), unsymmetrisch, Fremdspeisung (+ 4 bis + 15 V) möglich. Besonders geeignet in Verbindung mit Video-Kameras.

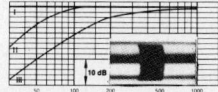

Tiefenfilter im K 30 AV/K 3 N/K 3 U

Zubehör Weiteres Zubehör - wie Stative, Adapter, Kabel und Netzgeräte - siehe Artikelgruppe 12. Weiteres Zubehör - speziell für Film und Video - siehe Seite 47.		
MZW 426 (Art.-Nr. 2072) Hochwirksamer Windschutz für Außenaufnahmen.		**MZT 100** (Art.-Nr. 1883) Besonders robuster und feststehender Tischfuß für den Studio-Betrieb. Sehr hohe Körperschalldämpfung.

AKG
Kondensator-Elektret-Mikrofon
C 535 EB

Kondensatormikrofon für den Bühneneinsatz. Elastisch gelagerte Kapsel gewährleistet Unempfindlichkeit gegen Hand- und Griffgeräusche. Robuster Stahldraht-Gitterkorb. Durch eingebauten Pop- und Windfilter besonders als Gesangsmikrofon geeignet.

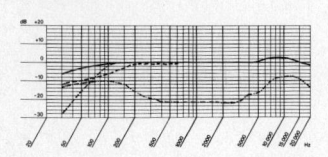

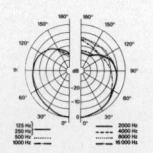

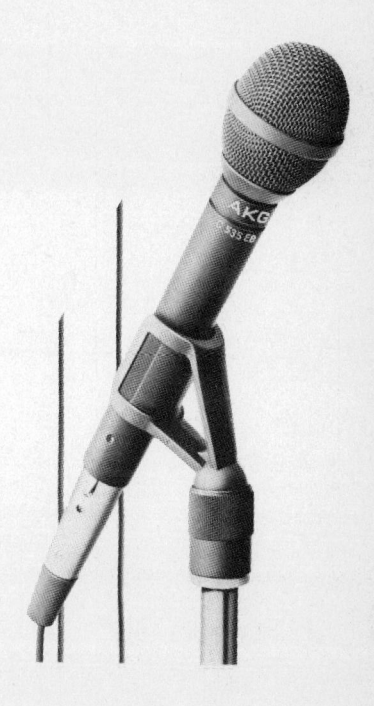

AKG
(Akustische u. Kino Geräte GmbH.)

AKG D 190
(dynamisches Mikrofon)

Kapsel elastisch gelagert, Unterdrückung von Griffgeräuschen, Windschutz aus Sinterbronze. Als Spezialausführung (D 190 ES) mit Ein-/Aus-Schalter erhältlich.

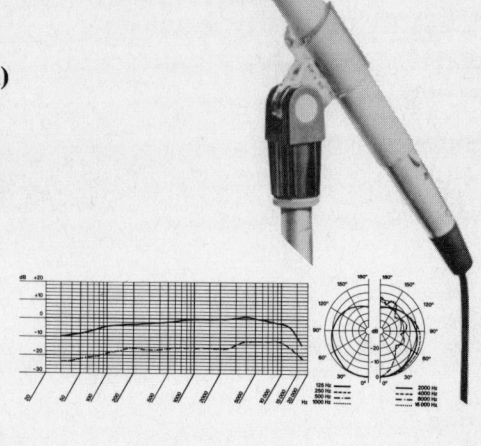

Bayer Dynamic
(Eugen Beyer Elektronische Fabrik GmbH.)

M 88

Dynamisches Studio-Richtmikrofon.
Hypercardioidcharakteristik.
Ein Mikrofon mit außergewöhnlich weitem Übertragungsbereich und hohem Übertragungsfaktor. Extrem rückkopplungsarm. Brummkompensation gegen magnetische Fremdfelder. Für alle professionellen Anwendungsbereiche und höchste Ansprüche in der Ela-Technik. Hervorragendes Musikermikrofon (instrumental).

CK 703
MC 713 (CK 703 + CV 710)
MC 723 (CK 703 + CV 720)

CK 704
MC 714 (CK 704 + CV 710)
MC 724 (CK 704 + CV 720)

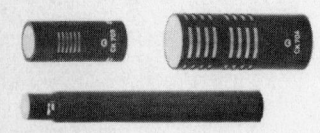

Studio-Kondensatorrichtmikrofon.
Nierencharakteristik.
Hochwertiges Kondensatorrichtmikrofon mit nahezu frequenzunabhängiger Richtcharakteristik. Sehr rückkopplungsarm. CK 704 mit elastischer Systemaufhängung und eingebautem Windschutz/Poppschutz.

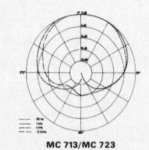

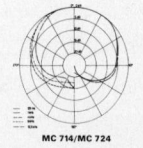

MC 713/MC 723 MC 714/MC 724

Kopfhörer:

Hier die seit Jahren meisteingesetzten dynamischen Spezialkopfhörer für den professionellen Einsatz der Firma Eugen Beyer.

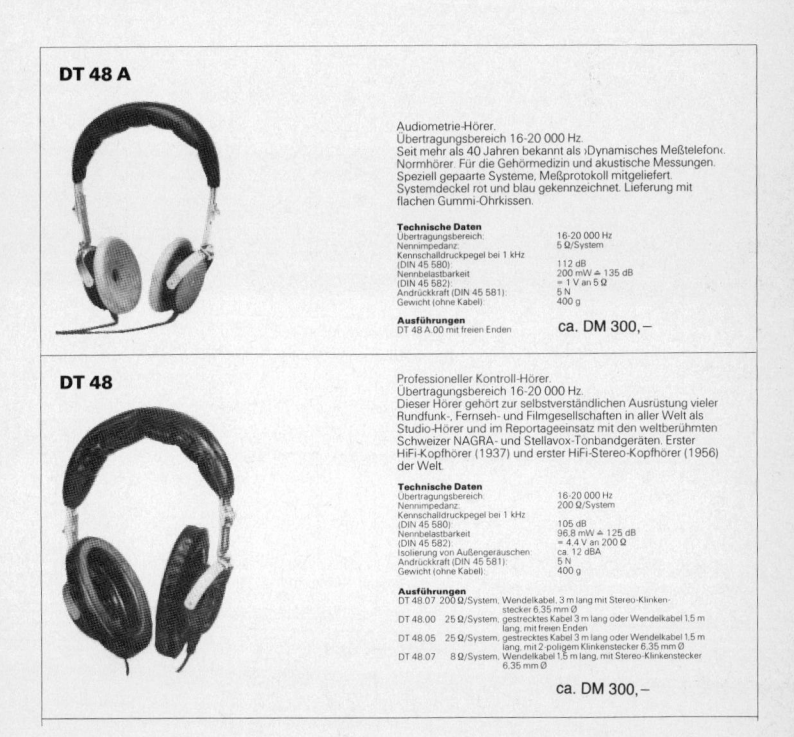

DT 48 A

Audiometrie-Hörer.
Übertragungsbereich 16-20 000 Hz.
Seit mehr als 40 Jahren bekannt als ›Dynamisches Meßtelefon‹.
Normhörer. Für die Gehörmedizin und akustische Messungen.
Speziell gepaarte Systeme, Meßprotokoll mitgeliefert.
Systemdeckel rot und blau gekennzeichnet. Lieferung mit flachen Gummi-Ohrkissen.

Technische Daten
Übertragungsbereich:	16-20 000 Hz
Nennimpedanz:	5 Ω/System
Kennschalldruckpegel bei 1 kHz (DIN 45 580):	112 dB
Nennbelastbarkeit (DIN 45 582):	200 mW ≙ 135 dB ≙ 1 V an 5 Ω
Andrückkraft (DIN 45 581):	5 N
Gewicht (ohne Kabel):	400 g

Ausführungen
DT 48 A.00 mit freien Enden   **ca. DM 300,−**

DT 48

Professioneller Kontroll-Hörer.
Übertragungsbereich 16-20 000 Hz.
Dieser Hörer gehört zur selbstverständlichen Ausrüstung vieler Rundfunk-, Fernseh- und Filmgesellschaften in aller Welt als Studio-Hörer und im Reportageeinsatz mit den weltberühmten Schweizer NAGRA- und Stellavox-Tonbandgeräten. Erster HiFi-Kopfhörer (1937) und erster HiFi-Stereo-Kopfhörer (1956) der Welt.

Technische Daten
Übertragungsbereich:	16-20 000 Hz
Nennimpedanz:	200 Ω/System
Kennschalldruckpegel bei 1 kHz (DIN 45 580):	105 dB
Nennbelastbarkeit (DIN 45 582):	96,8 mW ≙ 125 dB ≙ 4,4 V an 200 Ω
Isolierung von Außengeräuschen:	ca. 12 dBA
Andrückkraft (DIN 45 581):	5 N
Gewicht (ohne Kabel):	400 g

Ausführungen
DT 48.07 200 Ω/System, Wendelkabel, 3 m lang mit Stereo-Klinkenstecker 6,35 mm Ø
DT 48.00 25 Ω/System, gestrecktes Kabel 3 m lang oder Wendelkabel 1,5 m lang, mit freien Enden
DT 48.05 25 Ω/System, gestrecktes Kabel 3 m lang oder Wendelkabel 1,5 m lang, mit 2-poligem Klinkenstecker 6,35 mm Ø
DT 48.07 8 Ω/System, Wendelkabel 1,5 m lang, mit Stereo-Klinkenstecker 6,35 mm Ø

ca. DM 300,−

Mischpulte:

Sennheiser Reportage-Mischpult M 101
Das wohl beliebteste portable Mischpult mit 4 Eingängen

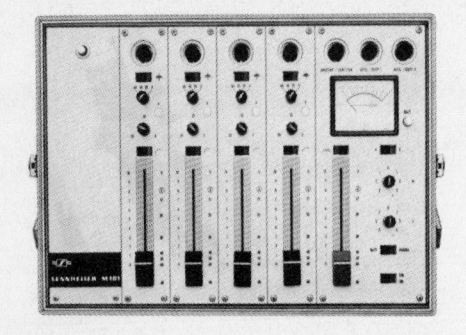

Technische Daten:

M 101 (Art.-Nr. 0272)
M 101 U (Cannon) (Art.-Nr. 0274)

Eingänge	4, symmetrisch, erdfrei
Eingangsempfindlichkeit	0,1 mV - max. 1,55 V
Eingangsabschwächer	dreistufig, 20 dB Stufen, zusätzlich 20 dB stufenlose Regelung in der Gegenkopplung der ersten Verstärkerstufe
Eingangsimpedanz	120 Hz ... 12 kHz ≥ 1 kΩ 40 Hz ... 15 kHz ≥ 400 Ω mit Abschwächer = 1,8 kΩ
Eingangssymmetrie	40 Hz ... 15 kHz ≥ 60 dB
Trittschallfilter in jedem Eingang einschaltbar	120 Hz Einsatzfrequenz (-3 dB); 10 dB/Oktave unterhalb 100 Hz
Speisung für tonadergespeiste Mikrofone	in jedem Eingang von Hand einschaltbar
Ausgang	unsymmetrisch, + 6 dB an 60 Ω u. + 6 dB Ri 18 kΩ
Ausgangsscheinwiderstand	< 4 Ω
Frequenzgang	40 ... 15 000 Hz ± 1,5 dB
Klirrfaktor	0,5 % 60 Hz ... 15 kHz bei + 6 dB am Ausgang an 200 Ω 1% 60 Hz ... 15 kHz bei + 12 dB am Ausgang an 200 Ω
Rauschzahl	ca. 3 dB
Knotenpunktsrauschen (alle Mikrofonregler geschlossen, Summenregler voll geöffnet)	-65 dBm bewertet nach DIN 45 405
Restrauschen am Ausgang (alle Regler geschlossen)	-77dBm bewertet nach DIN 45 405
Aussteuerungsinstrument (Spitzenspannungsmesser)	Einschwingzeit auf 90 % Vollausschlag 30 ms, Ausschwingzeit 1,4 sec.
Pegeltongenerator	Frequenz 1 kHz ± 15 %, Klirrfaktor ≦ 1 %, Pegel mit Summenregler einstellbar
Entzerrer, schaltbar in Summenkanal oder Eingangskanal IV	Höhenbeeinflussung: ± 12 dB bei 15 kHz Tiefenbeeinflussung: + 10 dB, - 14 dB bei 40 Hz
Temperaturbereich	-20° C bis + 50° C
Stromaufnahme	40 mA bei Vollaussteuerung
Batterien	2 x 9 V Energieblock IEC 6 F 100
Betriebszeit bei intermittierendem Betrieb	≧ 30 Stunden; bei Anschluß von vier tonadergespeisten Mikrofonen 20 Stunden
Abmessungen in mm	347 x 233 x 126
Gewicht (mit Batterien)	6 kg

Änderungen, vor allem zum technischen Fortschritt, vorbehalten

Hier zwei Mischpulte der unteren Preisklasse, die in ihrer Qualität natürlich nicht professionellen Studioansprüchen genügen, aber durchaus sehr gut für die Schmalfilmvertonung, für die Tongestaltung bei Tonbildshows, beim Tonschnitt mit Videorecordern usw. verwendet werden können.

UHER Mix 700. HiFi-Stereomischpult in 5-Kanal-Technik mit Duo-Masterpegelsteller und Panoramapotentiometer. Verwendbar als 2-Kanal-Stereo-Mischpult mit zusätzlichem Mono-Eingang oder als 5-Kanal-Mono-Mischpult. 5 Eingänge für niederohmige Mikrofone, 5 Eingänge für hochpegelige Tonquellen, integrierter Stereo-Phono-Verstärker für Plattenspieler mit MM-System. 2 VU-Meter, Verstärkungssteller (Vorpegelsteller) für jeden Kanal, 5 Vorhörtasten zum Abhören jeden Kanals, knackfreie Abschalter für jeden Kanal, Pegeltongenerator, Kopfhörer-Anschluß mit einstellbarer Lautstärke, Fernsteuerkontakt am Masterpegelsteller zum automatischen Starten und Anhalten des Aufnahmegerätes, Batterie- und Netzbetrieb. 33,5 cm x 6,5 cm x 22 cm, Gewicht ca. 3 kg.

MONACOR MPX-4000. Stereo-Mischpult mit 8 Kanälen, Vor- und Abhörmöglichkeit für jeden Kanal mit optischer Anzeige mittels *LEDs*.

Frequenzbereich	: 20 – 20 000 Hz ± 0,5 dB
Eingangsimpedanz	: Mikro N (niederohmige Mikrofone) 600 Ω
	Mikro H (hochohmige Mikrofone) 50 kΩ
	Phono Magn.(RIAA) 50 kΩ
	Phono Keram. 100 kΩ
	Tonband/Tuner 50 kΩ
Eingangsspannung	: Mikro N 0,4 mV
	Mikro H 3 mV
	Phono Magn. 3 mV
	alle anderen Eingänge 150 mV
Ausgangsspannung	: 300 mV an 50 – 200 kΩ
Kopfhörerausgang	: 8 Ω/500 mW
Rauschabstand	: 58 dB
Klirrfaktor	: < 0,2%
Stromversorgung	: elektr. stab. Netzteil 9 V= ext.
	(z. B. **MONACOR** PS-612ST)
	2 × 9 V Trans.-Batt. (parallelgeschaltet)
	für kurzfristigen Betrieb/50 mA
Gewicht	: 1700 g o. Batt.
Abmessungen	: 265 × 195 × 65 mm

Drahtlose Übertragung

Für die drahtlose Übertragung von elektrischen Signalen steht mittlerweile eine große Zahl von Hochfrequenz Sende- und Empfangsanlagen für fast jeden Anwendungszweck zur Verfügung. Es können Signale, wie z. B. der Kamerapilotton, bis hin zur Mikrofonübertragung in professioneller Studioqualität übermittelt werden.

Das Foto zeigt drahtlose Mikrofonübertragungsanlagen in Hochfrequenztechnik der Firma Sennheiser.

Beim Ton zum Film verhält es sich wie ...

... beim Salz in der Suppe: Fehlen die Zutaten, dann bleibt das Ergebnis fad. Und so ist es auch beim Sparen: Erst optimale Konditionen machen uns die Sache schmackhaft.

Pfandbrief und Kommunalobligation

Meistgekaufte deutsche Wertpapiere - hoher Zinsertrag - bei allen Banken und Sparkassen

Verbriefte Sicherheit

Das Geräusch – Geräusche machen

Warum eigentlich? Immer wieder taucht die Frage auf: Wenn ein Film gedreht wird, werden dann die Geräusche nicht mit aufgenommen? Hierzu einige Erläuterungen:

Sogenannte Kulturfilme, die z. B. die Brunftzeit der Dammhirsche oder die Besichtigung einer Maschinenfabrik zum Inhalt haben, werden immer mit dem Originalton unterlegt. Auch in der aktuellen Film-Berichterstattung wird der Hurrikan *MARTHA* ebensowenig von einem Geräuschemacher imitiert, wie das Maschinengewehr in einem Kriegsbericht durch das Drücken der Leertaste auf einer elektrischen Schreibmaschine nachsynchronisiert wird.

Wenden wir uns also den Filmen zu, die eine Spielhandlung haben, eine Geschichte erzählen wollen.

1. Schon die Auswahl des Drehortes kann eine gute, d. h. filmische Tonqualität verhindern. Gehen z. B. zwei Schauspieler über eine verkehrsreiche Straße und unterhalten sich dabei, hört man das Geräusch ihrer Schritte sicherlich nicht mehr. Wenn nun noch ein Lastwagen an ihnen vorbeifährt, wird auch ihr Dialog unverständlich.

Der Regisseur wird nun darauf verzichten, die Szene zu wiederholen, wenn das Spiel der beiden gut war und ihm die Bilder, die die Kamera aufgenommen hat, gefallen haben. Er entschließt sich zur Nachsynchronisation. Dazu geht er ins *SYNCHRONSTUDIO*.

Hier werden (zum Bild) die Sprache und die Geräusche noch einmal aufgenommen. Und zwar getrennt voneinander.

Man kann nun den Dialog bei der Tonmischung anheben und die Geräusche nur so laut dazumischen, daß sie die Sprache nicht überdecken.

2. Ein weiteres Beispiel für die Notwendigkeit, Geräusche nachzusynchronisieren: Wenn ein Spielfilm in Co-Produktion mit Schauspielern aus verschiedenen Ländern entsteht, wird oft mehrsprachig gedreht. Auch hier muß man später Sprache und Geräusche noch einmal aufnehmen bzw. die ausländischen Mimen von deutschen Schauspielern synchronisieren lassen.

Die Geräusche in diesen Szenen sind dann ebenfalls nachzumachen, da beides auf dem Originalton-Band nicht mehr zu trennen ist.

3. Das zu einem ausländischen Spielfilm mitgelieferte IT-Band kann fehlerhaft sein oder den Qualitätsansprüchen des Käufers nicht genügen. Es muß neu hergestellt werden.

Damit kommen wir zu der Praxis des Geräuschemachers.

Grundsätzliches: DAS AUGE BETRÜGT DAS OHR!

Je mehr Aktionen auf dem Bild stattfinden, desto mehr treten die Geräusche in den Hintergrund. Bei einer Schlägerei in einem Western-Saloon wird man kaum feststellen können, ob der Hocker des unermüdlichen Klavierspielers knarrt.

Bei leisen Szenen ohne Dialog und Musik dagegen wird man viel stärker auf Feinheiten des Tons achten müssen. Eine einzelne Person in einem abgeschlossenen Raum verursacht mit jeder Bewegung ein Geräusch (z. B. Schritte auf einem Teppich, Bewegung der Kleidung, Fingertrommeln auf der Sessellehne usw.).

Während eines Dialogs sind diese Geräusche kaum zu hören. In der Praxis werden sie oft trotzdem gemacht, weil sie eine atmosphärische Präsenz bringen. Deshalb hier ein weiterer Grundsatz: LEISE GERÄUSCHE FALLEN NUR DANN AUF, WENN SIE FEHLEN!

Wie schon erwähnt, klingen viele Geräusche vor dem Mikrofon anders als hinter dem Lautsprecher. Besonders auffällig ist das bei Papier, splitterndem Glas und Faustschlägen. Hier muß meistens der Tonmeister etwas helfen. (Beschneidung der Höhen, Ausschalten des Begrenzers, Zugabe von Hall, Veränderung der Charakteristik usw.)

Damit sind wir auch schon beim *Hören*.

Ein objektives Hören gibt es nicht. Die Vorstellung, wie ein Geräusch zu klingen hat, richtet sich nach der ganz persönlichen Hörerfahrung. Ein Geräuschemacher, der noch nie den Zusammenstoß zweier Autos gehört hat, wird von diesem Geräusch eine andere Vorstellung haben als ein Testingenieur eines Automobilwerkes. Hier hilft aber die Phantasie und eine kleine Analyse des herzustellenden Geräusches.

ALLE REALISTISCHEN GERÄUSCHE HABEN EIN GRUNDMUSTER! Bei dem erwähnten Zusammenstoß handelt es sich zumeist um Metall, das verbeult wird, anders als bei einem herunterfallenden Kuchenblech aber nicht frei schwingen kann. Wenn man nun noch die Wucht des Aufpralls miteinbeziehet, so bietet sich als Imitationsmöglichkeit fast zwangsläufig der Schlag auf einen Koffer an (Feinheiten unter Geräuschherstellung).

Ein Geräusch zu finden, das für eine bestimmte Szene den gewünschten Effekt bringt, ist meistens das Ergebnis der Zusammenarbeit von Geräuschemacher, Tonmeister und Regisseur. Wobei fast immer noch eine Cutterin darauf achtet, daß es auch synchron ist.

Geräusche können unterstützen, verfremden, verfälschen, sogar manipulieren. Allerdings: Ein Film, der keine interessanten Bilder zeigt, ist auch von den Geräuschen nicht zu retten!

Geräuschrequisiten sehen selten so aus, wie sie klingen. Lassen Sie sich nicht täuschen. Kein Geräuschemacher bringt für die Synchronisation eines Cowboyfilms Pferde mit ins Aufnahmestudio.

Andererseits klingen Originalrequisiten sehr oft nicht, wie man es sich wünscht. Wenn also jemand im Film den Hahn eines Trommelrevolvers spannt, ist es völlig unnötig, sich das teure Stück zu kaufen. Diese Spezialeffekte werden auf eine ganz andere Weise hergestellt. Genau wie Faustschläge, das Laden von Schußwaffen, aufschnappende Messer und Zerstörungen aller Art werden diese Gewaltsignale in vielen Filmen überbetont, wobei im Interesse der verstärkten Spannung auf Realismus beim Klang weitgehend verzichtet wird. Ein Kinnhaken klingt dann eher wie ein Axthieb, das Spannen des erwähnten Revolvers wie der Hauptschalter eines Elektrizitätswerkes.

An dieser Stelle noch einige Worte zu *Geschmacksfragen* und *Irrtümern*. Wenn in einem realistisch gemachten Film über ein deutsches Familienleben plötzlich ein indischer Feuerschlucker das Zimmer betritt, ist das sicher ebenso verblüffend wie sinnlos. Ein Geräusch, das nicht vom Bild kommt (das keine Entsprechung im Bild hat) und das dadurch nicht einzuordnen ist, wird genauso störend wirken. Auch Off-Geräusche müssen identifizierbar sein.

Nicht auszurotten ist offenbar die Vorstellung, daß jedes Gartentor beim Öffnen und Schließen zu quietschen oder, je nach Bauart, zu knarren hat. Das kann bei häufiger Benutzung des Tores im Film recht lästig werden. Auch hält sich beharrlich das Gerücht, daß das Geräusch eines Kinnhakens durch Schläge auf ein rohes Steak hergestellt wird. Schade um das Steak! Wie man es machen kann, ist im nächsten Teil, *Geräuschherstellung*, beschrieben.

Die berühmten Erbsen in einem Sieb, die Regengeräusche hervorbringen sollen, sind auch etwas praxisfremd. Auch hier gibt es einfachere Möglichkeiten (siehe Anhang).

Die Geräuschherstellung

Im wesentlichen gibt es drei Arten von Geräuschen.

1. Das realistische Geräusch (Synchrongeräusch)
2. Das Trickgeräusch
3. Das atmosphärische Geräusch

1. Beim *Synchrongeräusch* stellt man am leichtesten fest, daß Geräuschemachen keine Geheimwissenschaft ist.

Eine der Szenen, die am häufigsten vorkommen, zeigt die Familie am Frühstückstisch. Fast alle Dinge, die man auf dem Bild sehen kann, findet man in der Regel im Haushalt und kann sie für die Herstellung der entsprechenden Geräusche auch verwenden. Allenfalls das Frühstücksei ist mit einem aufgeschnittenen Tischtennisball zu imitieren, um bei Wiederholungen nicht zu viele Eier zu ruinieren.

So ist es auch bei Restaurantszenen: Erst einmal nachschauen, was der eigene Küchenschrank an Requisiten zu bieten hat. Was man bei einer Spielhandlung immer brauchen wird, sind *Schrittgeräusche*.

Schritte kann man mit den Füßen, aber auch mit den Händen machen. In jedem Fall ist der Untergrund von entscheidender Bedeutung.

Eine kleine Steinplatte mit glatter Oberfläche (ca. 40 mal 40 cm) sowie ein festes Holzbrett und eine Eisenplatte in dieser Größe gehören zur Grundausstattung. Achtung! Gehwegplatten haben manchmal einen singenden Nebenklang (Eigenresonanz). Man kann sie aber abdämpfen, indem man den Stein auf einen Lappen legt und die Seiten mit Leinenband (Lassoband) beklebt. Den eigentlichen Boden des Aufnahmeraumes zu verwenden empfiehlt sich meist nicht, da sich die Trittschwingungen auf den Raum übertragen können. Das würde den Klangcharakter verfälschen.

Auch den Schuhen, die man dafür benutzt, kommt eine gewisse Bedeutung zu. Sie sollten leicht sein und eine durchgehende Ledersohle haben. Den Absatz kann man eventuell sogar entfernen.

Zur Ausrüstung gehören außerdem: Ein Säckchen aus Leinen oder Inlettstoff, das zu einem Drittel mit Sand gefüllt wird, ein weiteres Säckchen für Kartoffelmehl (Schritte im Schnee), eins für groben Kies und eins für Glasmurmeln. Die jeweilige Verwendungsmöglichkeit und Handhabung sind im Anhang näher beschrieben.

Achten Sie immer darauf, daß keine anderen Dinge mitklingen und das Mikrofon vor den Trittschwingungen geschützt ist! Schritte mit der Hand: Wenn jemand barfuß eine Holzleiter hinaufsteigt, kann man mit der flachen Hand leicht auf eine Tischplatte schlagen. Barfüßige Schritte sind oft leichter mit der Hand nachzumachen als mit den Füßen.

2. Trickgeräusche

Bei dieser Art von Geräuschen spielt die Phantasie die Hauptrolle. Wenn man Musikinstrumentenläden und Spielwarenläden durchforscht, wird man schnell merken, wie viele Möglichkeiten der Effektherstellung allein durch die dort angebotenen Glöckchen, Pfeifen, Lotosflöten, Tierstimmen und Lockrufe sowie die vielen Schlagzeugbecken, Kindertrompeten, Maultrommeln, Sirenen und Schlaghölzer entstehen. Trickgeräusche sind meistens *musikalische Effekte*.

Mit einigem Geschick kann man ein Holzhaus einstürzen lassen, indem man mit der Hand über einen aufgeblasenen Luftballon streicht. Derselbe Ballon, mit Wasser gefüllt, eröffnet wieder ganz andere Möglichkeiten.

Einige andere Trickgeräusche sind im Anhang aufgeführt.

3. Atmosphärische Geräusche

Wie es eine Stimmen-Atmo gibt, so gibt es auch eine Geräusch-Atmo. Sie wird ebenso bei der Mischung zu den Schnittbändern als Schleife dazugespielt. Sie dient der Hintergrundbelebung.

Beispiele:
Marktplatz: allgemeine Schritte
Lokal: Geschirrklappern, Stühlerücken. (Wenn eine Atmoschleife lang genug aufgenommen worden ist, so daß sich herausragende Geräusche nicht wiederholen, kann man noch einiges hinzufügen.) Zigarette anzünden, Gläser füllen, Tablett abstellen usw.
Segelschiff: Segelflattern, Knarren der Takelage, Wellenplätschern.
Großraumbüro: Papierrascheln, Schreibmaschinen, Telefone, Aktenschränke auf und zu
Seeufer: Wellenplätschern, Wind
Wald: Wind- und Blätterrauschen

Kinderspielplatz: Ballspiel, das Quietschen von Schaukeln
Freizeithalle: Tischtennisbälle, Billardkugeln (zwei Pflastersteine leicht gegeneinanderschlagen)

Aber, wie schon gesagt: Vorsicht vor herausragenden Geräuschen, die immer wieder auftauchen. Wiederholungen sind lästig.

Atmos wie Wind, Regen und Donner usw. klingen in der hausgemachten Herstellung meistens nicht wie gewünscht. Selbst unter den besten Aufnahmebedingungen verlangen sie einen ziemlich großen Aufwand. Produktionsfirmen legen sich deshalb Archive an, um die gewünschten Atmos immer parat zu haben. Es gibt allerdings auch Schallplatten und Kassetten, auf denen diese Geräusche in zum Teil hervorragender Qualität angeboten werden. Das gilt auch für Tierstimmen.

Aber auch dafür werden einige Tricks in dem nun folgenden *Anhang* aufgeführt.

Übrigens: Die Qualität eines Geräusches ist nicht nur von der richtigen Handhabung der Requisiten abhängig, sondern auch vom richtigen Abstand zum Mikrofon. Feste Werte gibt es dafür nicht, man muß halt probieren. Hier noch ein kleiner Tip: Leise Geräusche nah am Mikro machen.

Geräusch-Beispiele:
Zusammengestellt von Michael Bootz

Schritte auf Stein: Auf einer Steinplatte auf der Stelle treten. Für Straßenschritte zusätzlich einige Krümel Sand oder Zucker daraufstreuen.

Schritte Sand/Kies: Das beschriebene Sand- oder Kiessäckchen auf den Stein legen.

Schritte Geröll: Hier kommt der Beutel mit den Glasmurmeln zu dem Kies dazu.

Schritte Gras: Eine dünne Strohmatte auf den Sandbeutel legen und mit einem Lappen abdecken.

Schritte Herbstlaub: Schmalbandreste (Bandsalat) auf den Sandbeutel legen. Mit Lappen abdecken.

Schritte Schnee: Den Beutel mit Kartoffelmehl auf das Sandsäckchen legen.

Schritte Schlamm: Ein nasses Handtuch auf den Stein legen.

Schritte Holz/Parkett: Eine feste Holzplatte unterlegen. Wenn der Boden knarren soll, knautscht man dazu einen Lederriemen, der zuvor mit Wasser spröde gemacht wurde.

Schritte Teppich: Ein Stück dünne Auslegeware auf das Holzbrett legen.

Marschkolonne (Hintergrund): Zellophanpapier von Zigarettenpackung mit beiden Händen kräftig gegeneinander bewegen.

Marschkolonne (Vordergrund): Zusätzlich rhythmisch mit beiden Füßen auf Sand laufen.

Garagentor/Metallrolladen: Mit Rollschuh über einen gerippten Aluminiumkoffer fahren.

Flasche öffnen u. schließen: Den Korken vor dem Öffnen naß machen. Beim Schließen reicht es, den nassen Korken an der Außenseite der Flasche entlangzuziehen. Andere Verschlüsse (Schraub- oder Kronkorkenverschlüsse) kann man original benutzen.

Fahrrad: Das Gerippe eines Regenschirmes leicht bewegen. Eine Klingel am Ende verschrauben und leicht mitscheppern lassen. ür den Freilauf kann man eine kleine Angelrolle mitschnarren lassen.

Große Uhr aufziehen: Angelrolle rhythmisch schnarren lassen oder eine kleine Kette über eine Metallkante ziehen.

Uhrschlag: Mit Bleistift gegen Weinglas oder Lampenschirm aus Glas oder Metall schlagen. Evtl. mit halber Aufnahmegeschwindigkeit abspielen.

Gong: Mit Schuhabsatz oder Fingerknöchel auf ein großes Backblech schlagen und mit halber Aufnahmegeschwindigkeit abspielen.

Meeresrauschen/Wellen: Einen großen Plastikeimer mit Wasser füllen und einen Lappen darin bewegen. Achtung! Mikrofon schützen.

Sprung ins Wasser: Den Lappen in den vollen Wassereimer schlagen und gleichzeitig eine dünne Plastiktüte, die vorher aufgeblasen wurde, auf einen nassen Lappen schlagen.

Wasserfall: Handbrause oder große Blumenspritze auf Wasseroberfläche richten. Dazu einen Lappen im Wasser bewegen.

Ruderboot: Ein altes Eisenscharnier oder einen spröden Lederriemen auf einem Holzbrett knarren oder quietschen lassen. Dazu eine Hand mit Lappen im Wassereimer bewegen.

Um keine Überschwemmungen zu verursachen, empfiehlt sich die Anschaffung eines Kinderschlauchbootes, in das man den Eimer hineinstellen kann.

Dampfersirene: Über die Öffnung einer Weinflasche blasen. Tonhöhe durch Wasser in der Flasche variieren.

Regen: Sandsack fließend bewegen. Dazu mit den Fingern auf eine Wasseroberfläche trommeln.

Wind: Mikrofon leise anhauchen, jedoch nicht direkt hineinblasen. (Windschutz).

Donner: Dünnes Blech hin und her wedeln und direkt ins Mikrofon hauchen.

Waldesrauschen: Tonbandreste mit einem Handtuch umwickeln und leicht bewegen.

Kaminfeuer / Lagerfeuer: Einen kleinen Reisigbesen und Zellophanpapier langsam bewegen. Gelegentlich Streichhölzer zerbrechen.

Großfeuer: Zusätzlich langsam einen Obstkorb zersplittern und mit einem dünnen Tuch vor dem Mikrofon wedeln.

Kochende Flüssigkeit: Mit Strohhalmen in gefüllten Wassertopf blasen.

Glasscheibe einschmeißen: Ein Weinglas und dünne Blechplättchen (evtl. von Kinderxylophon) heftig auf den Boden werfen.

Foto-Blitzlicht: Zellophan oder weiche Plastikfolie ruckartig bewegen.

Boxhiebe / Faustschläge: Mit der geballten Faust (Innenhand) auf verschiedene Unterlagen schlagen. Kartoffelmehl-Beutel, festes Lederstück, mit Lappen abgedeckter Oberschenkel. Mit der Faust in die andere, flache Hand schlagen.

Fall eines Körpers: Ein luftgefülltes Gummikissen mit beiden Händen auf die Knie schlagen. Dazu mit dem Fuß auf Mehlbeutel treten.

Autotüren auf: Mit Kugelschreiber über Kofferschloß kratzen oder Kofferschloß öffnen.

Autotür und Kühlschranktür zu: Mit zusammengefalteten Lederlappen leicht auf Kofferschloß schlagen.

Autoabfahrt auf Sand: Aufgeblasene Gummikissen oder Gummiwärmflasche über Sandsack reiben.

Auto-Zusammenstoß: Koffer mit Kissen füllen und draufschlagen. Dazu Alufolie direkt vor dem Mikrofon knautschen. Metallplättchen fallen lassen.

Pferdehufe: Zwei halbe Kokosnußschalen, Kaffeetassen oder auch nur die hohlen Hände rhythmisch auf den entsprechenden Untergrund schlagen. Für Hufe auf Gras die Innenseite der Oberschenkel benutzen. Die Kanten der Kokosnußschalen mit Lassoband bekleben.

Schritt: Jeder Huf ist zu hören.

Trab: Hufe schlagen immer paarweise auf.

Galopp: Nur *drei* Hufe sind kurz hintereinander zu hören. Wie am Anfang des Radetzkymarsches (Triolen).

Fenstervorhang aufziehen: Kette über dünne Blechleiste ziehen. Dazu Stoff rauschen lassen. Für Trickfilm: Finger unter der Nase reiben und Luft scharf einziehen.

Telefonklingel: Wecker abdecken und rhythmisch klingeln lassen. Man kann sich auch anrufen lassen.

Hubschrauber: Papier falten und gegen langsam laufende Ventilatorflügel (Plastik) halten. Evtl. verringerte Abspielgeschwindigkeit.

Ballspielen: Mit Handballen auf Ball oder Sack mit Mehl schlagen (Schritte nicht vergessen!).

Eisenbahn, entfernt: Mit den Fingernägeln rhythmisch über einen Pappdeckel schaben.

Löwengebrüll: In leere Pappröhre schnarchen.

Holz sägen: Feile oder Raspel über Holzkante ziehen.

Div. Motoren: Bohrmaschine, Rasierapparat, Haartrockner, Staubsauger, Küchenmixer, elektr. Zahnbürste, Kühlschrank. Den gewünschten Klang durch veränderte Abspielgeschwindigkeiten herausfinden.

Div. Quietschen: Gabelzinken über Porzellanteller oder Glasplatte schieben. Dünne Plastikschale (Seifenschale) über Glasscheibe schieben. Altes Scharnierband befeuchten, trocknen lassen und dann bewegen. Öfter versuchen!

Div. Knarren: Schmalbandrest anbinden und mit den Fingern beim Straffziehen darübergleiten. Holzzwinge oder hölzernen Schraubnußknacker festdrehen. Das Gewinde vorher mit Feuerzeugbenzin übergießen, es wird dadurch spröde. Lederriemen oder geflochtene Lederpeitsche knautschen. Vernagelte Kiste langsam öffnen.

Alle diese Beispiele können natürlich nur den Weg zum gewünschten Geräusch weisen. In jedem Fall ist einige Übung nötig, bis man den beschriebenen Requisiten den richtigen Klang entlockt. Aber: Die spürbare Liebe zum Detail schmückt am Ende jeden Film!

Adressen (Auswahl)

Tonaufnahmegeräte

Albrecht, Wilhelm, GmbH
Maybachufer 48/51
1000 **Berlin** 44

Deutsche Philips GmbH
Alexanderstraße 1
2000 **Hamburg** 1

Erlson Gerätebau
Alte Frankfurter Str. 19
6368 **Bad Vilbel**

NAGRA, Kudelski GmbH
Tegernseer Landstraße 161
8000 **München** 90

Studer Revox GmbH
Talstraße 7
7827 **Löffingen**

Siemens-Electrogeräte GmbH
Hochstr. 17
8000 **München** 80

Sony GmbH
Hugo-Eckener-Straße 20
5000 **Köln** 30

Stellavox Deutschland
Schöngeisingerstraße 36 a
8080 **Fürstenfeldbruck**

W. Steenbeck & Co.
Hammer Steindamm 27/29
2000 **Hamburg** 76

Max Killi GmbH
Mühldorfstraße 8
8000 **München** 80

UHER Werke München
GmbH
Industriestraße 5
6380 **Bad Homburg**

UHER Vertriebsgesellschaft
mbH
Wandalenweg 14–20
2000 **Hamburg** 1

Tonbänder

Agfa-Gevaert AG
5090 **Leverkusen** 1

Ampex Europa GmbH
Walter-Kolb-Str. 9–11
6000 **Frankfurt** 70

BASF AG
Gottlieb-Daimler-Str. 10
6800 **Mannheim** 1

3 M Deutschland GmbH
Carl-Schurz-Straße 1
4040 **Neuss**

Maxell Europe GmbH
Emanuel-Leutze-Str. 1
4000 **Düsseldorf** 11

Memorex GmbH
Hahnstraße 41
6000 **Frankfurt/Main**

Philips GmbH
Mönckebergstraße 7
2000 **Hamburg** 1

Sony GmbH
Hugo-Eckner-Straße 20
5000 **Köln** 30

Mikrofone

AKG Akustische u. Kino
Geräte GmbH
Brunhildengasse 1
A-1150 **Wien**

AKG Deutschland
Bodenseestraße 226
8000 **München** 60

Beyer Eugen
Elektronische Fabrik
Theresienstraße 8
7100 **Heilbronn**

Inter-Mercator (Monacator-Vertretung)
Zum Falsch 36
2800 **Bremen** 44

Dr.-Ing. Schoeps GmbH
Spitalstraße 20
7500 **Karlsruhe** 41

Sennheiser electronic
3002 **Wedemark** 2

Shure, Sonetic Tontechnik
GmbH
Frankfurter Allee 19–21
6236 **Eschborn**

Sony GmbH
Hugo-Eckener-Str. 20
5000 **Köln** 30

Mischpulte

Inter-Merecator (Monacor-Vertretung)
Zum Falsch 36
2800 **Bremen**

Stellavox Deutschland
Schöngeisingerstraße 36a
8080 **Fürstenfeldbruck**

Sennheiser electronic
3002 **Wedemark** 2

UHER Vertriebsgesellschaft mbH
Wandalenweg 14–20
2000 **Hamburg** 1

Film- und Tonbearbeitungsgeräte
(Film- und Tonschneidetische, Tonüberspielanlagen)

Acmade
Roman Mandziak
Lazarettstraße 2
8000 **München** 19

APRI, Arnold und Richter
Cine Technik
Türkenstraße 89
8000 **München** 40

Albrecht, Wilhelm, GmbH
Maybachufer 48/51
1000 **Berlin** 44

KEM-Elektronik-Mechanik GmbH
Herlingsburg 16–22
2000 **Hamburg** 54

Max Killi GmbH
Mühlendorfstraße 8
8000 **München** 80

Siemens AG
Braunwaldallee 48
7500 **Karlsruhe**

Sondor Export AG
Gewerbezentrum
CH-8702 **Zollikon–Zürich**

Staffen & Hurtig
Alsterdorfer Str. 2a
2000 **Hamburg** 60

Steenbeck
Hammer Steindamm 27/29
2000 **Hamburg** 76

Video-Aufnahme- und Bearbeitungsgeräte
(Hardware/Software)

AEG-TELEFUNKEN, Göttinger Chaussee 76, 3000 Hannover-Linden
Agfa-Gevaert AG, 5090 Leverkusen

AKAI International GmbH, Am Siebenstein 4, 6072 Dreieich 3
Ampex GmbH, Walter-Kolb-Straße 9–11, 6000 Frankfurt/M.
BASF Badische Anilin- & Soda Fabrik, 6700 Ludwigshafen/Rhein
Bell & Howell, Foto–Kino–Video, Raiffeisenstraße 8, 6360 Friedberg/Hessen
Blaupunkt-Werke GmbH, Robert-Bosch-Straße 200, 3200 Hildesheim
Bosch, Robert, Fernsehanlagen GmbH, Robert-Bosch-Straße 7, 6100 Darmstadt
Braun Aktiengesellschaft, Rüsselsheimer Str. 22, 6000 Frankfurt/M.
Deutsche Philips GmbH, Mönckebergstraße 7, 2000 Hamburg 1
3M Deutschland GmbH, Postfach 643, 4040 Neuss 1
Graetz-Vertriebs GmbH, Östliche Karl-Friedrich-Straße 132, 7530 Pforzheim
Grundig Werke GmbH, Kurgartenstraße 37, 8510 Fürth/Bayern
Hitachi Sales Europa GmbH, Colonnaden 72, 2000 Hamburg 36
Imperial GmbH, Postfach 360, 3340 Wolfenbüttel
ITT-Schaub-Lorenz, 7530 Pforzheim
IVC International Video Corporation GmbH, Feldbergstraße 40, 6100 Darmstadt
JVC Victor Company of Japan, JVC Electronics GmbH, Breitlacher Str. 96, 6000 Frankfurt/M. 90
Kodak-Aktiengesellschaft, Hedelfinger Straße, 7000 Stuttgart 60
Loewe-Opta GmbH, Teltowkanalstraße 1–4, 1000 Berlin 46
National Matsushita Electric Sales (Europa) GmbH, Jungfernstieg 40, 2000 Hamburg 36
Norddeutsche Mende Rundfunk KG, NORDMENDE, Postfach, 2800 Bremen
Pepper, Karl H., Electronic, Vertretung der Shibaden Electronic Co. Ltd., Wurzerstraße 16, 8000 München 22
Philips GmbH, Geschäftsbereich Audio-Video-Technik, Meiendorfer Str. 205, 2000 Hamburg 73
SABA, Schwarzwälder Apparate-Bau-Anstalt, 7730 Villingen/Schwarzwald
Sanyo Video Vertrieb GmbH & Co., Lange Reihe 29, 2000 Hamburg 1
Sharp Corporation, Gen.-Importeur Fuhrmeister & Co., Ballindamm 17, 2000 Hamburg 1
Siemens AG, Zeppelinstraße 10, 8250 Erlangen
Sony GmbH, Hugo-Eckener-Straße 20, 5000 Köln 30
Standard Elektrik Lorenz SEL, Helmuth-Hirth-Straße 42, 7000 Stuttgart 40

Film- und Diaprojektoren
(Steuerungen zur synchronen Bild-Tonwiedergabe)

Agfa-Gevaert AG
5090 Leverkusen 1
Postfach

AIC Fototechnik GmbH
(Elmo)
7000 Stuttgart 81
Postfach 81 01 26

Beaulieu Cinema
94220 Charenton le Pont
16, rue de la Cerisaie

Bell & Howell, Ltd.
A–V & Video Division
Wembley (Middx) HAO 1EG/GB
Alperton House, Bridgewater Road

Bolex International S. A.
CH-1401 Yverdon
15, Rte de Lausanne

Bosch, Robert, GmbH
Geschäftsbereich Fotokino
7000 Stuttgart 60
Beim Inselkraftwerk 10

Braun Aktiengesellschaft
6000 Frankfurt/Main
Rüsselsheimer Straße 22

Braun, Carl, Camera-Werk
GmbH
8500 Nürnberg
Muggenhofer Straße 122

Bröker GmbH Tonfilmtechnik
5000 Köln 60
Niehler Str. 272

Ell-elec GmbH (Casy)
4150 Krefeld 29

Gebuhr
8500 Nürnberg
Imhoffstraße 4

Gigge Synchronfilm GmbH
8500 Nürnberg
Schneefernerring 4

g. t. c. Film- und Fernseh-
Studiotechnik GmbH
2070 Großhansdorf
Wöhrendamm 19

Kindermann & Co. GmbH
8703 Ochsenfurt
Kindermannstraße 2

Kinoton GmbH
8000 München 60
Bodenseestraße 228

Kodak Aktiengesellschaft
7000 Stuttgart
Hedelfinger Straße

KTV Systemtechnik
G. m. b. H. (Eiki)
Zeiss Gruppe
2300 Kiel
Postfach 60 40

Leitz Wetzlar GmbH, Ernst
6330 Wetzlar
Postfach 20 20

Liesegang, Ed.
4000 Düsseldorf 1
Volmerswerther Straße 21

MEOPTA Přerov, exported by
MERKURIA Export-Import
CS-17005 Praha 7
Argenstiká 38

Perfectone Products S. A.
CH-2560 Nidau-Bienne
Ringstraße 3

Rollei-Werke
Franke & Heidecke GmbH &
Co. KG
3300 Braunschweig
Salzdahlumer Straße 106

Silma S. P. A.
I-10098 Rivoli Torinese
CSO Francia 99

Sondor Export AG
CH-8702 Zollikon–Zürich
Gewerbezentrum

Synputer Tonsystem
8000 München 2
Pettenkofer Str. 30/B

Schmalstieg-Elektronik
A-1060 Wien
Hirschengasse 7/8

Volland
8551 Röttenbach
Postfach

Zeiss Ikon AG
Zett-Geräte-Werk
3300 Braunschweig
Saarbrückener Straße 263

Filmgeräteverleih
(auch Zubehör und Ton)

Arnold & Richter
Cine Technik GmbH
Türkenstraße 89
8000 München 40

Cinerent AG
Im Gewerbezentrum
CH-8702 Zollikon-Zürich

Cine Service – Hartmut Mau-
solf
Leibnizstraße 33
1000 Berlin 12

Cine-Service
Elisabethallee 24
A-1130 Wien

Gruppe 3 & Amsel Cineton
Siegfriedstraße 23
8000 München 40

Alex Henningsen
Filmtechnische Geräte
Kurfürstenstraße 11
2000 Hamburg 70

Krausser & Co. OHG
Münchener Str. 95
8043 Unterföhring

Erich Onasch K
Eisenbahnstraße 13/15
1000 Berlin 31

Klaus Pille, Kameratechnik
Unter den Eichen 7
6200 Wiesbaden

Schmidle & Fitz
Rotbuchenstr. 1
8000 München 90

Studio Bellerive
Kreuzstr. 2
CH-8034 Zürich

Dedo Weigert Film GmbH
Rottmannstraße 5
8000 München 2

Film-Magnetbespurung

Fipra
Stresemannstraße 21
1000 Berlin 61

Kurt Weberling
Treffauer Straße 19
8000 München 70

und einige Kopierwerke

Tonstudios

Alster Studios
Melhopweg 9–12
2000 Hamburg 65

Arnold & Richter
Cine Technik GmbH
Türkenstraße 89
8000 München 40

Bavaria Atelier GmbH
Bavaria-Film-Platz 7
8022 Geiselgasteig

Filmtechnik 16
C. A. Stachelscheid GmbH
Albertstr. 111
4000 Düsseldorf 1

Geyer-Synchron GmbH
Harzer Straße 39–46
1000 Berlin 44

Gruppe 3 & Amsel Cineton
Osterwaldstraße 9–10
8000 München 40

IFAGE-Filmproduktion GmbH
Unter den Eichen
6200 Wiesbaden

Studio Hamburg Atelier GmbH
Tonndorfer Hauptstraße 90
2000 Hamburg 70

Taunus Film GmbH
Unter den Eichen
6200 Wiesbaden

Archive, Ausbildungsstätten, Institute, Verbände, Organisationen

(Bereich: Film–Fernsehen)
Arbeitsgemeinschaft Neuer Deutscher Spielfilmproduzenten e. V.
Agnesstraße 14, 8000 München 40
Arbeitsgemeinschaft Dokumentarfilm e. V.
Schaumannskai 41, 6000 Frankfurt/M. 70
Berufsverband der Freischaffenden Filmkameramänner und -Frauen in der Bundesrepublik Deutschland e. V. (BKV), Zentrale München, Türkenstr. 91, 8000 München 40, Büro Berlin: Mühlenstraße 46, 1000 Berlin 46, Kontaktstelle Hamburg: Friedensallee 7, 2000 Hamburg 50, Filmhaus

Bundesarchiv, Filmarchiv
Am Wöllershof 12, 5400 Koblenz

Bundesverband der Fernseh- und Filmregisseure in Deutschland e. V.
Seestraße 13, 8000 München 40

Bundesverband Deutscher Fernsehproduzenten
Widenmayerstr. 34, 8000 München 22

Bundesverband Deutscher Film- und AV-Produzenten
Langenbeckstr. 9, 6200 Wiesbaden

Bundesvereinigung des Deutschen Films (Bufi)
Friedensallee 7, 2000 Hamburg 50
Agnesstr. 14, 8000 München 40

Deutsche Film- und Fernsehakademie Berlin GmbH
Pommernallee 1, 1000 Berlin 19

Deutsche Gesellschaft für Photographie e. V.
Oppenheimstr. 16, 5000 Köln 1

Deutsches Filmmuseum
Schaumannskai 41, 6000 Frankfurt/M. 70

Deutsche Gesellschaft für Filmdokumentation
Mittelstr. 9, 6201 Wiesbaden

Deutsches Institut für Filmkunde
Schaumannskai 41, 6000 Frankfurt/M. 70

Fachhochschule Köln, Fachbereich Fotoingenieurwesen
Reitweg 1, 5000 Köln 21

Fernseh- und Kinotechnische Gesellschaft e. V. (FKTG)
Postfach 4040, 6500 Mainz

Filmbewertungsstelle
Schloß, 6202 Wiesbaden-Biebrich

Filmbüro Baden-Württemberg e. V.
Neckarstr. 178, 7000 Stuttgart 1

Filmbüro Hessen e. V.
Schaumannskai 41, 6000 Frankfurt/M. 70

Filmbüro Niedersachsen e. V.
Haeckelstr. 3, 3000 Hannover 1

Filmbüro Nordrhein-Westfalen
Schloß Broich, 4330 Mülheim/Ruhr

Filmförderungsanstalt
Budapester Str. 41, 1000 Berlin 30

Freiwillige Selbstkontrolle der Filmwirtschaft
Langenbeckstr. 9, 6200 Wiesbaden 1

Freunde der Deutschen Kinemathek e. V.
Welserstr. 25, 1000 Berlin 30

Hamburger Filmbüro e. V.
Friedensallee 7, 2000 Hamburg 50

Hochschule für Fernsehen und Film
Ohmstraße 11, 8000 München 40

Institut für Film und Bild in Wissenschaft und Unterricht
Bavariafilmplatz, 8022 München-Geiselgasteig

Institut für den Wissenschaftlichen Film
Nonnenstieg 72, 3400 Göttingen

Institut für Rundfunktechnik GmbH
Floriansmühlstr. 60, 8000 München 45

Kuratorium Junger Deutscher Film
Postfach 129345, 6202 Wiesbaden-Biebrich 12

Österreichische Gesellschaft für Filmwissenschaft und Österreichisches Filmarchiv,
Rauhensteingasse 5, A-1010 Wien

Rundfunk-Fernseh-Film-Union im DGB
Hauptgeschäftsstelle: Klarastr. 19, 8000 München 19

Schule für Rundfunktechnik
Wallensteinstr. 121, 8500 Nürnberg

Schweizer Film-Techniker Verband
Augustinergasse 6, CH-8001 Zürich

Society of Motion Picture and Television Engineers (SMPTE)
862 Scardale Ave, Scardale N. Y. 10583, USA

Spitzenorganisation der Filmwirtschaft (SPIO)
Langenbeckstr. 9, 6200 Wiesbaden

Staatliche Fachschule für Optik und Fototechnik
Einsteinufer 43–45, 1000 Berlin 10

Verband der Filmverleiher
Langenbeckstr. 9, 6200 Wiesbaden

Verband Deutscher Spielfilmproduzenten e. V.
Beichstr. 8, 8000 München 40

Verband Deutscher Tonmeister e. V.
c/o SFB Berlin, Masurenallee 8–14, 1000 Berlin 19

Verband Österreichischer Kameraleute (A. A. C.)
Künstlerhaus, Karlsplatz 5, A-1010 Wien

Zentrale Bühnen-, Fernseh- und Filmvermittlung der Bundesanstalt
für Arbeit (ZBF)
Feuerbachstraße 42, 6000 Frankfurt/M. 1
ZBF Agentur München: Leopoldstraße 34–38, 8000 München 40

Filmförderung in der Bundesrepublik Deutschland und Berlin (West)

Film-Förderungs-Anstalt (FFA)
Budapester Str. 41,
1000 Berlin 30

Bundesminister des Innern
Förderungsanträge an:

Bundesarchiv, Am Wöllerhof 12,
5400 Koblenz

Kuratorium Junger Deutscher Film
Schloß Biebrich,
6200 Wiesbaden

Hamburger Filmbüro
Im Filmhaus, Friedensallee 7,
2000 Hamburg 50

Förderung der Filmproduktion
in Hamburg
c/o Hamburgische Landesbank
Girozentrale: Postfach 102820,
2000 Hamburg 1

Film-Kredit-Treuhand GmbH
Bismarckstr. 79, 1000 Berlin 12

Bayerische Filmförderung,
Bayerische Landesanstalt
für Aufbaufinanzierung
Königinstr. 15,
8000 München 22

Filmbüro Nordrhein-Westfalen
e. V.
Schloß Broich,
4330 Mülheim a. d. Ruhr

Hessische kulturelle
Filmförderung
Schaumannskai 41,
6000 Frankfurt 70

Österreich:
Österreichischer
Filmförderungsfonds
Plunkergasse 3–5, 1010 Wien

Wiener Filmförderungsfonds
Friedrich-Schmidt-Platz 5,
1082 Wien

Literaturhinweise (Auswahl)

Backhausen, W. u. a., HiFi, Ultraschall und Lärm. Die Welt des Schalls. 1977

Büscher, G., Kleines ABC der Elektroakustik. 1976

Cremer, L. u. *H. A. Müller*, Die wissenschaftlichen Grundlagen der Raumakustik. Bd. 1: Geometrische Raumakustik – Statistische Raumakustik – Psychologische Raumakustik. 1978
Bd. 2: Wellentheoretische Raumakustik. 1976

Dasek, I. Das Tonbandbuch. Kreative Anwendung der Tonbandgeräte. 1976

Diefenbach, W. W., Tonband-Hobby. 1978

Haas, A., Physik des Tonfilms. 1934

Handbuch der Tonstudiotechnik. Hg. v. d. Schule für Rundfunktechnik. Bearb. v. M. Dickreiter

Hermann, U. F., Handbuch der Elektroakustik. Technische und praktische Anwendung. 1978

Monse, H. R., Das Tonbandbuch für alle. 1977

Praetzel, G., Mikrofon-Aufnahmetechnik. 1976

Umbehr, H., Der Tonfilm. 1930

Webers, J., Bild und Ton synchron. 1976

Webers, J., Tonstudio-Technik. 1974

Film lexikon

Film als Kunst
Film als Unterhaltung
Film als Sprache
Film als Mythos
Film als Ware
Film als Handwerk
Film als Technik
Film als Industrie
Alles über Film

Herausgegeben
von Liz-Anne Bawden
Edition der
deutschen Ausgabe
von Wolfram Tichy

Taschenbuchausgabe
in 6 Bänden
rororo handbuch
6234/DM 54,–
Jeder Band ist auch
einzeln zum Preis von
DM 10,80 erhältlich

Das rororo Filmlexikon erfaßt in 3000 Stichwortartikeln das Medium weltweit und in allen seinen Aspekten – als Kunstform und Unterhaltungsware, als Technologie und Industrie – von den Anfängen bis heute. Kein anderes Nachschlagewerk in deutscher Sprache bietet dem Filminteressierten mehr Informationen.

Die **Bände 1–3** behandeln
– etwa 800 Filme mit künstlerischer, kommerzieller oder historischer Bedeutung
– Bewegungen, Stile und Genres, wichtige theoretische und kritische Arbeiten, gesellschaftspolitische Rahmenbedingungen (Zensur, Propaganda)
– Produktionsfirmen und Filmländer
– technische Entwicklungen und Verfahren

Die **Bände 4–6** beschreiben die wichtigsten Personen der Filmgeschichte und -gegenwart:
– Schauspieler, Regisseure, Kameraleute
– Produzenten, Kritiker, Theoretiker
– Drehbuchautoren, Komponisten, Designer.

Bibliographische Hinweise zu jedem Stichwort und ein umfassendes Sach- und Filmregister mit allen erwähnten Filmen nach Verleih- und Originaltitel sowie ein vollständiges Personenregister machen das Lexikon auch zu einem Arbeitsbuch für alle, die sich mit Film professionell befassen.

rororo

956/2

Woody Allens fröhlich-melancholischen Kino-Hits wie «Manhattan» und «Stardust Memories» folgen die literarischen Lacherfolge.
«Mag Woody Allen Filme drehen, wie immer er will, als Schriftsteller wird er von Buch zu Buch besser»
(Der Tagesspiegel)

Woody Allen

Wie du dir, so ich mir
rororo 4574

Ohne Leit kein Freud
«Without Feathers»
rororo 4746

Nebenwirkungen
rororo 5065

rororo

C 2101/2

sach-comics

Atomkraft für Anfänger (7533)

Computer für Anfänger (7550)

Darwin für Anfänger (7544)

Einstein für Anfänger (7534)

Elvis für Anfänger (7555)

Französische Revolution für Anfänger (7546)

Freud für Anfänger (7535)

Genetik für Anfänger (7548)

Das Kapital für Anfänger (7547)

Kapitalismus für Anfänger (7540)

Marx für Anfänger (7531)

Medizin für Anfänger (7549)

Psychatrie für Anfänger (7552)

Ricardo, Marx, Keynes & Co für Anfänger (7538)

Sozialismus für Anfänger (7539)

Umwelt für Anfänger (7541)

Welternährung für Anfänger (7543)

Zen für Anfänger (7554)

sachbuch rororo

C 988/9

Jugendlexika

Jugendlexikon **Erziehung**
von Dorothea Kraus/Jobst Kraus/Christel Scheilke/Christoph Th. Scheilke (6202)

Jugendlexikon **Gesellschaft**
von Dieter Claessens/Karin Claessens/ Biruta Schaller (6195)

Jugendlexikon **Nationalsozialismus**
von Hilde Kammer/Elisabeth Bartsch (6288)

Jugendlexikon **Philosophie**
von Hanna Delf/Jutta Georg-Lauer/ Christa Hackenesch/Mechthild Lemcke (6310)

Jugendlexikon **Politik**
von Hilde Kammer/Elisabeth Bartsch (6183)

Jugendlexikon **Psychologie**
von Wolfgang Schmidbauer (6198)

Jugendlexikon **Recht**
von Hans Joachim Tosberg/Susanne Tosberg (6201)

Jugendlexikon **Religion**
von Hartwig Weber (6305)

Jugendlexikon **Technik**
von Wolfgang Bünder/Peter Hänßler/ Roland Lauterbach/Helmut Mikelskis (6315)

Jugendlexikon **Umwelt**
von Brunhilde Marquardt/Helmut Mikelskis (6301)

Jugendlexikon **Wirtschaft**
von Horst Günter (6189)

Einfache Antworten auf schwierige Fragen

ro ro ro

Texte & Töne

Franz Josef Degenhardt/Wolfgang Neuss/
Hanns Dieter Hüsch/Dieter Süverkrüp
Da habt ihr es!
Stücke und Lieder für ein deutsches
Quartett (1260)

Franz Josef Degenhardt
**Kommt an den Tisch unter
Pflaumenbäumen**
Alle Lieder mit Noten (5774)

Herman van Veen
Worauf warten wir?
Lieder, Notizen und Geschichten (4933)
Unter einem Dach
Notizen eines Clowns (5124)

Konstantin Wecker
Ich will noch eine ganze Menge leben
Songs – Gedichte – Prosa (4797)
Man muß den Flüssen trauen
Unordentliche Elegien (4984)
Und die Seele nach außen kehren
Ketzerbriefe eines Süchtigen (5100)
Im Namen des Wahnsinns
Songs, Gedichte, Texte, Fotos (5612)

Das Konstantin-Wecker-Buch
Konstantin Wecker im Gespräch mit
Bernd Schroeder (5272)

Bettina Wegner
**Wenn meine Lieder nicht
mehr stimmen**
Mit einem Vorwort von Sarah Kirsch
(4399)
Traurig bin ich sowieso
Lieder und Gedichte (5004)
«Als ich gerade zwanzig war»
Lieder und Gedichte aus Ost und West
in Nachdichtungen (5699)

Texte & Töne

Klaus Hoffmann
Wenn ich sing
Lieder und Texte (5754)

Heinz Rudolf Kunze
Papierkrieg
Lieder und Texte 1983-1985 (5762)

Frank Laufenberg (Hg.)
Klaus Lage
«... und es hat ZOOM gemacht!»
Seine Story von seinen Freunden,
Kollegen und ihm selbst erzählt (5646)

Peter Maffay
Ein Buch
Fotografiert und geschrieben von
Frank Eyssen (5910)

Erika Pluhar
Lieder (5885)

Kathrin Brigl/Siegfried Schmidt-Joos (Hg.)
Selbstredend ...
Interview-Porträts mit Georg Danzer,
Peter Horton, Stephan Sulke u.a. (5602)
Selbstredend ...
André Heller, Ulla Meinecke, Konstantin
Wecker u.a. Neue Interview-Porträts von
Kathrin Brigl und Siegfried Schmidt-Joos
(5814)

Udo Lindenberg
Highlige Schriften
Alle Songtexte – auch englische –
von '46 bis '84 (5535)

rororo

C 1094/10a

Hobby und Freizeit

Eine Auswahl

Dieter Fassbender
Lexikon für Münzsammler
Über 1800 Begriffe von Aachener Mark bis Zwittermünzen (handbuch 6292)

Hans-Erhard Lessing
Das Fahrradbuch (7178)
Radfahren in der Stadt (7365)

Angelika Menhart
Babysachen selber machen
Praktisch, preiswert, schön – Anleitungen und Tips (7799)

Raimund Pousset (Hg.)
Der erste Urlaubskoffer
222 Ferienspiele: Rätselhaftes, Witziges, Spannendes und Kriminalistisches für jung und alt (7914)

Kristine Steinhilber/Cornelius Siegel
Danke, ich schaff's alleine!
Das Autobuch für Frauen (7423)

Helmut Steuer
Spielen in der Stadt
auf Straßen, Plätzen und Hinterhöfen
(7695)

Helmut Steuer/Claus Voigt
Das neue rororo Spielbuch
(handbuch 6270)

Paul Walter
Ideen für Gruppenspiele
Für Feste und Freizeit (7459)

Gerhard Westphal
Lexikon der Schiffahrt
Über 3000 Begriffe aus Handelsschiffahrt und Segelsport (handbuch 6284)

rowohlts bildmonographien

Michael Schwarze
Luis Buñuel (292)

Wolfram Tichy
Charlie Chaplin (219)

Reinhold Reitberger
Walt Disney (226)

Heinrich Goertz
Gustaf Gründgens (315)

Wolfram Tichy
Buster Keaton (318)

Michael Töteberg
Fritz Lang (339)

Otto Schweizer
Pier Paolo Pasolini (354)

Heinrich Goertz
Erwin Piscator (221)

Leonhard M. Fiedler
Max Reinhardt (228)

Michael Schulte
Karl Valentin (144)

Thema Theater, Film

rororo bildmonographien

C 2056/7 a